UNIVERSITY OF NORTH CAROLINA
STUDIES IN THE ROMANCE LANGUAGES AND LITERATURES
Number 113

PROPER NAMES IN THE LYRICS OF THE
TROUBADOURS

PROPER NAMES IN THE LYRICS OF THE TROUBADOURS

BY
FRANK M. CHAMBERS

CHAPEL HILL
THE UNIVERSITY OF NORTH CAROLINA PRESS

DEPÓSITO LEGAL: V. 5.060 - 1971

ARTES GRÁFICAS SOLER, S. A. - JÁVEA, 28 - VALENCIA (8) - 1971

TABLE OF CONTENTS

	Pages
PREFACE	9
BIBLIOGRAPHY	15
PROPER NAMES IN THE LYRICS OF THE TROUBADOURS ...	35

PREFACE

It has been my endeavor to include in this book all the proper names that occur in the lyric poems of the troubadours, with a few general exceptions. Before I explain these exceptions, let me define more precisely my understanding of the terms "proper names," "lyric poems," and "troubadours."

Taking these words up in reverse order, by "troubadours" I mean the poets of the twelfth and thirteenth centuries who wrote in the language of *oc* (conveniently if inaccurately called Provençal) — specifically, those who are listed in the three great troubadour bibliographies:

> KARL BARTSCH. *Grundriss zur Geschichte der provenzalischen Literatur.* Elberfeld, 1872.
> ALFRED PILLET-HENRY CARSTENS. *Bibliographie der Troubadours.* Halle, 1933.
> ISTVÁN FRANK. *Répertoire métrique de la poésie des troubadours,* Tome Second. Paris, 1957.

By "lyric poems" I mean those that are stanzaic in structure (chansos, sirventes, coblas esparsas, tensos, partimens, descorts, dansas, balladas, albas, etc.), as opposed to the epics *(Daurel e Beton),* the long didactic poems *(Lo breviari d'amor),* the romances *(Flamenca),* and the like. It is difficult, to be sure, to draw a completely satisfactory line between the two groups; but I have in almost every case followed the decisions of Pillet-Carstens's *Bibliographie,* adding a few poems unknown to Pillet and Carstens from Frank's *Répertoire métrique.* On this basis, I included the ensenhamens of Guiraut de Cabreira *(Cabra joglar)* and Guiraut de Calanso *(Fadet joglar),* whose stanzaic structure might seem debatable, and several other poems whose contents are more "lyric" than their form (the monorime *Ges si tot m'ai ma volontat felona* of Guiraut de Luc, for example, resembles externally a laisse of an epic). For reasons that are no doubt arbitrary and subjective, I also included the "epic letter" of Raimbaut de Vaqueiras.

By "proper names" I mean nouns used as specific designations of places (Arago, Tolosa, Agenes, Durensa) and persons (Adam, Sant Johan, lo rei n'Anfos, na Beatritz d'Est, Tristan, Andrieu de Fransa) or groups of persons (li Frances, li Breto), both real and imaginary or fictional. This includes the nicknames or senhals frequently applied to persons (Aziman, Bel Miralh), though it has sometimes been impossible to decide whether a given expression (Bel Peragon, Bel Cors Gentil) is a distinctive senhal or a form of address not limited in application to one individual. Some editors of Provençal texts treat even such expressions as Bell'Amia as senhals; but unless they are recurrent, it seems unlikely that such vague terms had the specific reference of real senhals.

Three groups of words that might possibly be looked for here have been intentionally excluded, for reasons that I hope will be thought sufficiently weighty. They are:

1. Proper adjectives (li reis aragones, coms proensals). These, I felt, could not logically be called proper names, even when the reference to a definite individual is clear.

2. The names of participants in tensos and partimens, used in direct address. Since it was an almost universal practice to address the other poet by name in every stanza, including every such occurrence would have increased the bulk of this book considerably, and to no particular purpose, since the names of the participating poets will be known to the reader anyway.

3. The words Dieu (which occurs so frequently that it would be pointless to list all its occurrences), Nostre Senhor, Salvador, Sant Esperit, Verge, and Maire de Dieu (which hardly seem like proper names in the usual sense). Included, however, are Jhesus, Jhesucrist, Crist, Sancta Maria.

All the names listed are identified or explained, as far as possible. Unfortunately, in a very large number of cases this proved *not* to be possible, either because the name was too vague (Guilhem, na Beatriz), because the secret of the senhal was too closely kept (Bel Cavalier), because no historical allusions to the person in question have been discovered (Ponset d'Aguilar), or because the name apparently comes from a lost story or anecdote (los bous Bertelai).

The credit for identifying these names is usually not mine. In most cases the editor or editors of the poem have made the identification where identification is possible. This may ordinarily be taken for granted, and I have given specific credit to editors only when some special comment or justification seemed called for. In addition, however, there are five noteworthy sources of information on the names included in this book; naturally they in turn rely on the work of those who edited the texts in question. They are:

> FRITZ BERGERT. *Die von den Trobadors genannten oder gefeierten Damen* (Beiheft 46, Zeitschrift für romanische Philologie). Halle, 1913.
>
> A. BIRCH-HIRSCHFELD. *Über die den provenzalischen Trobadors des XII. u. XIII. Jahrhunderts bekannten epischen Stoffe.* Halle, 1878.
>
> ERNEST LANGLOIS. *Table des noms propres de toute nature compris dans les chansons de geste imprimées.* Paris, 1904.
>
> LOUIS-FERNAND FLUTRE. *Table des noms propres ... figurant dans les romans du moyen âge écrits en français ou en provençal.* Poitiers, 1962.
>
> JOSEPH ANGLADE. *Onomastique des troubadours, publiée d'après les papiers de Camille Chabaneau.* Montpellier, 1916.

Mention of Anglade's *Onomastique* leads naturally to a questioning of the need for the present book, which would seem to be only a retreading of ground already trod. A brief description of the *Onomastique* will, however, suffice to show that it is by no means a definitive work, and that no particular presumption is involved in trying to replace it.

When the great Provençalist Chabaneau died, he left among his papers a large number of cards on which were listed proper names and references to troubadour poems in which these names were found. Anglade, who was in a sense the literary executor of Chabaneau, judged that these cards constituted a mine of information that ought not to be ignored. Unfortunately, he could not be sure just what poems Chabaneau had searched for names, though it was evident that most of the great troubadours and many of the lesser ones were represented. Rather than going through the entire corpus of troubadour verse again, which would have been almost tantamount to discarding Chabaneau's material and starting from scratch, Anglade decided to publish his master's filing cards approximately as he found them, with only a minimum of editorial work. The result was his *Onomastique*.

In addition to its incomplete and uncertain coverage, the *Onomastique* has two other shortcomings: (1) References are given to author and poem, but not to line. This means that tracking down occurrences of names requires a great deal of time. (2) Most of the names listed are not explained or identified in any way, and there are few references to studies where further information can be found. The book represents therefore only a starting point for additional research on the part of the user.

Convinced of the need for a more adequate study of the proper names used by the troubadours, I set to work some years ago and eventually compiled the list that appears in this book. Despite its faults, of which I am all too keenly aware, I believe it will serve as a useful tool for future students of Provençal literature.

Although the internal arrangement of the entries will probably be apparent to the reader, a formal statement of that arrangement may not be out of place at this point. The head word, in boldface type, is of course the name itself. If this consists of both "given" and "family" name of an individual (the latter being in many cases more accurately designated as a place of origin), the main listing will be under the given name (Bertran d'Alamanon under Bertran), with a cross-reference under the name of family or place. If only the family name is given (marques de Montferrat), then of course this is the head word of the entry. Titles (na, en, comte, rei) follow, after a comma. If the entry is a senhal consisting of two or more separate words, an adjective-noun compound will be listed under the noun (Bel Miralh, for example, under Miralh), but any other combination under the first word (Esquivamendics). If more than one individual is designated by the same name (Beatritz d'Est, comtessa Beatritz, na Beatritz), each will be listed as a numbered subheading under the main entry.

Immediately after the head word comes the identification or the statement that identification is impossible, followed, in parentheses, by any indication of source needed to justify or substantiate the identification. All this is in ordinary roman type.

Next come the references to author, poem, and verse. The author's name is given in capitals and small capitals, in abbreviated form where feasible (A DE PEGUILHAN for Aimeric de Peguilhan, P VIDAL for Peire Vidal, ANON for Anonymous; but CERCAMON, MARCABRU spelled out in full). The individual poem is designated in two ways: first by the number assigned to it in the bibliographies mentioned above, then (in italics) by its first line, usually shortened to the first few words. When Bartsch brought out his *Grundriss*, he assigned a number to each poet (arranged in alphabetical order, with a few quirks like putting all the poets with the title Count under G for the German word Graf): thus Bernart de Ventadorn is 70, Bertran de Born 80, Peire Vidal 364. Under each poet, the separate poems are again arranged in alphabetical order and numbered accordingly: thus Bernart's *Quan vei la lauzeta mover* is 70,43, and Bertran's *Mon chan fenisc ab dol et ab maltraire* is 80,26. To avoid confusion of reference, the two subsequent bibliographies (Pillet-Carstens and Frank) scrupulously respected Bartsch's numerical order, even when newly discovered poems had to be added (Guilhem de Berguedan's *Arondeta, de ton chantar m'azir* is 210,2a) or when it became apparent that a number had been wrongly assigned (Peire Cardenal's 335,22 is the same poem as 335,68; in this case, the wrong number simply ceases to be used at all).

In the entries in this book, the double designation of the poem by number and incipit is completed by mention of the line or lines in which the name in question appears: 323,16 *Deus, vera vida* 39 means therefore that the head word of the entry is found in line 39 of this particular poem.

If the name occurs in more than one poem by the same author, the first reference is followed by a semicolon, then by the reference to the second poem. Otherwise, each reference is followed by a period. In general, the arrangement of multiple references under one heading is alphabetical, first by poet, then by poem.

As for the order of the entries themselves, that of course is also alphabetical; but this statement is deceptively simple. Provençal orthography, like that of other medieval languages, was subject to the whim of every scribe, and a given word will appear in many guises. Double and single letters alternate with disconcerting frequency (Baral, Barral), other variant spellings for the same sound have approximately equal manuscript support (Espanha, Espaigna; Bornelh, Borneil; Desir, Dezir; Iseut, Yseut), and there are many other variations in spelling which in all likelihood represented real differences in pronunciation of what nevertheless must be recognized as the same name (Beatritz, Biatritz, Biatris; Bela, Bella, Belha; Berri, Beiriu; Karles, Carles, Charles).

In the case of recognized variations like *nh* vs *(i)gn*, *lh* vs *il(l)*, I have tried to be as consistent as possible in favor of *nh* and *lh*; but where this consistency involved listing a form that does not occur in the manuscripts, I have felt obliged to abandon it. As for the other variations, I have tried to give the main entry under the commonest spelling, with cross-references where they seemed to be most helpful. As a matter of general policy, I have consistently alphabetized *k* and *y* under *c* (or *qu*) and *i*, respectively; and I have preferred *c* to *qu* before *a* and *o*, and *qu* to *q* before *e* and *i*. *H* in any position has been disregarded in alphabetization, except in the combinations *lh*, *nh*.

Names are listed in the oblique case (Ugon), with a cross-reference from the nominative when it is very different (Uc, Ugues). When the oblique case has more than one form (Eble, Eblon; Carle, Carlon), one of which may be considered the standard form, the other a diminutive, both are listed separately, with cross-references. In this case, the nominative is normally assumed to belong under the simpler form (Ebles under Eble).

I have not sought any particular consistency about final *-n* (Arago, Aragon), but I have usually preferred the form that seemed most distinctive, so long as it actually does occur (Castelhan, for example, rather than Castelhá, which might be mistaken for Castélha, the name of the country). I have sometimes added accents to indicate stress where this seemed interesting (for example, Lerída, often substantiated by the rime, where modern Spanish has Lérida).

BIBLIOGRAPHY

While this bibliography is intended to be a complete list of all publications to which reference is made in this book, it is not a comprehensive bibliography of troubadour studies. It does include, however, all troubadour editions that have, to my knowledge, appeared since the publication of Frank's *Répertoire métrique*, since an updating of this list seemed highly desirable. Earlier editions are included only if they are (1) specifically referred to here, (2) the standard edition of the poet in poet in question, or (3) the only presently available edition.

The bibliography is divided into two parts: general works (including collections), and editions of single poets. At the end of each entry where this information is needed, there appears in parentheses the abbreviation used to refer to the work in question. Ordinarily, however, the author's name alone is used, since the context at the place of reference will make clear which of his books is meant.

I. General Works

ANGLADE, JOSEPH. *Onomastique des troubadours*. Montpellier, 1916. (Anglade *Onomastique*)

Annales du Midi. (*Annales*)

APPEL, CARL. *Provenzalische Chrestomathie*, 6ᵉ ed. Leipzig, 1932. (Appel *Chrest.*)

——— *Provenzalische Inedita aus Pariser Handschriften*. Leipzig, 1892. (Appel *Prov. Ined.*)

Archiv für das Studium der neueren Sprachen und Literaturen. (*Archiv*)

Archivum romanicum. (*Arch. rom.*)

AUDIAU, JEAN. *Nouvelle anthologie des troubadours*, revue et accompagnée d'un glossaire et d'un index par René Lavaud. Paris, 1928. (Audiau-Lavaud *Nouv. Anthol.*)

——— *La pastourelle dans la poésie occitane du Moyen-Age*. Paris, 1923. (Audiau *Past.*)

——— *Les poésies des quatre troubadours d'Ussel*. Paris, 1922. (Audiau *Quatre*)

AZAIS, G. *Les troubadours de Béziers*, extrait du *Bulletin de la Société archéologique, scientifique et littéraire de Béziers*. Béziers, 1869. (Azaïs *Troub. de Béziers*)

BARTSCH, KARL. *Chrestomathie provençale*, 6ᵉ ed. Marburg, 1904. (Bartsch *Chrest.*)
——— *Denkmäler der provenzalischen Literatur*. Stuttgart, 1856. (Bartsch *Denkmäler*)
——— *Provenzalisches Lesebuch*. Elberfeld, 1855. (Bartsch *Lesebuch*)
BERGERT, FRITZ. *Die von den Trobadors genannten oder gefeierten Damen*. Halle, 1913.
BERTONI, GIULIO. *I trovatori d'Italia*. Modena, 1915. (Bertoni *Trov. d'Italia*)
BIRCH-HIRSCHFELD, A. *Über die den provenzalischen Trobadors... bekannten epischen Stoffe*. Halle, 1878.
BOUTIERE, JEAN, et A. H. SCHUTZ. *Biographies des troubadours*, éd. refondue, avec la collaboration d'I.-M. Cluzel. Paris, 1964. (Boutière-Schutz *Biog.*)
DE BARTHOLOMAEIS, V. *Poesie provenzali storiche relative all'Italia*. Roma, 1931. (De Bartholomaeis *PS*)
FLUTRE, LOUIS-FERNAND. *Table des noms propres... figurant dans les romans du moyen âge écrits en français ou en provençal*. Poitiers, 1962.
FRANK, ISTVÁN. *Répertoire métrique des troubadours* (tome second). Paris, 1957.
——— *Mélanges de linguistique et de littérature romanes à la mémoire d'István Frank*. Saarbrücken, 1957. (Frank *Mélanges*)
HAMLIN, FRANK R., Peter T. Ricketts, John Hathaway. *Introduction à l'étude de l'ancien provençal: Textes d'étude*. Genève, 1967. (Hamlin *Introd.*)
JEANROY, ALFRED. *Jongleurs et troubadours gascons*. Paris, 1923. (Jeanroy *Troub. gasc.*)
——— *La poésie lyrique des troubadours*. Toulouse-Paris, 1934. (Jeanroy *PL*)
——— *Mélanges de linguistique et de littérature offerts à A. Jeanroy*. Paris, 1928. (*Mélanges Jeanroy*)
JONES, D. J. *La tenson provençale*. Paris, 1934. (Jones *Tenson*)
KASTNER, LEON E. *A Miscellany of Studies in Romance Languages and Literatures Presented to Leon E. Kastner*. Cambridge, 1932. (Kastner *Miscellany*)
KOLSEN, A. *Beiträge zur altprovenzalischen Lyrik*. Firenze, 1939. (Kolsen *Beiträge*)
——— *Dichtungen der Trobadors*. Halle, 1916-1919. (Kolsen *Dichtungen*)
——— *Trobadorgedichte*. Halle, 1925. (Kolsen *Trob.*)
——— *Zwei provenzalische Sirventese nebst einer Anzahl Einzelstrophen*. Halle, 1919. (Kolsen *Zwei Sirv.*)
LANGLOIS, ERNEST. *Table des noms propres de toute nature compris dans les chansons de geste imprimées*. Paris, 1904.
LAVAUD, RENÉ (with the Duc de la Salle de Rochemaure). *Les troubadours cantaliens*. Aurillac, 1910. (Lavaud *Troub. cantal.*)
LEVY, EMIL. *Provenzalisches Supplement-Wörterbuch*. Leipzig, 1894-1924. (Levy *SW*)
——— *Petit dictionnaire provençal-français*. Heidelberg, 1923. (Levy *PD*)
MAHN, C. A. F. *Gedichte der Troubadours in provenzalischer Sprache*. Berlin, 1856-1873. (Mahn *Gedichte*)
——— *Die Werke der Trobadours in provenzalischer Sprache*. Berlin, 1846-1853. (Mahn *Werke*)
MARSHALL, J. H. *The Donatz proensals of Uc Faidit*. London, 1969.
(MENÉNDEZ PIDAL, RAMÓN). *Estudios dedicados a Menéndez Pidal*. Madrid, 1950-1962. (*Estudios... Menéndez Pidal*)

(MENÉNDEZ PIDAL, RAMÓN). *Homenaje ofrecido a Menéndez Pidal*, Madrid, 1926. (*Homenaje... Menéndez Pidal*)
MEYER, PAUL. *Les derniers troubadours de Provence*. Paris, 1871. (Meyer *Dern. troub.*)
―――― *La chanson de la croisade contre les Albigeois*. Paris, 1875. (Meyer *Croisade*)
MILÁ Y FONTANALS, MANUEL. *De los trovadores en España* (vol. II of *Obras completas*). Barcelona, 1889. (Milá)
Modern Language Notes. *(MLN)*
Modern Philology. *(Mod. Phil.)*
Neuphilologische Mitteilungen. *(Neuph. Mitt.)*
PILLET, ALFRED. *Bibliographie der Troubadours*, ergänzt, weitergeführt und herausgegeben von Henry Carstens. Halle, 1933. (P-C)
RAYNOUARD, FRANÇOIS. *Choix des poésies originales des troubadours*. Paris, 1816-1821. (Raynouard *Choix*)
―――― *Lexique roman ou Dictionnaire de la langue des troubadours*. Paris, 1836-1845. (Raynouard *Lex. rom.*)
Revue des langues romanes. *(RLR)*
RIQUER, MARTÍN DE. *La lírica de los trovadores*, t. I. Barcelona, 1948. (Riquer *Lírica*)
―――― *Los cantares de gesta franceses*. Madrid, 1952. (Riquer *Cantares*)
Rivista di Cultura Classica e Medioevale. *(RCCM)*
Romance Philology. *(RPh)*
Romania. *(Rom.)*
Romanische Forschungen. *(Rom. Forsch.)*
SCHULTZ(-GORA), O. *Die provenzalischen Dichterinnen*. Leipzig, 1888. (Schultz *Dichterinnen*)
―――― *Provenzalische Studien*. Strasbourg, 1919; Berlin-Leipzig, 1921. (Schultz-Gora *Prov. Stud.*)
SELBACH, L. *Das Streitgedicht in der altprovenzalischen Lyrik*. Marburg, 1886. (Selbach *Streitgedicht*)
STRONSKI, STANISLAS. *La légende amoureuse de Bertran de Born*. Paris, 1914. (Stronski *Lég. amoureuse*)
Studi medievali. *(Studi med.)*
Studi romanzi. *(Studi rom.)*
Studj di filologia romanza *(Studj)*
SUCHIER, H. *Denkmäler der provenzalischen Literatur und Sprache*. Halle, 1883. (Suchier *Denkmäler*)
TORRACA, FRANCESCO. *Le donne italiane nella poesia provenzale*. Firenze, 1901. (Torraca *Donne*)
―――― *Studi su la lirica italiana nel duecento*. Bologna, 1902.
WITTHOEFT, F. *Sirventes joglaresc*. Marburg, 1891.
Zeitschrift für romanische Philologie. *(ZRP)*
ZINGARELLI, NICOLA. *Intorno a due trovatori in Italia*. Firenze, 1899.

II. TROUBADOUR EDITIONS

The number at the head of each entry is that assigned to the poet in the bibliographies of Bartsch, Pillet-Carstens, and Frank. Gaps in the numerical order indicate that no poems by the poets to whom the missing numbers were assigned have been preserved. The exact form of the name given, which varies considerably from one source to another, is the one that seemed to me most familiar or for one reason or another most helpful. As indicated in the prefatory note to the Bibliography as a whole, not all editions are listed here — only those to which specific reference is made in this book, and those which are the standard or the only editions of the poet in quesiton. I have tried, however, to include all editions which have appeared since the publication of Frank's *Répertoire métrique*. For abbreviations, see Part I of this Bibliography (General Works).

1. Ademar. See 406,32 (Raimon de Miraval).
2. Ademar Jordan. **1.** *Paris viscoms...* Kolsen *Dichtungen* 240. **2.** *Si tot... RLR* 34, 5.
3. Ademar lo negre. **1.** *Ara·m don...* ZRP 39, 156. **2.** *Ara·m vai... ibid.* 159. **3.** *De solatz...* Appel *Prov. Ined.* 1. **4.** *Ja ogan...* Mahn *Werke* III, 326.
4. Ademar de Peitieus. See 392,15 (Raimbaut de Vaqueiras).
5. Ademar de Rocaficha. Appel, *Prov. Ined.* 3, 6, 7.
6. Aenac. *Rom. Forsch.* 15, 272.
6a. Aicart. Bertoni, *Trov. d'Italia* 302.
7. Aicart del Fossat. De Bartholomaeis *PS* II, 247.
8. Aimeric. Lavaud *Peire Card.* 408.
9. Aimeric de Belenoi. Maria Dumitrescu, *Poésies du troubadour Aimeric de Belenoi.* Paris, 1935.
10. Aimeric de Peguilhan. W. P. Shepard and F. M. Chambers, *The Poems of Aimeric de Peguilhan.* Evanston, 1950.
11. Aimeric de Sarlat. **1.** *Aissi mou...* Mahn *Gedichte* 20. **2.** *Fis e leials...* Dumitrescu *Aimeric de Belenoi* 135. **3.** *Quan si...* Mahn *Werke* III, 221. **4.** *S'ieu no·m lau... Studj* 8, 443.
12. Alaisina Yselda. Schultz *Dichterinnen* 28.
12a. Alamanda. See 242,69 (Guiraut de Bornelh).
12b. Alberjat. Boutière *Albertet* 102.
13. Albert. See 436,2 (Simon Doria).
15. Albert Malaspina. Linskill *Raimbaut de Vaqueiras* 108.
16. Albertet de Sisteron. J. Boutière, *Les poésies du troubadour Albertet,* in *Studi med.* 10, 1-129.
16a. Alberico da Romano. **1.** *Messier Albric...* See 457,20a (Uc de Saint Circ). **2.** *Na Maria...* Bertoni *Trov. d'Italia* 265.
16b. Aldric del Vilar. See Dejeanne *Marcabru* 94.
17. Alegret. Jeanroy *Troub. gasc.*
18. Lord of Alest. See 248,76 (Guiraut Riquier).
19. Alexandre. Klein *Blacasset,* 9.
20. Almuc de Castelnou. Boutière-Schutz *Biog.* 422.
21. Amanieu de la Broqueira. Jeanroy *Troub. gasc.*
22. Amoros dau Luc. Schultz-Gora *Prov. Stud.* II, 119.
22a. Andrian del Palais. *Romania* 8, 190.
23. Anfos (Alfonso II of Aragon). **1.** *Per maintas...* Bartsch *Chrest.,* col. 93. **1a.** See 242,22 (Guiraut de Bornelh).
25. Arnaut. **1.** *Amics n'Arnautz...* See 184,1 (Count of Provence). **1a.** *Bernart de la Barta... Mélanges Jeanroy* 375. **2.** *Seigner Arnaut...* See 201,5 (Guillem). **3.** *Seigner Arnaut...* See 150a,1 (Folc).
26. Arnaut de Brancaleon. Mahn *Werke* III, 359.
27. Arnaut Catalan. F. Blasi, *Il trovatore Arnaut Catalan.* Firenze, 1937.

28. Arnaut de Comminges. Jeanroy *Troub. gasc.*
29. Arnaut Daniel. Gianluigi Toja, *Arnaut Daniel, Canzoni.* Firenze, 1961. (Poems **2, 10, 13, 14** in Hamlin *Introd.*)
30. Arnaut de Mareuil. R. C. Johnston, *Les poésies lyriques du troubadour Arnaut de Mareuil.* Paris, 1935. — Pierre Bec, *Les saluts d'amour du troubadour Arnaut de Mareuil.* Toulouse, 1961.
31. Arnaut Peire d'Agange. Mahn *Gedichte* 1082.
32. Arnaut Plagues. Appel *Peire Rogier* 84.
34. Arnaut de Tintignac. J. Mouzat, *Le troubadour Arnau de Tintinhac.* Tulle, 1956.
35. Arver. See 139,1 (Enric).
38. Austorc del Boy. See 248,74 (Guiraut Riquier).
40. Austorc d'Aorlhac. *Rom. Forsch.* 23, 82.
41. Austorc de Segret. *Annales* 22, 469.
43. Azalais de Porcairagues. *Neuph. mitt.* 50, 184.
44. Azar. *Studi med.* 10, 10.
46. Beatritz de Dia. *Arch. rom.* 1, 161-182. (**1, 2** in Hamlin *Introd.*)
47. Berenguier de Palazol. Eight poems (**1, 3, 4, 5, 6, 7, 11, 12**) edited by Jeanroy and Aubry in *Anuari,* Institut d'Estudis Catalans, 1908, 520-540. **2.** *Aissi com...* Naudieth *Guillem Magret* 141. **8.** *Plus ai...* Frank *Pons de la Guardia* 292. **9.** *S'ieu anc...* Appel *Prov. Ined.* 19. **10.** *S'ieu sabia...* and **11.** *Tan m'abelis...* Riquer *Lírica* I, 185, 183.
48. Berenguier de Poizrenger. Kolsen *Dichtungen* 80.
49. Berenguier de Puivert. *Studi med.* 10, 213.
50. Berenguier Trobel. Meyer *Dern. troub.* 105, 103.
51. Bernardo. See 441,1 (Tomas).
52. Bernart. **1.** See 197,1a (Guigo de Cabanas). **2.** See 75,2 (Bertran). **3.** *Gaucelm...* Jones *Tenson* 94. **4.** *N'Elias...* Audiau *Quatre* 89. **5.** *Senher Blacatz...* Soltau *Blacatz* 246.
53. Bernart Alanhan. Appel *Prov. Ined.* 21.
54. Bernart Arnaut d'Armagnac. Jeanroy *Troub. gasc.*
55. Bernart Arnaut de Moncuc. Mahn *Werke* III, 77.
·56. Bernart Arnaut Sabata. *Annales* 17, 470.
57. Bernart d'Auriac. *Studi med.* 6, 82-98.
58. Bernart de la Barta. **1** and **3.** *Mélanges Jeanroy* 375, 380. **2.** See 75,2 (Bertran). **4.** *Folha...* Mahn *Werke* III, 270.
59. Bernart de Bondelhs. Appel *Prov. Ined.* 22.
62. Bernart de la Fon. Appel *B. de Ventadorn* 301.
63. Bernart Marti. E. Hoepffner, *Les poésies de Bernart Marti.* Paris, 1929.
65. Bernart de Pradas. **1** and **2.** Appel *B. de Ventadorn* 304, 308. **3.** *Si tot...* Schutz *Daude de Pradas* 87.
66. Bernart de Rovenac. *Rom. Forsch.* 22, 761-827.
67. Bernart Sicart. Audiau *Nouv. Anthol.* 169.
68. Bernart Tortitz. Appel *Prov. Ined.* 42.
69. Bernart de Tot-lo-mon. Appel *Prov. Ined.* 43-47.
70. Bernart de Ventadorn. Carl Appel, *Bernart von Ventadorn.* Halle, 1915. — Moshé Lazar, *Bernard de Ventadour, Chansons d'amour.* Paris, 1966. — Stephen G. Nichols, Jr., and Others, *The Songs of Bernart de Ventadorn.* Chapel Hill, 1962. (Poems **15, 30, 31, 39, 43, 44** in Hamlin *Introd.*)
71. Bernart de Venzac. **1** and **3.** Appel *Prov. Ined.* 50, 52. **1a.** *Lanquan...* *Arch. rom.* 20, 477. **2.** *Lo paire...* Mahn *Werke* III, 288.

73. Fraire Berta. See 292,1 (Maistre).
74. Bertolome Zorzi. E. Levy, *Der Troubadour Bertolome Zorzi.* Halle, 1883.
75. Bertran. **2.** *En Bernartz...* Neuph. Mitt. 40, 353. **4.** *Javare...* Salverda de Grave *Bertran d'Alamanon* 145. **5.** Monge... ZRP 4, 503. **7.** See 449,4 (Uc de la Bacalaria).
76. Bertran d'Alamanon. J.-J. Salverda de Grave, *Le troubadour Bertran d'Alamanon.* Toulouse, 1902.
77. Bertran Albaric. Meyer *Dern. troub.* 125-127.
79. Bertran d'Aurel. Shepard-Chambers *Aimeric de Peguilhan* 94.
80. Bertran de Born. A. Stimming, *Bertran von Born,* 2d ed. Halle, 1913. — Carl Appel, *Die Lieder Bertrans von Born.* Halle, 1932. — Thomas G. Bergin, *Bertran de Born, Liriche.* Varese, 1964 (**4, 5, 7, 8, 12, 13, 15, 25, 26, 34, 37, 41, 44, 45,** and also 9,19, attr. to Aimeric de Belenoi). (**26, 32, 44** in Hamlin *Introd.*) **24a.** *Mal o fai domna...* Arch. rom. 134, 104. **42.** *Un sirventes farai...* Stimming, *Bertran von Born* (first edition, Halle, 1879), 213.
81. Bertran de Born lo fills. **1.** *Quan vei...* Stimming *Bertran von Born* 148. **1a.** *Un sirventes...* Neuph. Mitt. 37, 284.
82. Bertran Carbonel. **1-9** and **17, 18.** Appel *Prov. Ined.* 57-80. **10-16.** *Annales* 49, 113-134. **19-49** and **51-94.** *Annales* 25, 137-188. **50.** *El mon... Archiv* 50, 272.
83. Bertran Folco d'Avignon. **1.** See 406,16 (Raimon de Miraval). **2.** *Ja no...* Mahn *Werke* III, 273.
84. Bertran de Gordo. **1.** *Totz los afars...* Cavaliere *Peire Raimon de Tolosa* 114. **1a.** *Se·m disses...* Kolsen *Dichtungen* 205.
85. Bertran de Paris. Chambers in Frank *Mélanges* 129-140.
87. Bertran del Pojet. **1.** *Bona domna... Archiv* 34, 374. **2.** *De sirventes...* Mahn *Werke* III, 283.
88. Bertran de Preissac. **1.** *Ara quan plou... Mod. Phil.* 29, 151. **2.** *Gausbert...* Shepard *Jausbert de Puycibot* 14.
91. Bertran de Saint Felitz. See 449,1 (Uc de la Bacalaria).
92. Bertran de la Tor. Boutière-Schutz *Biog.* 289.
94. Bishop of Bazas. *RLR* 34, 10.
95. Bishop of Clermont. **1.** *Coms que vol...* Kolsen *Dichtungen* 78. **2.** *Peire de Maensac...* Kolsen *Trob.* 13. **3.** *Per Crist...* Boutière-Schutz *Biog.* 286.
96. Blacasset. O. Klein, *Der Troubadour Blacasset.* Wiesbaden 1887.
97. Blacatz. O. Soltau, *Die Werke des Trobadors Blacatz,* in ZRP 23, 201-248.
98. Bonafe. Soltau *Blacatz* 234, 236.
99. Bonafos. See 111,1 (Cavaire).
100. Bofilh. See 248,16 (Guiraut Riquier).
101. Bonifaci Calvo. F. Branciforti, *Le rime di Bonifacio Calvo.* Catania, 1955. — William D. Horan, *The Poems of Bonifacio Calvo.* The Hague 1966.
102. Bonifaci de Castellana. *Romania* 46, 478-511.
103. Bastard of Aragon. Meyer *Dern. Troub.* 87-89.
104. Bremon Rascas. Schultz-Gora *Prov. Stud.* II, 108-118.
106. Cadenet. Carl Appel, *Der Trobador Cadenet.* Halle, 1920.
107. Calega Panzan. De Bartholomaeis *PS* II, 250.
108. Carenza. See 12,1 (Alaisina Yselda).

109. Castelloza. Schultz *Dichterinnen* 23-24.
110. Catalan. See 459,1 (Vaquier).
111. Cavaire. **1.** Bonafos... Lavaud *Troub. cantal.* 552. **2.** See 151,1 (Folcon).
112. Cercamon. A. Jeanroy, *Les poésies de Cercamon*. Paris, 1922. (Poem 3a in Hamlin *Introd.*)
114. Chardo. ZRP 31, 149.
115. Clara d'Anduza. Schultz *Dichterinnen* 26.
115a. Codolet. See 248,11 (Guiraut Riquier).
116. Conon de Béthune. See 392,29 (Raimbaut de Vaqueiras).
119. Dalfi d'Alvernhe. **1.** Bauzan... Kolsen *Trob.* 10. **1a.** See 353,1 (Peire Pelissier). **2.** See 366,10 (Peirol). **3** and **7.** Witthoeft *Sirv. jogl.* 43, 42. **4** and **5.** Boutière-Schutz *Biog.* 286, 289. **6.** *Perdigos...* Chaytor *Perdigo* 32. **8** and **9.** Mahn *Werke* I, 131-132.
120. Dalfinet. ZRP 39, 163.
121. Dante da Maiano. Bertoni *Trov. d'Italia* 142.
123. Daude de Carlus. Raynouard *Choix* V, 136.
124. Daude de Pradas. A. H. Schutz, *Poésies de Daude de Pradas*. Paris, 1933.
126. Duran sartor. **1.** En talen... *Annales* 16, 315. **2.** Vil sirventes... Boutière *Peire Bremon Ricas Novas* 81.
127. Eble. See 267,1 (Joan Lag).
128. Eble de Saignas. See 218,1 (Guilhem Gausmar).
129. Eble d'Ussel. Audiau *Quatre*.
131. Elias. See 52,4 (Bernart).
132. Elias de Barjols. Stanislas Stronski, *Le troubadour Elias de Barjols*. Toulouse, 1906.
133. Elias Cairel. H. Jaeschke, *Der Trobador Elias Cairel*. Berlin, 1921.
134. Elias Fonsalada. *Studj* 5, 443-444.
136. Elias d'Ussel. Audiau *Quatre*.
137. Genin d'Eurre. ZRP 60, 76.
138. Engles. Meyer *Dern. troub.* 31.
139. Enric. *Neuph. Mitt.* 40, 357.
140. Enric, comte de Rodez. **1**, **1d**, **2.** See 248,75, 74, 76 (Guiraut Riquier). **1a.** See 226,1 (Guillem de Mur). **1b.** *Guilhem de Murs...* Meyer *Dern. troub.* 47. **1c.** Guilhem, d'un plait... *Neuph. Mitt.* 40, 363.
141. Envejos. See 248,14 (Guiraut Riquier).
142. Esperdut. **1.** Lo deziriers... Appel *Prov. Ined.* 92. **2** and **3.** Kolsen *Dichtungen* 119, 124.
143. Esquileta. Raynouard *Choix* V, 143.
144. Esquilla. Mahn *Gedichte* 1019.
145. Esteve. Bartsch *Denkmäler* 132.
147. Falco. **1.** See 248,28 (Guiraut Riquier). **2.** See 192,2a (Gui de Cavaillon).
148. Falconet. **1.** See 149,1 (Faure). **2.** See 438,1 (Taurel).
149. Faure. Jones *Tenson* 75.
149a. Philippe de Valence. See 371,2 (Perseval Doria).
150. Ferrarin de Ferrara. See 229,1a (Guilhem Raimon).
150a. Folc. ZRP 60, 70.
151. Folco. De Bartholomaeis PS II, 70.
154. Folquet de Lunel. F. Eichelkraut, *Der Troubadour Folquet de Lunel*. Berlin, 1872.

155. Folquet de Marseille. Stanislas Stronski, *Le troubadour Folquet de Marseille.* Cracovie, 1910.
156. Folquet de Romans. R. Zenker, *Die Gedichte des Folquet von Romans.* Halle, 1896.
157. Formit de Perpignan. E. Stengel, *Die prov. Blumenlese der Chigiana* (Marburg, 1878), 179.
158. Fortunier. *Neuph. Mitt.* 39, 157.
159. Fraire menor. *Neuph. Mitt.* 37, 38.
160. Frederick III of Sicily. De Bartholomaeis *PS* II, 298.
162. Garin d'Apchier. *RLR* 34, 12-20.
163. Garin lo brun. *RLR* 33, 405.
165. Gaucelm. **2.** See 52,3 (Bernart). **3.** See 350,1 (Peire de Montalembert).
166. Gaucelm Estaca. *Studi med.* 13, 141.
167. Gaucelm Faidit. Jean Mouzat, *Les Poèmes de Gaucelm Faidit.* Paris, 1965.
167a. Gauceran. Kolsen *Trob.* 17.
168. Gauceran de Saint-Didier. Aimo Sakari in *Neuph. Mitt.* 64, 300-332.
170. Gaudin. See 12b,1 (Alberjat).
171. Gausbert. Shepard *Jausbert de Puycibot* 52.
172. Gausbert Amiel. Jeanroy *Troub. gasc.*
173. Gausbert de Puycibot. W. P. Shepard, *Les poésies de Jausbert de Puycibot.* Paris, 1924.
174. Gavaudan. A. Jeanroy, *Poésies du troubadour Gavaudan,* in *Romania* 34, 497-539. **4** and **6**. *Germanisch-romanische Monatsschrift* 14, 349-366.
175a. Girart. See 6a,1 (Aicart).
177. Gormonda de Montpellier. Levy *Guilhem Figueira* 74.
178. Count of Brittany. Suchier *Denkmäler* 326.
179. Count of Astarac. See 248,20 (Guiraut Riquier).
180. Count of Ampurias. De Bartholomaeis *PS* II, 299.
181. Count of Biandrate. De Bartholomaeis *PS* II, 48.
182. Count of Foix. Jeanroy in *Homenaje Pidal* III, 306, 308.
183. William IX of Aquitaine. A. Jeanroy, *Les chansons de Guillaume IX.* Paris, 1927. (Poems **1, 10, 11** in Hamlin *Introd.*)
184. Count of Provence. **1.** *Amics n'Arnautz...* Blasi *Arnaut Catalan* 45. **2.** *Carn-et-ongla...* Appel *Chrest.* no. 94. **3.** See 76,17 (Bertran d'Alamanon).
185. Count of Rodez. **1.** *Ad un romieu...* Kolsen *Zwei Sirv.* 8. **2.** *N'Ugo...* Jeanroy *Uc de Saint-Circ* 136. **2a** and **3**. See 457,33a and 33 (Uc de Saint-Circ).
186. Count of Toulouse. **1.** See 192,5 (Gui de Cavaillon). **1a.** *Porcier...* Raynouard *Choix* V, 148 and 365.
187. Countess of Provence. Schultz *Dichterinnen* 21.
189. Granet. A. Parducci, *Granet, trovatore provenzale.* Roma, 1929.
190. Grimoart Gausmar. A. Stimming, *Der Troubadour Jaufre Rudel* (Kiel, 1873), 57.
192. Gui de Cavaillon. **1.** *Ben avetz...* Boutière, *Peire Bremon Ricas Novas* 75. **1a.** See 422,2 (Ricau de Tarascon). **2, 4,** and **5.** Mahn *Werke* III, 79-80. **2a.** *Falco...* Jones *Tenson* 83. **3.** *Mantel vil...* Kolsen *Dichtungen* 81. **6.** See 187,1 (Countess of Provence).
193. Gui de Glotos (or d'Egletons). Raynouard *Choix* V, 174.
194. Gui d'Ussel. Audiau *Quatre.*

BIBLIOGRAPHY

195. Guibert. See 77,1 (Bertran Albaric).
197. Guigo de Cabanas. **1** and **3**. Salverda de Grave *Bertran d'Alamanon* 77 and 69. **1a.** *Ar parra...* Studi med. 12, 183. **1b.** *Joris...* Schultz-Gora *Prov. Stud.* I, 94. **2.** *N'Esquileta...* Raynouard *Choix* V, 176.
198. Guilhalmet. Appel *Chrest.* no. 88.
199. Guilhalmi. See 112,1 (Cercamon).
200. Guilhelma de Rosers (or de Rougiers). See 282,14 (Lanfranc Cigala).
200a. Guilhelmin. See 406,43 (Raimon de Miraval).
201. Guilhem. **1.** See 322a,1 (Peire). **3.** See 205,4 (Guilhem Augier). **4.** See 313,1 (Oste). **4a.** *Guigenet...* Studj 8, 478. **4b.** *Lanfranc...* Bertoni *Trov. d'Italia* 409. **5.** *Senher Arnaut...* Bertoni, *Il canzoniere provenzale di Bernart Amoros* (Friburgo, 1911), 434 (no. 341). **5a.** See 150a,1 (Folc). **6.** See 413a,1 (Rainaut).
202. Guilhem Ademar. K. Almqvist, *Poésies du troubadour Guilhem Adémar.* Uppsala, 1951.
203. Guilhem d'Anduza. Appel *Prov. Ined.* 121.
204. Guilhem Anelier de Toulouse. M. Gisi, *Der Troubadour Guillem Anelier von Toulouse.* Solothurn, 1877.
205. Guilhem Augier Novella. ZRP 23, 47-78.
206. Guilhem d'Autpol. **1.** *Esperansa...* Appel *Chrest.* no. 58. **2** and **4**. Meyer *Dern. Troub.* 41, 43. **3.** *L'autrier...* Appel *Prov. Ined.* 122.
208. Guilhem de Balaun. *Annales* 48, 225-251.
209. Guilhem des Baux. **1.** *Be·m meravilh...* Linskill *Raimbaut de Vaqueiras* 268. **2.** *En Gui...* Mahn *Werke* III, 315. **3.** *Liautatz...* Jeanroy *Uc de Saint Circ* 124.
210. Guilhem de Berguedan. **1, 5, 8, 9, 18.** Martín de Riquer in ZRP 71, 1ff. **2, 8a, 11, 12.** Ugolini in *Arch. rom.* 23, pp. 43, 38, 34, 26. **2a.** *Arondeta. Annales* 25, 58. **3, 4a, 6, 17, 17a, 20.** M. de Riquer, *El trovador Guilhem de Berguedan y las luchas feudales de su tiempo.* Castellón, 1953. **4, 7, 15, 21.** M. de Riquer in *Studi med.* 18, pp. 291, 282, 288, 285. **6a.** *Cavalier...* Studj 8, 431. **10.** See 10,19 (Aimeric de Peguilhan). **10a.** *E fetz una...* Boutière-Schutz *Biog.* 116. **10b.** *En Gauseran...* RLR 13, 64. **13, 14, 16, 19, 22.,** A. Keller, *Lieder Guillems von Berguedan* (Leipzig, 1849), 38, 40, 42, 49, 55.
211. Guilhem de Biars. Appel *Prov. Ined.* 126.
213. Guilhem de Cabestaing. A. Langfors, *Les chansons de Guilhem de Cabestanh.* Paris, 1924.
214. Guilhem de Durfort. Appel *Prov. Ined.* 130.
215. Guilhem Evesque. Appel *Prov. Ined.* 132.
216. Guilhem Fabre. Appel *Prov. Ined.* 134, 136.
217. Guilhem Figueira. E. Levy, *Guilhem Figueira, ein provenzalischer Troubadour.* Berlin, 1880. (Poem **2** is in Hamlin *Introd.*)
218. Guilhem Gausmar. Almqvist *Guilhem Ademar* 170.
219. Guilhem Godi. Appel *Prov. Ined.* 139.
220. Guilhem d'Hyères. Mahn *Gedichte* 7.
223. Guilhem Magret. F. Naudieth, *Der Trobador Guillem Magret.* Halle, 1914.
225. Guilhem de Montanhagol. Peter T. Ricketts, *Les poésies de Guilhem de Montanhagol.* Toronto, 1964. (Poem **10** is in Hamlin *Introd.*)
226. Guilhem de Mur. **1, 3, 4, 7, 8.** Mahn *Werke* IV, pp. 246, 241, 237, 243, 250. **2.** *D'un sirventes...* Appel *Prov. Ined.* 144. **5, 6.** See 140,1b and 1c (Count Henry of Rodez).

227. Guilhem Peire de Cazals. J. Mouzat, *Guilhem Peire de Cazals*. Paris, 1954.
229. Guilhem Raimon. **1a, 3, 4.** De Bartholomaeis *PS* II, pp. 291, 193, 194. **2.** *N'Aimeric...* Shepard-Chambers, *Aimeric de Peguilhan* 180.
230. Guilhem Raimon de Gironela. **1, 2, 3.** Appel *Prov. Ined.* 146, 148, 150. **1a.** *Del joi...* Selbach *Streitgedicht* 124.
230a. Guilhem Rainier. See 248,43 (Guiraut Riquier).
231. Guilhem Rainol d'At. **1.** *Auzir cuidei...* Kolsen *Trob.* 37. **1a.** *A tornar m'er...* Stimming *Bertran de Born* (first ed., 1879), 136. **2.** *Laissatz... RLR* 34, 34. **3.** *Magret...* Naudieth *Guilhem Magret* 135. **4.** *Quan aug...* Kolsen *Dichtungen* 61.
233. Guilhem de Saint Gregori. **2.** *Ben grans...* *Studi rom.* 13, 31. **3.** *Nueg e jorn...* Appel *Prov. Ined.* 152. **4.** *Razon...* *Archiv* 147, 213. **5.** *Senher Blacatz...* *ZRP* 23, 237.
234. Guilhem de Saint-Didier. Aimo Sakari, *Poésies du troubadour Guillem de Saint-Didier*. Helsinki, 1956.
235. Guilhem de Salignac. Strempel *Guiraut de Salignac* 64, 59.
236. Guilhem de la Tor. F. Blasi, *Le poesie di Guilhem de la Tor*. Firenze, 1934.
237. Guilhem Uc d'Albi. Appel *Prov. Ined.* 155.
238. Guionet. **1.** *Cadenet...* Appel, *Cadenet* 68. **1a.** *En Maenart...* H. Carstens, *Die Tenzonen aus dem Kreise der Trobadors... d'Uisel* (Königsberg, 1914), 104. **2.** *En Raembaut...* Kolsen *Trob.* 40. **2a.** See 201,4a (Guilhem). **3.** *Pomairols...* Aston *Peirol* 170.
240. Guiraudo lo Ros. **1, 2, 4, 5, 6, 6a, 7.** Mahn *Werke* III, 170, 172, 173, 174, 171. **3.** *Amors...* Mahn *Gedichte* 209.
241. Guiraut. Jeanroy *Uc de Saint Circ* 126.
242. Guiraut de Bornelh. A. Kolsen, *Sämtliche Lieder des Trobadors Giraut de Bornelh*. Halle, 1910 (vol. II, 1935). (Poems **55, 60, 64** are in Hamlin *Introd.*)
242a. Guiraut de Cabreira. M. de Riquer *Cantares* 378-406.
243. Guiraut de Calanso. W. Ernst, *Die Lieder des provenzalischen Dichters Guiraut von Calanso*, in *Rom. Forsch.* 44, 255-406. — W. Keller, *Das sirventes "Fadet joglar" des Guiraut von Calanso*, in *Rom. Forsch.* 22, 99ff.
244. Guiraut d'Espanha. O. Hoby, *Die Lieder des Trobadors Guiraut d'Espanha*. Fribourg, 1915.
245. Guiraut de Luc. *Boletín de la Real Academia de Buenas Letras de Barcelona* 23, 209-248.
246. Guilhem de l'Olivier. Schultz-Gora *Prov. Stud.* I, 24-82.
248. Guiraut Riquier. Ulrich Mölk, *Guiraut Riquier, Las cansos*. Heidelberg, 1962 (contains P-C numbers **2, 5, 6, 7, 8, 10, 13, 18, 21, 23, 24, 26, 27, 29, 31, 47, 53, 56, 58, 60, 66, 71, 80, 82, 83, 85, 88**). Hamlin *Introd.* contains two additional poems, numbers **15** and **17**. Appel *Chrest.* gives no. **66** (his no. 33). Four more (**11, 16, 28, 34**) are given in *RLR* 32, pp. 110, 112, 114, 116. De Bartholomaeis *PS* has two more (**79, 81**), II 283 and 289. Five are included in Audiau *Past.*, numbers **22, 32, 49, 50, 51** (pp. 67, 56, 44, 61, 50). For the rest, until Mölk's promised continuation of his edition appears, see Mahn *Werke* IV, 1-100 and 233-254 (edition by S. L. H. Pfaff).
249. Guiraut de Salignac. A. Strempel, *Guiraut de Salignac, ein provenzalischer Trobador*. Leipzig, 1916.

249a. Domna H. Schultz *Dichterinnen* 25.
250. Imbert. See 236,8 (Guilhem de la Tor).
252. Isabella. Bertoni *Trov. d'Italia* 471.
253. Iseut de Capio. Boutière-Schutz *Biog.* 422.
254. Isnart d'Entrevennes (or d'Antravenas). *ZRP* 23, 242, 245. **1a.** See 369,1 (Pelestort).
255. Izarn. See 425,1 (Rofian).
256. Izarn Marques. Appel *Prov. Ined.* 167.
257. Izarn Rizol. Appel *Prov. Ined.* 169.
258. Jacme Grill. Bertoni *Trov. d'Italia* 388, 390.
259. Jacme Mote. Meyer *Dern. Troub.* 55.
261. Jaufre de Pons. **1.** See 414,1 (Rainaut de Pons). **1a.** *Guiraut Riquier...* Mahn *Werke* IV, 252.
262. Jaufre Rudel. A. Jeanroy, *Les chansons de Jaufré Rudel.* Paris, 1924. (Hamlin *Introd.* contains numbers **2** and **4.**)
263. Javare. See 75,4 (Bertran).
265. Joan d'Albuzo (or d'Aubusson). **1a.** *Digatz mi...* De Bartholomaeis *PS*, II, 71. **2.** *En Nicolet... ibid.* II, 114. **3.** *Vostra domna... ZRP* 58, 99.
266. Joan Esteve. Azaïs *Troub. de Béziers* 59-119.
267. Joan Lag. Selbach *Streitgedicht* 118.
268. Joan Miralhas. See 401,6 (Raimon Gaucelm).
269. Joan de Pennas. Bartsch *Chrest.* col. 353.
270. Joios de Tolosa. Appel *Prov. Ined.* 171.
272. Jordan. See 248,77 (Guiraut Riquier).
273. Jordan Bonel. **1.** *S'ira...* Mahn *Werke* III, 311. **1a.** *Anc mais... Archiv* 142, 130. **1b.** *Non estarai...* Appel *Prov. Ined.* 174.
276. Jordan de l'Isle-sur-la-Sorgue. Napolski *Pons de Capduelh* 98.
277. Jori. **1.** See 197,1b (Guigo de Cabanas). **2.** See 144,1 (Esquilha).
279. Jutge. See 145,1 (Esteve).
280. Lambert. Shepard-Chambers *Aimeric de Peguilhan* 95.
281. Rambertino Buvalelli. G. Bertoni, *Rambertino Buvalelli trovatore bolognese e le sue rime provenzali.* Dresden, 1908.
282. Lanfranc Cigala. F. Branciforti, *Il canzoniere di Lanfranco Cigala.* Firenze, 1954.
283. Lantelm. **1.** *Lanfranc...* Branciforti *Lanfranc Cigala* 187. **2.** *Raimon...* Bertoni *Trov. d'Italia* 475.
284. Lantelmet d'Aguillo. *RLR* 25, 231.
285. Lanza marques (Manfredi Lancia). De Bartholomaeis *PS* I, 65.
286. Lemozi. Appel *Bernart de Ventadorn* 82.
288. Lombarda. Boutière-Schutz. *Biog.* 417.
289. Peire Lunel (de Montech). E. Forestié, *P de Lunel*, in *Recueil de l'Académie des sciences, belles-lettres et arts de Tarn-et-Garonne*, 2ᵉ série, t. 7 (Montauban, 1891), 113 ff.
290. Luquet Gatelus. Marco Boni, *Luchetto Gattilusio, liriche.* Bologna, 1957.
291. Mainart Ros. See 238,1a (Guionet).
292. Maistre. Selbach *Streitgedicht* 102.
293. Marcabru. J. M. L. Dejeanne, *Poésies complètes du troubadour Marcabru.* Toulouse, 1909. **2.** *A l'alena...* in *RLR* 78 (1968), 109-115; **15.** *Cortezamen...* in *RCCM* 7 (1965), 948-961; **35.** *Pax...* in *RLR* 77 (1966), 1-11. (Hamlin *Introd.* contains poems **1, 18, 35.**)
293a. Marcabru II. Jeanroy in Kastner *Miscellany* 303.

294. Marcoat. Jeanroy *Troub. gasc.*
295. Maria de Ventadorn. Audiau *Quatre* 73.
296. Marques. **1.** See 226,1 (Guilhem de Mur). **1a.** *Domna...* Bertoni *Trov. d'Italia* 469. **2.** *Guiraut...* Mahn *Werke* IV, 240. **4.** See 248,75 (Guiraut Riquier).
297. Matfre Ermengau. **1, 2, 3, 5, 5a, 6, 7.** Azaïs, *Breviari d'amor de Matfré Ermengaud* (Béziers, 1862-1881), verses 30909, 31714, 30090, 28765, 28020, 34083, 32447. **4.** *Drechs e natura...* Bartsch *Denkmäler* 79. **8.** *Temps es...* Azaïs, *Troub. de Béziers* 134.
298. Matieu. Kolsen *Dichtungen* 203.
299. Matieu de Caerci. Appel *Prov. Ined.* 193.
300. Miquel de Castillon. See 248,11 (Guiraut Riquier).
301. Mir Bernart. See 435,1 (Sifre).
302. Mola. De Bartholomaeis *PS* II, 195.
303. Monge. **1.** See 16,17 (Albertet de Sisteron). **2.** See 75,5 (Bertran).
304. Monge de Foissan (Jaufre de Foixà). E. Li Gotti, *Jofre de Foixà, Vers e Regles de trobar.* Modena, 1952.
305. Monge de Montaudon. O. Klein, *Die Dichtungen des Mönchs von Montaudon.* Marburg, 1885. (Poems **12, 16** in Hamlin *Introd.*, **16** in *RLR* 78, 103-127)
306. Montan. **1.** *Cascus...* Lavaud *Peire Card.* 600. **2.** *Ieu venh...* Mahn *Gedichte* 63. **3.** See 437,8 (Sordello). **4.** *Vostr' ales... Archiv* 34, 414.
307. Montan sartre. *RLR* 27, 157.
308. Motet. Meyer *Dern. troub.* 101.
309. At de Mons. W. Bernhardt, *Die Werke des Trobadors N'at de Mons.* Heilbronn, 1887.
310. Nicolet de Turin. **1.** See 265,2 (Joan d'Albuzo). **2.** See 156,9 (Folquet de Romans). **3.** *N'Uc...* Jeanroy *Uc de Saint Circ* 129.
311. Olivier de la Mar. *Archiv* 34, 414.
312. Olivier lo Templier. *Rom. Forsch.* 21, 439.
313. Oste. Kolsen *Trob.* 44.
314. Ozil de Cadartz. Mahn *Gedichte* 765, 757.
315. Palais. A. Restori, *Palais (Nozze Battistelli-Cielo),* Cremona, 1892.
317. Paul Lanfranc. Bertoni *Trov. d'Italia* 457.
319. Paulet de Marseille. *RLR* 21, 261-289.
320. Paves. Shepard-Chambers *Aimeric de Peguilhan* 73.
322. Peire. See 16,15 (Albertet de Sisteron).
322a. Peire. Meyer *Dern. troub.* 51.
322b. See 325.
323. Peire d'Alvernhe. Alberto Del Monte, *Peire d'Alvernha, liriche.* Torino, 1955. — Rudolf Zenker, *Die Lieder Peires von Auvergne.* Erlangen, 1900. (Poem **11** in Hamlin *Introd.*)
325. Peter III of Aragon. **1.** *Peire Salvatge... Homenaje Pidal* III, 81. **1a.** *Car vei...* (listed as 322b,1) *RLR* 13, 65.
326. Peire de Barjac. Bartsch *Chrest.* col. 217.
327. Peire Basc. Appel *Prov. Ined.* 210.
328. Peire de Blai. Mahn *Werke* III, 337.
329. Peire de Bergerac. Mahn *Werke* III, 268.
330. Peire Bremon Ricas Novas. J. Boutière, *Les poésies du troubadour Peire Bremon Ricas Novas.* Paris, 1930.
331. Peire Bremon lo Tort. *Romania* 54, 427-452.

332. Peire de Bussignac. **1.** *Quan lo dous...* Audiau-Lavaud *Nouv. Anthol.* 173. **2.** *Sirventes...* Mahn *Werke* III, 279.
334. Peire de la Cavarana (or Caravana). Bertoni *Trov. d'Italia* 206.
335. Peire Cardenal. René Lavaud, *Poésies complètes du troubadour Peire Cardenal.* Toulouse, 1957. (Poem **42** is in Hamlin *Introd.*)
336. Peire de Castelnou. De Bartholomaeis PS II, 230.
337. Peire de Cols. Varvaro *Rigaut de Berbezilh* 245.
338. Peire de Corbiac. *Neuph. Mitt.* 37, 32.
339. Peire Duran. **1** and **2.** Appel *Prov. Ined.* 231, 233. **3.** *Midons...* *Neuph. Mitt.* 39, 243.
340. Peire de Durban. Kolsen *Dichtungen* 75.
341. Peire Ermengau. *Breviari* (see 297, above), lines 31693, 27948.
342. Peire Espanhol. **1.** *Ar levatz...* ZRP 10, 160. **2** and **3.** Appel *Prov. Ined.* 235, 237.
342b. Peire Gauseran. See 210,10b (Guilhem de Berguedan).
343. Peire de Gavaret. Kolsen *Dichtungen* 72.
344. Peire Guilhem de Luserna. **1.** *Ai, Vergena...* Bertoni *Trov. d'Italia* 282. **2.** *Be·s met... ibid.* 269. **3.** *En aquest... ibid.* 270. **3a.** *En Sordel...* Boni *Sordello* 78. **4.** *No·m fai...* Bertoni *Trov. d'Italia* 278. **5.** *Qui na Cuniça...* De Bartholomaeis PS II, 59.
345. Peire Guilhem de Tolosa. RLR 39, 181.
346. Peire Imbert. Mahn *Gedichte* 750, 751.
349. Peire Milon. **1, 3, 4, 5, 6, 7, 9.** RLR 39, 185-216. **2, 8.** Appel *Prov. Ined.* 239, 242.
350. Peire de Montalembert. *Neuph. Mitt.* 39, 153.
352. Peire de la Mula. Bertoni *Trov. d'Italia* 245-251.
353. Peire Pelissier. **1.** *Al Dalfin...* Boutière-Schutz *Biog.* 291. **2.** See 97,3 (Blacatz).
354. Peire del Poi. See 8,1 (Aimeric).
355. Peire Raimon de Tolosa. A. Cavaliere, *Le poesie di Peire Raimon de Tolosa.* Firenze, 1935.
356. Peire Rogier. Carl Appel, *Das Leben und die Lieder des Trobadors Peire Rogier.* Berlin, 1882.
357. Peire Salvatge. *Homenaje Pidal* III, 82.
358. Peire Torat. RLR 32, 117.
359. Peire Trabustal. Meyer *Dern. troub.* 128.
361. Peire d'Ussel. Audiau *Quatre.* Boutière-Schutz *Biog.* 210.
362. Peire de Valeira. Jeanroy *Troub. gasc.*
363. Peire de Vern. Appel *Prov. Ined.* 250.
364. Peire Vidal. D'Arco Silvio Avalle, *Peire Vidal, poesie.* Milano-Napoli, 1960. — J. Anglade, *Les poésies de Peire Vidal.* Paris, 1923. (Poems **1, 2, 16, 18** in Hamlin *Introd.*)
365. Peire del Vilar. Mahn *Werke* III, 267.
366. Peirol. S. C. Aston, *Peirol, Troubadour of Auvergne.* Cambridge, 1953. (Poem **26** in Hamlin *Introd.*)
367. Peironet. **1.** See 249,2 (Guiraut de Salignac). **2.** *Major paor...* RLR 13, 66.
369. Pelestort. *Studj* 8, 473.
370. Perdigo. H. J. Chaytor, *Les chansons de Perdigon.* Paris, 1926.
371. Perseval Doria. Bertoni *Trov. d'Italia* 307, 313.
372. Pistoleta. E. Niestroy, *Der Trobador Pistoleta.* Halle, 1914.
373. Pomairol. See 238,3 (Guionet).

374. Pons Barba. **1.** *Non a tan...* Annales 14, 535. **2.** *Sirventes...* Annales 17, 473.
375. Pons de Capduelh. M. von Napolski, *Leben und Werke des Trobadors Ponz de Capduoill.* Halle, 1879.
376. Pons Fabre d'Uzès. **1.** *Locs es...* Annales 49, 237. **2.** *Quan pens...* Appel *Prov. Ined.* 254.
377. Pons de la Garda. I. Frank, *Pons de la Guardia*, in *Boletín de la Real Academia de Buenas Letras de Barcelona*, 22, 229-327.
378. Pons de Montlaur. See 142,3 (Esperdut).
379. Pons d'Ortaffa. *RLR* 67, 59-118.
380. Pons Santolh. **1.** *Marritz...* Ricketts *Guilhem de Montanhagol* 140. **2.** *Per oblidar...* Breviari (see 297, above) line 34143.
381. Ponson. Meyer *Dern. troub.* 98, 100.
382. Porcier. See 186,1a (Count of Toulouse).
383. Pouzet. See 230,1a (Guilhem Raimon de Gironela).
384. Prebost de Valensa. Chaytor *Savaric de Mauleon* 90.
385. Prior. See 198,1 (Guilhalmet).
386. Pujol. Jeanroy, in *Bibliothèque de l'Ecole des Hautes Etudes, Sciences historiques et philologiques*, fasc. 231 (1921), 157-168.
388. Raimbaut. **1.** *Albertet...* Boutière *Albertet de Sisteron* 91. **2.** See 238,2 (Guionet). **3.** See 97,4 (Blacatz). **4.** *Ara·m digatz...* Suchier *Denkmäler* 331.
389. Raimbaut d'Aurenga. W. T. Pattison, *The Life and Works of the Troubadour Raimbaut of Orange.* Minneapolis, 1952. (Poems **10a** and **16** in Hamlin *Introd.*)
390. Raimbaut de Beljoc. De Bartholomaeis *PS* II, 49.
391. Raimbaut d'Hyères. Raynouard *Choix* V, 401.
392. Raimbaut de Vaqueiras. Joseph Linskill, *The Poems of the Troubadour Raimbaut de Vaqueiras.* The Hague, 1964. (Poems **4** and **17** are in Hamlin *Introd.*)
393. Raimon. **1.** See 424,1 (Rodrigo). **2.** See 283,2 (Lantelm). **3.** *Se Lestanquer...* Archiv 50, 263.
394. Raimon d'Avignon. Bartsch *Chrest.* col. 229.
395. Raimon de Roussillon. Lavaud *Peire Card.* 598.
396. Raimon de Castelnou. **1-4.** Appel *Prov. Ined.* 275-281. **5.** *Ges, sitot...* Mahn *Werke* III, 286. **6.** *Mon chantar...* Lavaud *Peire Cardenal* 388.
397. Raimon de Durfort. *Studi med.* 9, 228, 230.
397a. Raimon Ermengau. *Breviari* (see 297, above), line 31426.
398. Raimon Escrivan. Bartsch *Chrest.* col. 344.
401. Raimon Gaucelm. Azaïs *Troub. de Béziers* 3-41.
403. Raimon Izarn. See 248,77 (Guiraut Riquier).
404. Raimon Jordan. H. Kjellman, *Le troubadour Raimon-Jordan, vicomte de Saint-Antonin.* Uppsala-Paris, 1922.
405. Raimon Menudet. Mahn *Gedichte* 153.
406. Raimon de Miraval. An edition has been promised by L. T. Topsfield. Until it appears, the poems of Raimon can be found only in widely scattered editions: (1) Witthoeft, *Sirventes joglaresc* (**1, 11, 29**); (2) Kolsen in *Studi med.* 11, 144-155 (**5, 21, 22, 39**); (3) Kolsen in *Neuph. Mitt.* 42, 67-71 (**33, 34**); (4) Kolsen in *Arch. rom.* 21, 299-314 (**14, 27, 35, 41**); (5) Kolsen *Beiträge* 143-199 (**9, 15a, 18, 19, 26, 31, 36, 37, 42, 46**). The remaining poems:

2. Mahn *Gedichte* 12. **3.** *ibid.* 197 (stanzas 1-2). **4.** Mahn *Werke* II, 129. **6.** Bartsch *Chrest.* col. 163. **7.** Mahn *Werke* II, 121. **8.** *ibid.* 124. **10.** *Archiv* 34, 197. **10a.** Suchier *Denkmäler* 322. **12.** Cavaliere, *Cento liriche provenzale* (Bologna, 1938), 85. **13.** Bartsch *Chrest.* col. 167; *RPh* 22, 432. **15.** Mahn *Werke* II, 126. **16.** Monaci, *Testi Antichi provenzali* (Roma, 1889), col. 85. **16a.** Mahn *Gedichte* 197 (stanzas 3ff). **20.** Mahn *Werke* II, 123. **23.** Mahn *Gedichte* 49. **24.** Mahn *Werke* II, 118. **25.** *ibid.* 120. **28.** *ibid.* 125. **30.** Andraud, *La vie et l'œuvre du troubadour Raimon de Miraval* (Paris, 1902), 143. **32.** *ibid.* 29. **38.** Mahn *Werke* II, 130. **40.** Bartsch *Chrest.* col. 165. **43.** *Romania* 19, 397. **44.** *Archiv* 36, 392. **45.** Mahn *Gedichte* 1122. **47.** *ibid.* 1124.

407. Raimon Rigaut. Appel *Prov. Ined.* 293.
409. Raimon de las Salas. F. M. Chambers, in *Essays in Honor of Louis Francis Solano* (Chapel Hill, 1970), 29-51.
410. Raimon de Tors. A. Parducci in *Studi rom.* 7, 5-59.
411. Raimon Vidal. M. Cornicelius, *So fo el temps c'om era iays, Novelle von Raimon Vidal* (Berlin, 1888), lines 755, 438, 1240 (poems **1, 4, 5**). **2** and **3.** Appel *Prov. Ined.* 294, 297.
413. Rainaut. See 194,18a (Gui d'Ussel).
413a. Rainaut. Suchier *Denkmäler* 330.
414. Rainaut de Pons. G. Bertoni, *Il canzoniere provenzale della Biblioteca Ambrosiana* (Dresden, 1912), 305.
415. Rainaut de Tres Sauzes. Meyer *Dern. troub.* 128, 130.
416. Raimon Bistortz. **1.** *Aissi co·l fortz...* Raynouard *Lexique roman* I, 498. **2.** *Aissi com arditz... Mélanges Jeanroy* 381. **3.** *Ar agues ieu... RLR* 56, 13. **4.** *A vos...* Kolsen *Dichtungen* 198. **5.** *Qui vol vezer...* Stengel *Blumenlese* (see 157, above), 142.
417. Reculaire. See 458,1 (Uguet).
418. Reforsat de Forcalquier. Appel *Prov. Ined.* 299.
419. Reforsat de Trets. **1.** *Dui cavalier... Studi rom.* 12, 199. **2.** See 132,7a (Elias de Barjols).
420. Richard I of England. **1.** *Dalfin...* Mahn *Werke* I, 129. **2.** *Ja nulhs hom pres...* Raynouard *Choix* IV, 183.
421. Rigaut de Berbezilh. Alberto Varvaro, *Rigaut de Berbezilh, Liriche*. Bari, 1960. — Mauro Braccini, *Rigaut de Barbezieux, Le canzoni*. Firenze, 1960.
422. Ricau de Tarascon. **1.** *Ab tan de sen...* Mahn *Werke* III, 336. **2.** *Cabrit...* Kolsen *Dichtungen* 208.
424. Rodrigo. *ZRP* 47, 245.
425. Rofian. Kolsen *Trob.* 42.
426. Rofin. See 249a,1 (Domna H.).
427. Rostanh Berenguier. Meyer *Dern. troub.* 88-94.
428. Rostanh de Mergas. Appel *Prov. Ined.* 301.
429. Rubaut. See 282,1a (Lanfranc Cigala).
430. Salh d'Escola. *RLR* 25, 218.
432. Savaric de Mauleon. H. J. Chaytor, *Savaric de Mauléon, Baron and Troubadour*. Cambridge, 1939.
433. Scot. See 101,11a (Bonifaci Calvo).
434 and **434a.** Cerveri de Girona. Martín de Riquer, *Obras completas del trovador Cerverí de Girona*. Barcelona, 1946.
435. Sifre. *Studi med.* 12, 186.

436. Simon Doria. Bertoni *Trov. d'Italia* 384-405.
437. Sordello. Marco Boni, *Sordello, le poesie*. Bologna, 1954. — C. de Lollis, *Vita e poesia di Sordello di Gioto*. Halle, 1896. (Poem **24** in Hamlin *Introd.*)
438. Taurel. De Bartholomaeis *PS* I, 203.
439. Templier. De Bartholomaeis *PS* II, 222.
441. Tomas. Bertoni *Trov. d'Italia* 473.
442. Tomier e Palazi. **1.** *De chantar...* Appel *Chrest.* no. 70. **2.** *Si co·l flacs...* Jeanroy in *Festgabe für Mussafia* (Halle, 1905), 629.
443. Torcafol. **1, 2a, 2b, 3, 4, 5.** *RLR* 34, 12-30. **2.** *Comunal, en...* Appel *Prov. Ined.* 305.
444. Tostemps. See 155,24 (Folquet de Marseille).
446. Trobaire de Villarnaut. **1.** *Mal mon grat...* Bartsch *Denkmäler* 136. **2.** *Un sirventes...* Appel *Prov. Ined.* 308.
447. Turc Malec. *Studi med.* 9,229.
448. Uc. **1** and **1a.** Kolsen *Trob.* 8, 12. **2.** See (114,1 (Chardo).
449. Uc de la Bacalaria. **1.** *Digatz...* Mahn *Werke* III, 213. **1a.** See 432,2 (Savaric de Mauleon). **2.** See 167,44 (Gaucelm Faidit). **3.** *Per grazir...* Appel *Chrest.* no. 57. **4.** *Senher Bertrans...* Kolsen *Trob.* 64. **5.** *Ses totz...* Audiau-Lavaud *Nouv. Anthol.* 91.
450. Uc Brunenc. Appel in *Abhandlungen Herrn Prof. Dr. Adolf Tobler... dargebracht* (Halle, 1895), 45-78.
451. Uc Catola. Dejeanne, *Marcabru* 24 and 219.
452. Uc de l'Escura. *Annales* 17, 477.
453. Uc de Maensac. Meyer *Dern. troub.* 30.
454. Uc de Mataplana. **1.** *D'un sirventes...* Andraud *Raimon de Miraval* 138. **2.** *En Blacasset...* Klein *Blacasset* 11.
455. Uc de Muret. Appel *Prov. Ined.* 310.
456. Uc de Pena. **1.** *Cora que·m...* Kolsen *Trob.* 66. **2.** *Si anc me fe...* Appel *Prov. Ined.* 313. **2a.** *Us novelhs jois...* ZRP 54, 596.
457. Uc de Saint Circ. A. Jeanroy et J.-J. Salverda de Grave, *Poésies de Uc de Saint-Circ*. Toulouse, 1913.
458. Uguet. Jones *Tenson* 89.
459. Vaquier. Kolsen *Dichtungen* 222.
460. Viscount of Turenne. Jeanroy *Uc de Saint Circ* 114, 118.
461. Anonymous. **2.** *Ab lo cor trist...* E. Stengel, *Die beiden ältesten provenzalischen Grammatiken* (Marburg, 1878), p. vii. **3.** *Ab la gensor...* Mahn *Gedichte* 4. **5.** *A chantar m'er...* ibid. 282. **6.** *Ades vei...* Kolsen, *Zwei Sirventese* 5. **8.** *Aicel que non...* Lavaud *Peire Card.* 540. **8a.** *Aissi com celh...* Klein *Blacasset* 23. **9.** *Aissi com ieu...* Appel *Prov. Ined.* 316. **9a.** *Aissi m'ave...* I. Frank, *Trouvères et Minnesänger* (Saarbrücken, 1952), 113. **10.** *Aitan com hom...* *Archiv* 50, 273.
11. *Albres, quant es...* Lavaud *Peire Card.* 540. **12.** *A l'entrade del tens clar...* Appel *Chrest.* no. 48. **13.** *A l'entrada del tans florit...* Appel *Prov. Ined.* 316. **14.** *Alexandres...* Lavaud *Peire Card.* 544. **15.** *Amics non es...* ibid. 546. **16.** *Amics privatz...* ZRP 47, 242. **17.** *Amors, doussors...* Appel *Prov. Ined.* 318. **18.** *Amors es un...* ZRP 4, 358. **18a.** *Amors m'a fach...* *Romania* 27, 143. **20.** *Amors m'a pres...* Kolsen *Dichtungen* 212. **20a.** *Amors m'art...* *Boletín de la Real Academia de Buenas Letras de Barcelona*, 23, 78.
21. *Amors vol...* ZRP 39, 170. **23.** *Anc no conquis...* Kolsen *Zwei Sirv.* 12. **24.** *Am can domna...* ZRP 4, 510. **25a.** *Aras dirai...* *Revista*

de Filología Española 34, 162. **27.** *Ar es vengutz...* *Archiv* 50, 273. **27a.** *Arnaldon...* De Bartholomaeis *PS* II, 124. **27b.** *Ar lauset...* unpublished. **30.** *A tota domna...* Lavaud *Peire Card.* 24. **31a.** *A tot mon amic...* Kolsen *Zwei Sirv.* 13. **32.** *Atrestan leu...* *ZRP* 38, 286. **33.** *Auzit ai dir...* Meyer *Dern. troub.* 111. **34.** *A vos que sabetz... Literaturblatt für germanische und romanische Philologie,* 1888, col. 319. **35.** *A vos volgra...* RLR 40, 423. **35a.** *Belha domna... Boletín* (see 461,20a), 23, 80. **36.** *Belha domna, a vos...* ZRP 4, 520. **37.** *Belha domna cara...* RLR 32, 575. **38.** *Belha domna, car anc...* Kolsen *Beiträge* 213.
41. *Belh m'es...* Kolsen *Zwei Sirv.* 13. **43.** *Belhs senher Dieus...* Suchier *Denkmäler* 336. **44a.** *Be·m meravilh...* Kolsen *Beiträge* 215. **47.** *Ben es grans dans...* Archiv 50, 280. **48.** *Ben es nescis...* Meyer *Dern. troub.* 109-110.
52. *Ben volgra...* Lavaud *Peire Card.* 242. **54.** *Bona domn' a Dieu...* Studj 9, 583. **55.** *Bona gens...* Lavaud *Peire Card.* 244. **56.** *Bona domna, tan vos...* Selbach *Streitgedicht* 102. **57.** *Bona domna volh... Studi med.* 12, 189. **58.** *Bona domna, vostre pretz...* ibid. 190. **60.** *Breumen conselh...* Kolsen *Zwei Sirv.* 15.
61. *Cadauns deu...* ibid. 16. **63.** *Cavalier...* Archiv 145, 275. **64.** *Cest joglar...* Lavaud *Peire Card.* 548. **65.** *Celh que degron...* Appel *Prov. Ined.* 322. **67.** *Celui qui non...* Kolsen *Zwei Sirv.* 16. **67a.** *Celh qu'es caps...* Zingarelli *Intorno a due trovatori* 71. **68.** *Clara domna...* Meyer *Dern. troub.* 122. **69.** *Conhdeta sui...* Appel *Chrest.* no. 47; Hamlin *Introd.* 143. **70.** *Com plus...* RLR 20, 134. **70a.** *Cor qu'om trobes...* De Bartholomaeis *PS* II, 225.
73. *D'amor m'estera...* Bartsch *Chrest.* col. 268. **74.** *De ben aut...* ZRP 38, 288. **74a.** *De gran dolor...* RLR 32, 578. **75.** *Del cap...* RLR 40, 423. **76.** *Dels cinc bons aips...* Meyer *Dern. troub.* 111. **76a.** *Dels plazers...* Studj 9, 581. **78.** *Destrics e dols...* Archiv 50, 264. **79.** *De tan tenc...* Lavaud *Peire Card.* 24. **79a.** *De tot' autra...* Kolsen *Dichtungen* 198. **80.** *De tot quan...* De Bartholomaeis *PS* II, 73.
81. *Dieus sal la terra...* ZRP 38, 289. **82.** *Dieus vos sal, dels petz...* RLR 40, 423. **83.** *Dieus vol sal, de pretz...* Kolsen *Dichtungen* 206. **84.** *Dezirat ai...* Lavaud *Peire Card.* 24. **86.** *D'ome folh...* Schutz *Daude de Pradas* 96. **87.** *Domna, Dieus sal...* ZRP 38, 289.
91. *Domna, no·i avetz...* Breviari (see 297, above), line 33522. **92.** *Domna, pois vos ai...* Appel *Prov. Ined.* 322. **94.** *Domna que d'autra...* Kolsen *Zwei Sirv.* 17. **95.** *Domna que de conhat...* ZRP 38, 290. **96.** *Domna que va...* Lavaud *Peire Card.* 28. **97.** *Domna, s'ieu vos...* Kolsen *Beiträge* 217. **98.** *Dos gratz conquier...* ZRP 38, 291. **99a.** *Drutz qui vol...* Suchier *Denkmäler* 318.
101. *E donc...* Kolsen *Beiträge* 219. **102.** *Eissamen com...* Varvaro *Rigaut de Berbezilh* 217. **102b.** *El mon...* Jeanroy *Uc de Saint Circ* 7. **103.** *Enaissi com...* Kolsen *Zwei Sirv.* 18. **103a.** *En aquelh temps...* D. L. Buffum, *Le Roman de la Violette* (Paris, 1928), p. lxxv and line 324. **104.** *En aquest son...* ZRP 11, 216. **105.** *En Belenser...* ZRP 4, 519. **106.** *En Bonassa...* Kolsen *Beiträge* 221. **107.** *En chantan...* De Bartholomaeis *PS* II, 265. **108a.** *En greu pantais...* ZRP 15, 513.
111. *En tal ai mes...* ZRP 38, 281. **112.** *Entre·ls desleials...* Lavaud *Peire Card.* 552. **113.** *En un vergier...* Appel *Chrest.* no. 53; Hamlin

Introd. 117. **113a.** *Ergolhs...* Lavaud *Peire Card.* 556. **114.** *E s'ieu agues...* De Bartholomaeis *PS* II, 288. **115.** *Ieu contradic...* Lavaud *Peire Card.* 34. **116.** *Ieu don per...* Archiv 50, 280. **120.** *Ieu vorria...* Kolsen *Zwei Sirv.* 19.
121. *Fes es perduda...* ibid. 19. **122.** *Finamen...* ZRP 1, 66. **123.** *Flors de paradis...* Bartsch *Denkmäler* 63. **123a.** *Folquer...* ZRP 15, 513. **123b.** *Fraire...* Kolsen *Zwei Sirv.* 20. **123c.** *Gasquet...* ZRP 23, 224. **124.** *Gen me nais...* ZRP 1, 61. **126.** *Ges al mieu grat...* De Bartholomaeis *PS* II, 301. **127.** *Ges com esquiu...* Neuph. Mitt. 39, 158. **128.** *Ges ieu no posc...* Appel *Prov. Ined.* 324. **129.** *Ges ieu no tenc...* ZRP 38, 291. **130.** *Ges li poder...* ibid. 292.
132. *Ges per frachura...* Breviari (see 297, above), line 32458. **133.** *Ges per lo dit...* Kolsen *Zwei Sirv.* 21. **133a.** *Girart...* ZRP 36, 345. **134.** *Gran dezir ai...* Breviari (see 297, above), line 31267. **135.** *Grans gauchs...* ZRP 38, 292. **136.** *Gran plazer...* Meyer *Dern. troub.* 143. **137.** *Greu trob' om...* Kolsen *Beiträge* 223. **139.** *Hom deu gardar...* Kolsen *Zwei Sirv.* 21. **140a.** *Ja·l malparlier...* Suchier *Denkmäler* 318.
141. *Ja non cuidei...* Arch. rom. 15, 44. **142.** *Joglaretz...* Witthoeft *Sirv. joglaresc* 65. **142a.** *Joi e chans...* RLR 20, 132. **143.** *La beutatz...* Kolsen *Dichtungen* 220. **144.** *Lai us fis pretz...* RLR 20, 130. **145.** *L'autrier al quint jorn...* Audiau *Past.* 123. **146.** *L'autrier cuidei...* Romania 22, 401. **147.** *L'autrier fui...* De Bartholomaeis *PS* II, 123. **149.** *Locs es...* ZRP 38, 293. **150.** *Lo dous chans...* Appel *Prov. Ined.* 236.
151. *Lo nostre cap...* Archiv 50, 281. **152.** *Lo premier jorn...* Appel *Prov. Ined.* 326. **154.** *Lo sen volgra...* ZRP 38, 294. **155.** *Ma domna am...* Lavaud *Peire Card.* 40. **159.** *Majer mercat...* Meyer *Dern. troub.* 143.
162. *Maint home son...* Archiv 50, 263. **164a.** *Ma volontatz...* De Bartholomaeis *PS* II, 205. **165.** *Mens pretz...* Archiv 130, 324. **166.** *Mort m'an...* Appel *Chrest.* no. 46. **170.** *Mout home son...* Archiv 50, 262. **170b.** *Mout m'agrada...* Suchier *Denkmäler* 320.
173. *Mout deuria...* Archiv 50, 262. **174.** *N'Auriflama...* Meyer *Dern. troub.* 122. **177.** *Non posc mudar...* ibid. 118. **180.** *Nulhs hom no deu d'amic...* De Bartholomaeis *PS* II, 198.
181. *Nulhs hom no deu tardar...* Kolsen *Zwei Sirv.* 22. **186.** *Paratges...* ibid. 23. **187.** *Paubre senhor...* Meyer *Dern. troub.* 110. **188.** *Per auzir...* Kolsen *Dichtungen* 160. **189.** *Per fin' amor...* Jahrbuch für romanische und englische Literatur, 1, 212.
191. *Per joi...* Mahn *Werke* III, 378. **192.** *Per musart...* Kolsen *Zwei Sirv.* 23. **192a.** *Per vos m'esjau...* Annales 12, 67. **193.** *Per so no volh...* De Bartholomaeis *PS* II, 302. **193a.** *Plazens plazers...* Romania 6, 353. **194.** *Pois la doussa...* Mahn *Gedichte* 283. **195.** *Pois la doussor...* Meyer *Dern. troub.* 116. **195a.** *Poi che neve...* F. A. Ugolini, *Testi antichi italiani* (Torino, 1944), 92. **196.** *Pois qu'ieu vei...* Appel *Prov. Ined.* 328. **197.** *Pois vezem...* ibid. 329. **198.** *Pres sui...* Bartsch *Chrest.* col. 270. **200.** *Quant escavalcai...* Archiv 33, 421. **200b.** *Quant hom ve...* Kolsen *Beiträge* 225.
201. *Quan lo gilos...* Appel *Chrest.* no. 45. **202.** *Quan lo pels...* RLR 40, 424. **203.** *Quan lo rossinhols...* Appel *Chrest.* no. 54. **203a.** *Quan me donet...* Archiv 34, 378. **204.** *Quan Proensa...* Schultz

Dichterinnen 31. **205.** *Quan vei la flor...* *Archiv* 34, 378. **206.** *Quan vei los pratz...* Bartsch *Chrest.* col. 249. **207.** *Qu'ieu mal grat... Archiv* 50, 275. **209.** *Qui cuit esser...* Kolsen *Zwei Sirv.* 24. **209a.** *Qui de plazers...* De Bartholomaeis *PS* II, 126. **210a.** *Qui laissa...* Suchier *Denkmäler* 318.
211. *Qui·l segle...* Kolsen *Zwei Sirv.* 24. **211a.** *Qui non ama... ibid.* 25. **213.** *Qui s'azauta... ibid.* 26. **213a.** *Qui ves bon rei... Neuph. Mitt.* 39, 161. **214.** *Qui vol aver... ZRP* 38, 285. **214a.** *Qui vol esser... Neuph. Mitt.* 37, 81. **215.** *Qui vol savi...* Meyer *Dern. troub.* 123. **215a.** *Razon fora...* P. Meyer, *Daurel et Beton* (Paris, 1880), p. xc. **215b.** *Rics hom... ZRP* 40, 352. **215c.** *S'anc vos amei...* unpublished. **217.** *Senher Jutge...* De Bartholomaeis *PS* II, 303. **219.** *Senher n'enfans... ibid.* 294. **220.** *Senher Savarics...* Kolsen *Beiträge* 227.
221. *Si com al larc...* Meyer *Dern. troub.* 111. **222.** *S'ieu saubes...* Kolsen *Zwei Sirv.* 28. **223.** *Si gais solatz... ibid.* 29. **224.** *Si tot chantar...* Meyer *Dern. troub.* 115. **225.** *Si ves home...* Lavaud *Peire Card.* 560. **227.** *Tals conois...* Kolsen *Zwei Sirv.* 29. **228.** *Tals lauza Dieu... ibid.* 30. **230.** *Tant es gaia...* Appel *Prov. Ined.* 331. **231.** *Tant es trichera... Studi med.* 9, 137. **232.** *Tota beutat... ZRP* 38, 295. **234.** *Totas onors...* Bertoni *Trov. d'Italia* 480. **235.** *Tout enaissi...* Lavaud *Peire Card.* 566. **236.** *Tot aissi sui...* Lavaud *Peire Card.* 504; Hamlin *Introd.* 227. **237.** *Tot lo mon vei...* Appel *Prov. Ined.* 334. **238.** *Tot m'enoja...* Lavaud *Peire Card.* 568. **239.** *Tres causas...* Kolsen *Zwei Sirv.* 31. **240.** *Trop val en cort... ibid.* 32. **240a.** *Tuit cil... Romania* 75, 100.
241. *Us fotaires... RLR* 40, 424. **242.** *Una gens es... ZRP* 38, 295. **243.** *Una gens es qu'es... ibid.* 296. **244.** *Una ren ai...* Lavaud *Peire Card.* 574. **245.** *Un cavalier... Studi med.* 12, 190. **246.** *Va, cobla...* De Bartholomaeis *PS* II, 302. **247.** *Vai, Hugonet...* Mahn *Werke* III, 376. **248.** *Venguda es... ZRP* 38, 296. **249.** *Vengutz es...* Kolsen *Beiträge* 229. **250.** *Vilans dic... ZRP* 38, 297.
251a. *(Pels clercs es a)pellatz herege qui ne jura...* Lavaud *Peire Card.* 184. **251b.** *...era·us preg...* unpublished. (For the three unpublished pieces—**27b, 215c, 251b**—Frank refers to H. Anglès, *La música a Catalunya fins al segle XIII*, Barcelona, 1935, pp. 185, 187, 406, where the pieces are evidently described.)

PROPER NAMES IN THE LYRICS OF THE TROUBADOURS

A

Abdenago. Abednego (Daniel 3:12, Vulgate *Abdenago*). P d'Alverne 323,16 *Deus, vera vida* 38. See **Misac** and **Sidrac**.
Abel. Brother of Cain. B Zorzi 74,2 *Atressi com lo camel* 35. P Cardenal 335,48 *Razos es* 16; 335,57 *Tostemps azir* 10. P Vidal 364,11 *Be·m pac* 30. R d'Aurenga (not de Vaqueiras) 392,5 *Ar vei bru* 37.
Abiro. Abiram (Numbers 16:1; Vulgate *Abiron*); he and his brother Dathan revolted against Moses and were swallowed up by the earth. M Ermengau 297,8 *Temps es* 32. See **Datan**.
Abraam, Abram, Habraam. Abraham. B Zorzi 74,2 *Atressi com lo camel* 31, 121. Gavaudan 174,5 *Eu non suy pars* 69. R Berenguier 427,6 *Si com trobam* 27, 61.
Achille. Achilles. B de Paris 85,1 *Gordotz* 19.
Acre. Acre, Saint-Jean d'Acre (now in Israel). B d'Alamanon 76,16 *Qui que s'esmai* 39. Monge de Montaudon 305,12 *L'autrier* 46. P Bremon Ric Nov 330,14 *Pos partit an* 39. Peirol 366,28 *Pus flum Jordan* 12. R d'Aurenga (not de Vaqueiras) 392,5 *Ar vei bru* 53. R Berenguier 427,4 *Pois de sai mar* 18. Tomier e Palazi 442,2 *Si co·l flacs molins* 49.
Acremon. See **Agramon**.
Adam. The first man. A Daniel 29,14 *Lo ferm voler* 26. B de Bondelhs 59,1 *Tot aissi·m pren* 18. B Zorzi 74,2 *Atressi com lo camel* 95. B Carbonel 82,37 *Dieus fetz Adam et Eva carnalmens* 1, 5. Cercamon 112,2a *Lo planh comens* 21. Dante da Maiano 121,2 *Sel fis amors* 10. Gavaudan 174,9 *Patz passien* 46; 174,11 *Un vers* 63; 174,10 *Senhor* 41. William IX of

Aquitaine 183,6 *Farai chansoneta nueva* 34. G de Cabestanh 213,3 *Ar vey* 15. G Magret 223,5a *Mout mi plai* 39. G Riquier 248,69 *Qui.s tolgues* 37. P d'Alvernhe (?) 323,1 *Abans que.l blanc* 45. P d'Alvernhe 323,2 *Ab fina joia* 48. P Cardenal 335,70 *Vera vergena* 12. P Trabustal 359,1 *Amics Rainaut* 19. R d'Aurenga 389,15 *Er quant s'embla* 50. R Jordan 404,5 *No posc mudar* 35. C de Girona 434,6 *Del mon* 33; 434,15 *Totz homs* 40; 434a,9 *De Deu* 26; 434a,47 *Per que no.m daran* 30.

Adamelon. See **Agamenon.**

Adastre, Edastre. Adrastus, king of Argos *(Roman de Thèbes).* B de Paris 85,1 *Gordotz* 38.

Adoart. See **Audoart.**

Adonella. See **Donella.**

Adraste. See **Adastre.**

Aenac. "Aujourd'hui Eynac, commune de Saint-Pierre Eynac, canton de Saint-Julien Chapteuil, arr. du Puy, Haute-Loire" (Lavaud, p 156). P Cardenal 335,65 *Un sirventes ai en cor* 7.

Aengris. See **Isengri.**

Agamenon (var **Adamelon**). Agamemnon. B de Paris 85,1 *Gordotz* 17.

Agen, Ajen. Agen (Lot-et-Garonne). B de Born 80,34 *Quan la novela flors* 32. Monge de Montaudon 305,16 *Pois Peire* 36.

Agenes, Ajanes

1. The region of Agen. B Arnaut de Moncuc 55,1 *Ar quan li rozier* 80. Count of Foix 182,2 *Mas qui* 8 (ms *Genes*). Peter III of Aragon 325,1 *Peire Salvagg'* 8 (var *Genes*). Uc de S Circ 457,42 *Un sirventes* 21.

2. An inhabitant of Agen. B de Gordo 84,1a *Se.m dises mal* 9.

Ager-en-Tona. Senhal or garbled reading? D d'Alvernhe 119,1 *Bauzan respondetz mi* 39 ("Qu'ab l'Ager-en-Ton' ai faillit").

Agolan. Agolant, a Saracen conquered at Aspremont. G de Cabreira 242a,1 *Cabra joglar* 145. P Cardenal 335,40 *Per fols tenc* 34.

Agout, Agot

1. **N'Agout.** Raimon d'Agoult, lord of Sault (Vaucluse), c 1170-1204. Blacasset 96,6 *Guerra mi plai* 8. E de Barjols 132,13 *Una valenta* 43. G Faidit 167,1 *Ab chantar* 41; 167,2 *Ab consirier* 69; 167,10 *Ar es lo mons* 51; 167,20a *D'un' amor* 100; 167,21 *D'un dous* 103; 167,29 *Ges no.m tuelh* 68; 167,31 *Jauzens*

69; 167,37 *Mon cor e mi* 51; 167,45 *Pel joi* 58; 167,46 *Pel messatgier* 43; 167,48 *Per l'esgar* 78; 167,54 *Si tot re* 45; 167,60 *Tot mi cuidei* 58. G des Baux 209,2 *En Gui* 15. P Bremon Ric Nov 330,20 *Un vers* 11. P Vidal 364,22 *Ges quar estius* 81. See also **Raimon Agout**.

2. N'Agout. Apparently a later member of the family. Trobaire de Villarnaut 446,2 *Un serventes* 51.

Agradiva, n'. Senhal, probably for Guida de Rodez (Boni p 291). Sordello 437,2 *Aitant ses plus* 41; 437,29 *Qui be·s membra* 36; Ensenhamen *Aissi co·l tesaurs* 1300, 1326. See **Guida** and **Rodez**.

Agramon, Agremon, Acremon

1. According to Sakari (p 181), the commune of Aigremont between Nîmes and Arles; but Toja (*Arnaut Daniel* p 294) sees an allusion to Agremont in lines 49-50 of 29,9 *En breu* ("Arnautz vol sos chans si' ofertz Lai on doutz motz mou en *agre*"), and identifies it as Gramont (Tarn-et-Garonne, arr Castel-Sarrasin), following a guess of Chabaneau. B de Castellana 102,3 *Si tot no m'es* 32. G de S Didier 234,3 *Aissi cum es* (apocryphal tornada). Also appears as a variant for **Granmon** (q.v.) in 167,56.

2. According to M de Riquer (ed.), the reference is to Agramunt (prov Lérida). G de Berguedan 210,12 *Joglars* 28.

Aia. See **Aja**.

Aicelin, Aiceli, Iceli. Count Ezzelino da Romano, the vicar of Frederick II in the march of Trevisa (Verona), referred to as "terrible," "cruel"; brother of the poet Albric or **Albaric** (q.v.). G Raimon 229,3 *N'Obs* 17. Uc de S Circ 457,8 *Chansos* 31. Anon 461,180 *Nuls hom non deu* 21.

Aicelma, n'. Unknown. Guionet and Raimbaut 238,2 *En Raembaut* 49, 53.

Aics, Aixs, Ais

1. Presumably Aix-en-Provence. B Carbonel 82,14 *Si anc* 21. P Bremon Ric Nov 330,18 *Tan fort* 25. R d'Aurenga 389,26 *En aital rimeta* 35.

2. Dax (Landes). B de Born 80,33 *Puois Ventadorns* 20.

Aidó. Aidone (central Sicily). R de Vaqueiras Epic Letter II 23.

Aigar. King in the Provençal epic *Aigar e Maurin*. B de Born 80,37 *Rassa, tan creis* 51.

Aigaviva. Aguaviva (Aragon). G DE BERGUEDAN 210,18 *Talans* 58.
Aiglentina. Heroine of *Gui de Nanteuil*. R DE VAQUEIRAS 392,25 *No puesc saber* 13.
Aigléta, n'. Daughter of **Eyssi**, a friend of Boniface of Montferrat (Linskill p 340). R DE VAQUEIRAS Epic Letter III 69, 78.
Aigletá. M de Riquer (p 396) thinks of Agaite, the converted Saracen who married Guibert in *Guibert d'Andrenas*. G DE CABREIRA 242a,1 *Cabra joglar* 104.
Aiglina
  1. **N'Aiglina de Sarzan.** Aquilina of Sarzana (prov Genoa, district of Cevante), otherwise unknown. G DE LA TOR 236,5a *Pos n'Aimerics* 22.
  2. **N'Aiglina.** Unknown; text may be garbled. MARCABRU 293,31 *L'iverns vai* 72 ("Del trut dullurut n'Aiglina").
Aillans. Unknown; reading very doubtful (Avalle p 176). P VIDAL 364,14 *Bon' aventura* 28.
Ayma, n'. Unknown; same as **Ena?** (Pattison p 154-155) R D'AURENGA 389,28 *Escotatz* 35.
Aymanieu, n'. An ally of Géraud V of Armagnac (Lavaud p 773). P CARDENAL 335,56 *Tendas e traps* 25.
Aimar *See* **Azemar.**
Aimeric
  1. **Aimeric (de Narbona).** Hero of *Aimeri de Narbonne*. G DE BERGUEDAN 210,17a *Sirventes ab razon bona* 19. G DE CABREIRA 242a,1 *Cabra joglar* 112. P VIDAL 364,38 *Pus ubert ai* 58. R DE VAQUEIRAS 392,24 *No m'agrad' iverns* 75.
  2. **Aimeric (de Narbona).** Nephew of Ermengarde of Narbonne (*see* **Narbona**); died 1177, before his aunt, who had chosen him for her successor (Appel p 12). P ROGIER 356,6 *Per far esbaudir* 64.
  3. **Aimeric (de Narbona).** Probably viscount Aimeri II. R DE MIRAVAL 406,1 *A Dieu me coman* 49. R DE MIRAVAL (?) 392,11 *Del rei d'Arragon* 26 (the same man?).
  4. **Aimeric (de Narbona).** Probably viscount Aimeri IV or V (De Bartholomaeis PS II 289). G RIQUIER 248,12 *Anc mais* 8; 248,81 *Tant m'es l'onratz* 3. R GAUCELM DE BÉZIERS 401,18 *Qui vol aver* 46. R DE TORS 410,6 *Per l'avinen* 34.
  5. **Rei n'Aimeric.** Emerich of Hungary (ruled 1196-1204). P VIDAL 364,13 *Ben viu* 9.

6. Aimeric (de Peguilhan). The poet; but not all the references are certain. Fortunier 158,1 *S'en Aimerics te demanda* 1. G Figueira (?) 217,1b *Bertram d'Aurel, se moria* 2. G de la Tor 236,5a *Pos n'Aimerics a fag far mesclans' e batailla* 1. Sordello 437,3a *Anc persona tan avara* 12. Uc de S Circ 457,5 *Antan fez coblas* 2.

Aimeriguet. Unknown. Falconet and Faure 149,1 *En Falconet* 29.

Aimes. See **Aimon.**

Aimiers. Unknown. B Zorzi 74,4 *En tal dezir* 34 ("Pois qu'eu l'am mais qu'Aimiers non fetz son oncle").

Aimol. Unknown, but M de Riquer (p 400) thinks the name is probably the same as **Aimon.** G de Cabreira 242a,1 *Cabra joglar* 162.

Aimon (nom **Aimes**), **Imo**
 1. Count Aimon of Savoy, son of Thomas I and brother of Beatrice of Provence; died 1242. A de Belenoi 9,7 *Ara·m destrenh* 51. A de Belenoi (?) 392,26 *Nulhs hom* 50.
 2. Aimon de Dordon, epic hero famous for his four sons, including Renaud de Montauban. G de Cabreira 242a,1 *Cabra joglar* 132.
 3. **Saint Aimon.** St. Edmond (the *terra S. A.* is England). B de Born 80,34 *Quan la novela flors* 47.
 4. A friend of the author's. B Marti 63,8 *Quan l'erb'* 63, 64.

Aimonet. A joglar. R de Vaqueiras Epic Letter III 21.

Ainaut. Hainaut. P de Marseille 319,6 *L'autrier* 40.

Aiol. Hero of *Aiol.* G de Cabreira 242a,1 *Cabra joglar* 61. R d'Aurenga 389,10 *Apres mon vers* 18.

Ais. See **Aics.**

Aissa. A "lieu-dit" not far from Limoges (Shepard p 160). G de Puycibot (?) 173,1a *Era quan l'ivernz* 13.

Aytona. A locality SW of Lérida that belonged to the Templars (M de Riquer p 239). G del Luc 245,1 *Ges sitot m'ai* 19.

Aixs. See **Aics.**

Aja, Aia, Aya. Has been identified as the heroine of *Aye d'Avignon;* but since she is usually named by the troubadours as the beloved of **Landric,** who does not appear in this OF epic, it seems more likely that these two figured (like André de France and the queen) in some lost romance. G de Cabreira

242a,1 *Cabra joglar* 171. P de Marseille 319,4 *Bela domna* 4. P Raimon 355,3 *Ar ai ben* 32. P de Capduelh 375,10 *Humils e francs* 42.

Alais. See **Azalais.**

Alaman, Aleman. A (South) German. See also **Ties.** A de Peguilhan 10,15 *Cel qui s'irais* 43. B Zorzi 74,14 *Si·l monz fondes* 65. B de Born 80,26 *Mon chan fenisc* 70. C Panzan 107,1 *Ar es sazos* 8. F de Lunel 154,1 *Al bo rei* 34. G de Puycibot 173,11 *S'ieu anc jorn* 49. Gavaudan 174,10 *Senhor* 56. G de S Didier 234,17 *S'eu tot me soi* 37. G de Bornelh 242,32 *De bels dichs* 56 (refers to Frederick Barbarossa). G de Calanso 243,6 *Belh senher Dieus* 36. J d'Albuzo and N de Turin 265,2 *En Nicolet, d'un sognie* 28. L Cigala 282,23 *Si mos chans fos* 41. P de Marseille 319,1 *Ab marrimen* 19. P Bremon Ric Nov 330,14 *Pos partit an* 4. P Cardenal 335,40 *Per fols tenc* 2. P de Castelnou 336,1 *Oimais* 34, 39. P Vidal 364,13 *Ben viu* 81; 364,14 *Bon' aventura* 9, 18. Pistoleta 372,2 *Anc mais nulhs hom* 16. R de Vaqueiras Epic Letter II 48. R de Tors 410,2 *Ar es ben dreitz* 42.

Alamanda

1. A reference to G de Bornelh's tenso (242,69) with the poetess Alamanda. B de Born 80,13 *D'un sirventes* 25.

2. Probably used to mean "any woman at all." B Arnaut d'Armagnac 54,1 *Lombartz* 2 (neither Alamanda nor Giscarda pleases me as much as Lombarda).

Alamanha, Alamagna, Alemaingna. Germany. A del Fossat 7,1 *Entre dos reis* 5. B Arnaut d'Armagnac 54,1 *Lombartz* 9. B Albaric 77,1 *Amic Guibert* 24. B de Born 80,8 *Be·m platz car* 37; 80,14 *Ieu chan* 76. Frederick III of Sicily 160,1 *Ges per guerra* 10. G de Berguedan 210,20 *Un sirventes ai* 36. G Riquier 248,23 *De far chanson* 11. G Riquier and Henry II of Rodez 248,76 *Senh' en Enric, us reis* 60. P de Marseille 319,1 *Ab marrimen* 10, 22. P de la Cavarana 334,1 *D'un sirventes faire* 25. P de Capduelh 375,12 *L'adregz solatz* 20. R de Vaqueiras 392,3 *Ara pot hom* 55; 392,14 *El so* 114. R de Miraval 406,35 *Qui bona chanso* 44. Anon 461,164a *Ma volontatz* 53. See also **Manha.**

Alamanon. Lamanon (Bouches-du-Rhône), birthplace of the poet. B d'Alamanon 76,9 *Ja de chantar* 44. Guigo 197,1 *Si crit* 2.

Alanso. Lançon, N of Berre (Bouches-du-Rhône). Falconet and Faure 149,1 *En Falconet* 32. See **Berra**.

Alap. Aleppo (modern Halab, Syria). B de Born 80,3 *Anc no·s puoc* 28. Duran sartor 126,1 *En talent ai* 38.

Alari, sant. Possibly Saint Alaric, a hermit who lived on an island in Lake Zürich (died 994). G de S Gregori 233,4 *Razon e dreg* 39. G Riquier and G de Mur 248,36 *Guillem de Mur, cauzetz* 25.

Alavés. An inhabitant of Alava, province of the kingdom of Navarre. B de Born 80,32 *Pois lo gens* 41.

Alazais. See **Azalais**.

Albanha, Albainia, Albaigna. Aubagne (Bouches-du-Rhône). B Carbonel 82,14 *Si anc* 65. P Vidal 364,28 *Mout es bona* 36. Pujol 386,1a *Cel qui salvet* 16.

Albar. "Aubier, saule blanc." Nickname for a person. P Vidal 364,24 *Ges pel temps* 68. See **Saüc**.

Albaric, Albric
  1. Alberico da Romano, brother of Ezzelino, and a poet in Provençal. Uc de S Circ 457,21 *Messonget* 16; 457,42 *Un sirventes* 32.
  2. **Albaric lo Borguognon.** Auberi le Bourguignon, who figures in several chansons de geste of the Lorraine cycle (M de Riquer p 399). G de Cabreira 242a,1 *Cabra joglar* 135.

Albaro, n'. Unknown. Faure and Falconet 149,1 *En Falconet* 21.

Albenga. Locality on the Italian Riviera (Liguria). R de Vaqueiras Epic Letter III 46.

Albert
  1. **Albert marques.** Albert Malaspina, son of Obizzo I, and a partner in a Provençal tenso with R de Vaqueiras (Linskill p 104, 113). R de Vaqueiras Epic Letter II 12.
  2. **Albert, Albertet.** Albertet de Sestaro, the poet. A de Belenoi 9,21 *Tant es d'amor* 3, 9, 34, 51. Uc de l'Escura 452,1 *De mots ricos* 2.
  3. Unidentified. G de Berguedan 210,1 *Amics marques* 7; 210,20 *Un sirventes ai* 45.

Albi. Albi (Tarn). G. Ademar 202,3 *Chantan dissera* 71; 202,8 *Lanquan vei* 45.

Albiges. Albigeois, the region of Albi. G. ADEMAR 202,3 *Chantan dissera* 51. MONGE DE MONTAUDON 305,11 *L'autre jorn* 22. P VIDAL 364,27 *Mos cors* 22.
Albrac. Aubrac (Lozère). P CARDENAL 335,44 *Qui·s vol* 34.
Albric. See **Albaric.**
Albuca. Le Bugue (Dordogne)? GAVAUDAN 174,7 *Lo mes* 13.
Albusson. Aubusson (Creuse). D D'ALVERNHE 119,8 *Reis, pos vos* 30. G D'USSEL 194,3 *Ben feira chanzos* 46. G DE PUYCIBOT 173,6 *Merces es* 66; 173,14 *Una grans amors* 57 (the *vescomtessa* is probably Marguerite, wife of Rainaud VI, 1201-1245).
Alcaya, Algaya. Identification uncertain (various possibilities, Ricketts p 101). G DE MONTANHAGOL 225,8 *Non estarai* 55.
Alcavi. Probably a Moor from Algarve, S province of Portugal. GAVAUDAN 174,10 *Senhor* 10.
Alda. See **Auda.**
Aldaer. Unknown. G DE CABREIRA 242a,1 *Cabra joglar* 190.
Aldenai, n'. Unknown. GUIRAUDO LO ROS and COMTE 240,6a *En Guiraldon* 50.
Aldoart. See **Audoart.**
Alegret
  1. Poet names himself. ALEGRET 17,2 *Ara pareisson* 56.
  2. A joglar. B DE VENTADORN 70,4 *Amors e que·us es vejaire* 62.
  3. Uncertain. MARCABRU 293,11 *Bel m'es quan la rana* 65.
Aleixandrina. Alessandria (Piedmont). R DE VAQUEIRAS 392,25 *No puesc saber* 21, 43.
Alest. Alès (Gard). G DE BORNELH 242,44 *L'altrer* 44.
Alexandre, Alixandre, Alis(s)andre, Alezandre, -dri.
  1. Alexander of Macedon. A DE PEGUILHAN 10,10 *Era par ben* 12; 10,26 *En aquelh temps* 32. A DANIEL 29,4 *Ar vei* 21. A D'AORLHAC 40,1 *Ai, Dieus* 34. B ALBARIC 77,2 *Ieu ame tal* 7. B DE BORN 80,6a *A totz* 17. G FAIDIT 167,22 *Fortz chauza* 14. G AUGIER 205,6 *Sirventes* 8. G FABRE 216,1 *Hon mais vei* 32. G MAGRET 223,1 *Aigua pueia* 62. G DE LA TOR 236,5 *Plus que las domnas* 2. MAINART Ros and GUIONET (or GUI) 238,1a *En Maenart Ros* 32. GUIONET (GUI DE CAVAILLON?) and RAEMBAUT 238,2 *En Raembaut* 36. G DE CABREIRA 242a,1 *Cabra joglar* 150. ENRIC, G RIQUIER, and MARQUES 248,75 *Senh' en Enric* 10. P DE LA MULA 352,2 *Ja de razo* 17. P VIDAL 364,13 *Ben viu* 45; 364,43 *Si·m laissava* 14. P DE CAPDUELH 375,2 *Ar

nos sia 30; 375,25 *Tuit dison* 20. R de Vaqueiras 392,24 *No m'agrad' iverns* 73; Epic Letter III 100. R Berenguier 427,6 *Si com trobam* 41, 65. C de Girona 434,3 *Batl' e jutg'* 47; 434a,57 *Si cel que ditz* 20. Anon 461,14 *Alexandres fon* 1; 461, 48 *Ben es nescis* 4; 461,107 *En chantan* 24; 461,239 *Tres causas son* 10.

2. **Alixandre, Belh.** Senhal, apparently for a lady. Guiraudo lo ros 240,1 *A la mia fe* 55; 240,4 *Ara sabrai* 49.

Alexandría, Alixandra. Alexandria (Egypt). A d'Aorlhac 40,1 *Ai, Dieus* 13. R Bonomel (Templier) 439,1 *Ir' e dolors* 41. P Raimon 355,8 *Lo dous chan* 21, 31.

Algais, los. Famous robber brothers (Audiau p 152, Lavaud p. 460, Boutière-Schutz, *Biog.* p 131). B de Born 80,2 *Al doutz nou termini* 53. Eble and Gui d'Ussel 129,3 *Gui, e·us part* 7. P Cardenal 335,48 *Razos es* 21. See **Martin Algai.**

Alguessa. Apparently made up from the name **Algais** (q.v.): *de part Alguessa* = à la façon des Algais (Jeanroy). Tomier e Palazi 442,2 *Si co·l flacs molins* 25.

Alio. Either Aleu (Ariège, cant Massat) or Llo (Pyrénées-Orientales, cant. Saillagouse) (Avalle p 65). P Vidal 364,16 *De chantar* 49.

Alis. See **Elis.**

Almanzor. Possibly the Egyptian sultan Malek al-Mansur (1198-1200) or Al-Mansur the regent of Córdoba (939-1001) (Lavaud p 176). P Cardenal 335,31 *Clergue si fan pastor* 50.

Almaria. Soltau (*ZRP* 24, 51) thinks of Almería in southern Spain, captured from the Moors in 1147. I d'Entrevennes 254,1 *Del sonet* 18.

Alms. Aulps (Var). Bonafe and Blacatz 98,1 *Seign' en Blacatz* 6.

Almuc, n'. The poetess Almuc de Castelnou. Iseut de Capio 253,1 *Dompna n'Almucs* 1.

Alsuf. Arsuf (Israel), the ancient Antipatrida, captured by the Mohammedans in 1265 (De Bartholomaeis *PS* II 222). R Bonomel (Templier) 439,1 *Ir' e dolors* 10, 13.

Alvernhat

1. Auvergnat, inhabitant of Auvergne. Monge de Montaudon 305,1 *Aissi com sel qu'a estat* 73. P Bremon Ric Nov 330,14 *Pos partit an* 10. Peirol 366,1 *Ab gran joi* 47; 366,18 *La gran alegransa* 62.

2. **Senhal for Raymond V of Toulouse.** B de Ventadorn 70,12 *Be m'an perdut* 42; 70,16 *Conortz, era sai* 27; 70,29 *Lo rossinhols s'esbaudeya* 56. See also **Belcaire.**

Alvernhe, Alvergne, Alverne, Auvergne. Auvergne. A de Sestaro (?) 16,17 *Monges, cauzetz* 3. Cadenet 106,17 *No sai* 62. D d'Alvernhe 119,9 *Vergoign' aura* 9. William IX of Aquitaine 183,12 *Farai un vers, pos mi* 13. G de Bornelh 242,45 *Leu chansonet' e vil* 4. J d'Albuzo 265,3 *Vostra domna* 5. Monge de Montaudon 305,11 *L'autre jorn* 36. P d'Alvernhe 323,15 *Dejosta·ls breus jorns* 54. Richard I of England 420,1 *Dalfin* 34. Uc de S Circ 457,41 *Una danseta* 27. See also **Pei d'Alvernhe.**

Alzona. Alzonne (Aude). G P de Cazals 227,8 *D'una leu chanso* 38. R de Miraval 406,21 *Chansoneta farai* 6. (Concerning the "stones of Alzonne" referred to here, Jeanroy *PL* II, 158 quotes this legend: "Une bonne femme passant son chemin avec sept petits cailloux dans son tablier les jeta séparément dans la campagne et dit que ces cailloux grossiroient et se joindroient quand les femmes auroient mis à part toute pudeur. Ces sept cailloux ont plus de quatre toises d'étendue et je crois qu'en effet ils se joignent ou peu s'en faut.")

Amador. Senhal? B d'Aurel 79,1 *N'Aimeric* 10.

Amalric

1. **Amalric (de Narbona).** Amalric I or Manrique, also known as Aimeric IV; became viscount in 1239. Duran sartor 126,1 *En talent ai* 12. G Riquier 248,1 *Ab lo temps* 44; 248,6 *Aissi pert* 33; 248,10 *Amors, pus a vos* 36; 248,18 *Be·m meravelh* 40; 248,19 *Be·m volgra* 70; 248,26 *En re no·s melhura* 77; 248,58 *No·m sai d'amor* 33; 248,63 *Ples de tristor* (planh for him) 6, 37. J Esteve 266,1 *Aissi co·l malanans* (also a planh for him) 59.

2. **Amalric (de Narbona).** Amalric II, grandson of Amalric I (1298-1328). G Riquier 248,81 *Tant m'es l'onratz* 2, 36.

3. **N'Amalric.** Probably Amauri I de Craon, died 1226 (Shepard p 89). G de Puycibot 173,3 *Car no m'abellis* 61.

Amanieu, Amaneu

1. **N'Amanieu de Sescas.** The poet names himself. A de Sescas 21a, Letter *A vos que eu am* 4.

2. **Amaneu.** The poet names himself. A de la Broqueira 21,2 *Quan reverdejon* 45.

3. **N'Amanieu.** Uncertain. Uc de Murel 455,1 *Ges, si tot* 47.
Amblartz, n'. Unknown. B de Born 80,20 *Ges de far* 11.
Améli. Amiles, hero of *Amis et Amiles.* G de Cabreira 242a,1 *Cabra joglar* 78. Uc de la Bacalaria 449,3 *Per grazir* 14.
Amic
   1. Amis, hero of *Amis et Amiles.* G de Cabreira 242a, 1 *Cabra joglar* 76.
   2. **Bel Amic, Mon Amic.** Senhal, perhaps for Eudoxia of Constantinople (Avalle p 29). P Vidal 364,9 *Bels Amics cars* 1, 13, 22; 364,2 *Ajostar e lassar* 90; 364,36 *Tant ai lonjamen* 8.
   3. See **Guiraut Amic.**
Amieu, n'. "Lo senhor de Curban," but otherwise unknown. Blacasset 96,6 *Guerra mi plai* 15.
Amillau, Amilau. Millau (Aveyron). Sordello 437,24 *Planher voill* 27; 437,25 *Puois no·m tenc* 17.
Amilheta. Niece of **Hugueta de Faveau** (q.v.) (Audiau-Lavaud *Nouv. Anthol.* p 365). Blacasset 96,10a *Si·l mals d'amor* 41.
Amon. The god Jupiter Ammon, supposed to have been the real father of Alexander the Great. G de Calanso 243,7a *Fadet joglar* 95.
Amoravis. The Almoravids, Mohammedan Berbers who came to Spain from Morocco. G de Berguedan 210,22 *Us trichaire* 72. Marcabru 293,22 *Emperaire, per mi mezeis* 19, 50.
Amsiza, la maire e la filha d'. Widow and daughter of Albert I of Ancisa (Incisa), prov Alessandria. R de Vaqueiras 392,32 *Truan* 36.
Ancelmet, En. Unknown. R de Trets 419,1 *Dui cavalier* 30.
Andolozitz. Arabs of Spain. Gavaudan 174,10 *Senhor* 8.
Andrieu, Andreu
   1. **Sant Andrieu.** Saint Andrew. A de Peguilhan 10,11 *Ara parra* 24. G de la Tor 236,3 *De saint Martin me clam a saint Andreu* 1. Marcabru 293,16 *D'aisso* 2. P Cardenal (?) 335,37 *Mon chantar* 30. R de Castelnou 396,1 *Ar a ben* 31. Uc de L'Escura 452,1 *De mots ricos* 37.
   2. **Andrieu (de Fransa, de Paris).** The hero of a lost romance, in which Andrew died of love for a queen of France. A de Belenoi 9,11 *Ja no creirai* 8. A de Peguilhan 10,46 *Qui sofrir* 28; 10,49 *S'ieu tan ben* 30. A de Sestaro 16,16 *Gaucelm Faidit* 39. B de Pradas 65,3 *Si tot m'ai pres* 9. E de Barjols

132,6 *Bon' aventura* 28. F de Romans 156,8 *Ma bella domna* 16. G Faidit 167,17 *Cora que·m des* 41. G de Berguedan 210,13 *Lai on hom* 44. G Magret 223,2 *Atrestan be·m tenc* 2. J Bonel 273,1a *Anc mais* 34. Pistoleta and Blacatz 372,6a *Segner Blacatz* 33. R de Vaqueiras 392,25 *No puesc saber* 29; 392,16 *Engles* 24. R Jordan 404,13 *Vert son* 24. R Bistortz d'Arle 416,2 *Aissi com* 63. G de la Tor and Sordello 236,12 *Us amics* 26. Uc de la Bacalaria 449,3 *Per grazir* 13. Uc de la Pena 456,1 *Cora* 24. Anon (P Cardenal?) 461, 79 *De tant tenc per nesci Andreu* 1. See also **Andrivet**.

3. Senhal (?) for an unknown male friend. P de Capduelh 375,1 *Aissi m'es pres* 46; 375,4 *Ben es foll* 46; 375,7 *De totz chaitius* 51; 375,11 *Ja non er hom* 71; 375,14 *Lials amics* 41.

Andrivet, Andrevet. Probably André de France **(Andrieu 2)**. B de Paris 85,1 *Gordotz* 24. Peironet and G de Salignac 249,1 *D'una razo* 27.

Androine. The Greek emperor Andronicus I Comnenus (1183-1185)? P de la Mula 352,2 *Ja de razo* 22.

Anduza. Anduze (Gard). D de Pradas 124,6 *Ben ay' amors* 50. Uc Brunenc 450,7 *Pos l'adreitz temps* 61. See **Guilhem d'Anduza**.

Anel, mon. Senhal for an unidentified lady. R d'Aurenga 389,18 *Assatz sai* 52.

Anfelis. Heroine of *Folque de Candie*. G de Cabreira 242a,1 *Cabra joglar* 64.

Anfos, Amfos

1. Alfonso II of Aragon (1162-1196). G de Cabreira 242a,1 *Cabra joglar* 30. G de Bornelh 242,37 *Ges de sobrevoler* 67 (or Alfonso VIII of Castile?); 242,75 *Solatz* 66. Monge de Montaudon 305,16 *Pois Peire* 71. P Vidal 364,14 *Bon' aventura* 30.

2. Alfonso VII of Castile (1126-1157). Marcabru 293,9 *Aujatz* 36. Cercamon 112,2a *Lo planh comens* 36 (or Alphonse-Jourdain de Toulouse?).

3. Alfonso VIII of Castile (1158-1214). A de Peguilhan 10,21 *Destretz, cochatz* 41; 10,24 *Yssamen cum l'aijmans* 51; 10,26 *En aquel temps que·l reis mori n'Amfos* 1. B de Born 80,25 *Mieg sirventes* 3. G de Calanso 243,5 *Bel semblan* 94. Gavaudan 174,8 *Lo vers* 77. G Ademar 202,9 *Non pot esser* 49. G Magret 223,1 *Aigua pueia* 42. G de Bornelh 242,28 *Car non ai*

81; 242,37 *Ges de sobrevoler* 67 (or Alfonso II of Aragon).
Monge de Montaudon 305,17 *Seigner* 3. P Cardenal 335,18 *De sirventes* 33; 335,37 *Mon chantar* (in the extra stanza VII bis found in ms C). P Vidal 364,10 *Be m'agrada* 36; 364,17 *Dieus en sia grazitz* 71; 364,28 *Mout es bona* 13; 364,39 *Quant hom es* 59. Perdigo 370,5 *Entr' amor* 54. Pistoleta 372,8 *Se chantars fos* 7. R de Miraval 406,11 *Baiona, per sirventes* 32.

4. Alfonso X of Castile (1252-1284). B de Rovenac 66,2 *D'un sirventes* 41. B Zorzi 74,14 *Si·l monz fondes* 86. B Calvo 101,4 *En luec* 19, 33; 101,5 *Enquer cab* 2, 17; 101,14 *Tant auta domna* 34. F de Lunel 154,1 *Al bo rei* 30, 43. G de S Didier 168,1a *El temps* 36. G Riquier 248,2 *Ab pauc* 66; 248,21 *Creire m'an fag* 53; 248,24 *De midons* 61; 248,33 *Grans afans* 43; 248,44 *Humils, forfaitz* 39; 248,45 *Jamais non er* 62; 248,46 *Jhesus Cristz* 55; 248,48 *Karitatz* 61; 248,53 *Los bes* 46; 248,56 *Mout me tenc* 46; 248,60 *Ogan no cugei* 53; 248,67 *Quar dregz ni fes* 50; 248,68 *Qui·m disses* 3, 31; 248,71 *Razos m'aduy* 41; 248,72 *Res no·m vol* 49; 248,79 *S'ieu ja trobat* 3, 35, 51; 248,80 *Si ja·m deu* 9; 248,85 *Voluntiers faria* 64; 248,87 *Xristias vey* 50; 248,89 *Yverns* 38. G Riquier and G de Mur 226,8 *Guiraut Riquier, segon* 51. Izarn Marques 256,1 *S'ieu fos* 41, 49. L Gatelus 290,1 *Cora* 12. L Gatelus or L Cigala 282,26a [beginning lost] 17. P de Marseille 319,1 *Ab marrimen* 16, 28, 32; 319,7a *Senh' en Jordan* 7. P Barba 374,2 *Sirventes non es* 34. C de Girona 434a,28 *Hom no pot far* 41; 434a,52 *Pus li rey* 17. Anon 461,141 *Ja non cugei* 13.

5. L'enfan n'Amfos. Alfonso, son of James I of Aragon, the Conqueror (died 1260). C de Girona 434a,32 *Mieg vers* 5, 8.

6. Alphonse I, count of Toulouse, called Alphonse-Jourdain because he was baptized in the Jordan (1103-1148). Marcabru 293,9 *Aujatz* 26, 29, 36; 293,36 *Per l'aura* 37. Cercamon 112,2a *Lo planh comens* 36 (or Alfonso VII of Castile).

7. Alphonse, count of Poitou, brother of Louis IX. B de Rovenac 66,3 *Ja no vuelh* 32.

8. Probably Alphonse II, count of Provence (1196-1209; Jones *Tenson* p 86). Falco and G de Cavaillon 192,2a *Falco, en dire mal* 20, 70.

Angevi, Angivi. Angevin, one from Anjou. A dau Luc 22,1 *En Chantarel* 14. B de Born 80,31 *Puois als baros* 26; 80,34 *Quan* *la novela flors* 42. GAVAUDAN 174,10 *Senhor* 57. J ESTEVE 266,6 *Francs reis frances, per cui son Angevi* 1. MARCABRU 293,8 *Assatz m'es bel* 59.

Angieus. Angers (Maine-et-Loire). ALEGRET 17,1 *Aissi com cel qu'es vencutz* 39. A DE MAREUIL 30,5 *Aissi com cel que tem* 32. B DE ROVENAC 66,3 *Ja no vuelh* 16. D D'ALVERNHE 119,8 *Reis, pos vos* 15. P VIDAL 364,16 *De chantar* 40.

Anglerola, Anglesola. Anglesola (prov Lérida, near Cervera). PEIRONET 367,2 *Major paor* 4, 7. C DE GIRONA 434,9a *Pres d'un jardi* 23.

Anhes, Agnes, Aines. See also **Anhesina**.
   1. **N'Agnes d'Arc.** Unknown (Bergert p 90). G DE LA TOR 236,5a *Pos n'Aimerics* 16.
   2. **N'Agnes (de Lenta).** Possibly a member of the Avogadro family, from Lenta, prov Novara (Linskill p 213). R DE VAQUEIRAS 392,32 *Truan* 38.
   3. **N'Anhes (de Rochachoart).** Presumably viscountess of Rochechouart (Haute-Vienne), but otherwise unknown (Bergert p 19, Appel p 129). B DE BORN 80,12 *Domna, puois* 37.
   4. **N'Agnes.** Probably from Saluzzo or Montferrat (Linskill p 214). R DE VAQUEIRAS 392,32 *Truan* 49.
   5. **N'Agnes.** Unidentifiable. WILLIAM IX OF AQUITAINE 183,3 *Compaigno, farai* 24; 183,12 *Farai un vers, pos mi* 31, 55, 73.
   6. **Aynes.** A servant of the poet. B CARBONEL 82,13 *Ronci* 18.

Anhesina, Agnezina, n'. Agnes of Saluzzo, daughter of Boniface of Saluzzo (Bergert p 92, Dumitrescu p 189). A DE BELENOI 9,21 *Tant es* 29. A DE SESTARO 16,13 *En amor trop* 29. DOMNA H. and ROFIN 249a,1 *Rofin, digatz* 66, 71.

Anias. See **Eneas**.

Anjou, Anjau, Angau, Angeu. Anjou. A DE BELENOI (?) 9,11 *Ja non creirai* 51. B DE VENTADORN 70,21 *Ges de chantar* 53. B DE BORN 80,13 *D'un sirventes* 19; 80,19 *Ges de disnar* 20; 80,26 *Mon chan* 64; 80,31 *Puois als baros* 21. WILLIAM IX OF AQUITAINE 183,7 *Farai un vers de dreit nien* 40. MARCABRU 293,8 *Assatz m'es bel* 54; 293,33 *Lo vers comens* 41. P CARDENAL 335,10 *Bel m'es* 90. UC DE S CIRC 457,42 *Un sirventes* 27.

Anjou, comte d'. Charles d'Anjou (*see also* **Carle**). G D'ESPANHA 244,9 *Pus era* 3. P DE MARSEILLE 319,6 *L'autrier* 44. R DE TORS 410,2 *Ar es ben dreitz* 3.

Anoilla. The river Noya (prov Barcelona, near Villafranca del Panadés). G de Berguedan 210,7 *Chanson* 14.
Anonai. Annonay (Ardèche). Uc de S Circ 457,41 *Una danseta* 32.
Anric. See **Enric.**
Ansalon, Apsalon. Absalom, rebellious son of David, famous for his beauty (II Samuel 14 and 18). B Zorzi 74,14 *Si·l monz fondes* 44 (Bertoni translates *Ancellotto*, or Lancelot; but Absalom seems more likely). B Zorzi 74,15 *S'ieu trobes* 59. B de Paris 85,1 *Gordotz* 44.
Anseis. Presumably the hero of *Anseis de Cartage*. G de Cabreira 242,1 *Cabra joglar* 65.
Anselmet. The son of **Eyssi**, q.v. R de Vaqueiras Epic Letter III 73.
Anselot. Lancelot. P Cardenal 335,56 *Tendas e traps* 29. See also **Lanselot.**
Antecrist (nom **Antecritz**). A name given to various enemies of Christianity; Salverda de Grave thinks Granet and B d'Alamanon are referring to the Sultan of Egypt (p 120). G Faidit 167,9 *Ara nos sia guitz* 49. Granet and B d'Alamanon 189,5 *Pos anc no·us valc* 5, 12, 20, 25, 33, 38. G de Bornelh 242,77 *Tals gen* 45. P Cardenal 335,69 *Un sirventes voill far* 18.
Antelme. Perhaps Anthiame de Roussie, of *Baudoin de Sebourc* (M de Riquer p 401). G de Cabreira 242a,1 *Cabra joglar* 171.
Antic, n'. Kolsen (II 271) thinks this may be a senhal for Raimbaut d'Aurenga. G de Bornelh 242,43 *Mas, com m'ave* 45.
Antioc. Antiochus IV Epiphanes, whose persecutions of the Jews are recorded in I Macchabees. Anon 461,226 *Sui e no sui* 36.
Antiocha, Antioca. Antioch. E Cairel 133,9 *Pos cai* 9. G de Cabreira 242a,1 *Cabra joglar* 124. Marcabru 293,35 *Pax* 67. Uc de la Bacalaria 449,3 *Per grazir* 29. Uc de Pena 456,1 *Cora* 33. Anon 461,35a *Bella domna* 8.
Anton. See **Guicart.**
Aon, sant. Saint Abundus, named only as a punning reference to "abundance." Monge de Montaudon 305,101 *Fort m'enoja* 68.
Apchier. The home of the poet Garin d'Apchier, perhaps Apchier north of Châteauneuf (Lozère; Jeanroy *PL* I 368). Torcafol 443,1 *Comtor d'Apchier rebuzat* 1.
Apolloine. Apollonius of Tyre. B de Paris 85,1 *Gordotz* 37. G de Cabreira 242a,1 *Cabra joglar* 151.

Arabit. Arab, sometimes used loosely for any Mohammedan. E Cairel 133,11 *Qui saubes* 17. Gavaudan 174,10 *Senhor* 8. G Figueira 217,1 *Del preveire major* 5. G de Bornelh 242,6 *A l'onor Deu* 17. G de Calanso 243,6 *Belh senher Dieus* 44. Peirol 366,29 *Quant amors* 37. R de Vaqueiras 392,24 *No m'agrad' iverns* 82.

Arago. Aragon. A de Peguilhan 10,42 *Puois descubrir* 41; 10,49 *S'ieu tan ben* 55. A Daniel 29,13 *L'aur' amara* 100. B d'Auriac 57,3 *Nostre reys* 11. B de Born 80,23 *Lo coms* 27; 80,32 *Pois lo gens* 39. B Carbonel 82,22 *Anc de joc* 4. B de Castellana 102,1 *Ara, pos* 21. Cercamon 112,2a *Lo planh comens* 52. Frederick III of Sicily 160,1 *Ges per guerra* 10. G de S Didier 168,1a *El temps* 28. Comte de Foix 182,1 *Frances* 6; 182,2 *Mas qui* 12, 15. G de Berguedan 210,4a *Be·m volria* 25; 210,13 *Lai on hom* 5. G de Calanso 243,6 *Belh senher Dieus* 38; 243,7a *Fadet joglar* 231. G Riquier 248,23 *De far chanson* 45. Monge de Montaudon 305,4 *Aissi com cel qu'om men'* 58. Peter III of Aragon 325,1 *Peire Salvagg'* 18. R d'Eira 391,1 *Coms proensals* 4. R de Miraval 406,18 *Cel cui jois tanh* 49. C de Girona 434,6b *En may* 92; 434,7a *Entr' Arago e Navarra* 1; 434a,2 *Apres lo vers* 78; 434a,4 *Ara·m luyna* 2; 434a,48 *Princep enic* 34; 434a,79 *Un bo vers* 4. Uc de S Circ 457,25 *Nuilla ren* 61. Anon 461,73 *D'amor m'estera* 7.

Arago, rei d'. See also **Anfos, Peire, Jacme.**

1. Alfonso II (1162-1196). A de Mareuil 30,1 *A gran honor* 39. F de Marseille 155,5 *Ben an mort* 45; 155,15 *Hueimais* 37. G de Berguedan 210,12 *Joglars* 4. G de Bornelh 242,2 *Ab semblan* 61; 242,15 *Era, can vei* 86; 242,62 *Qui chantar sol* 132. P Raimon de Tolosa 355,5 *Atressi com la candela* 59; 355,9 *No·m posc sofrir* 72. P Vidal 364,2 *Ajostar e lassar* 68; 364,16 *De chantar* 6; 364,17 *Dieus en sia grazitz* 69; 364,34 *Per ses dei* 2; 364,42 *S'ieu fos en cort* 38. P de Capduelh 375,22 *So c'om plus vol* 41.

2. Peter II (1196-1213). A de Belenoi (?) 9,11 *Ja non creirai* 53. A de Peguilhan 10,14 *Car fui* 36; 10,20 *De fin' amor* 45; 10,26 *En aquelh temps* 3; 10,27 *En greu pantais* 36; 10,38 *Nulhs hom non es* 38; 10,43 *Pus ma belha* 41. A de Sarlat 11,1 *Aissi mou* 52. A de Sestaro 16,2 *Ab son gai* 43 (or James I?). E Fonsalada 134,1 *De bo loc* 41 (or James I?); 134,2 *En cor* *ai* 74. G d'Ussel 194,19 *Si be.m partetz* 53. G Magret 223,1 *Aigua pueia* 57. G de Calanso 243,9 *Sitot l'aura* 51. P de Bergerac 329,1 *Belh m'es* 28. Perdigo 370,5 *Entr' amor e pensamen* 51. Pistoleta 372,1 *Ai, tan sospir* 38; 372,2 *Anc mais nulhs hom* 37; 372,4a *Ja nuls amans* 42; 372,6 *Plus gais sui* 42; 372,8 *Se chantars fos* 6. R de Miraval (?) 392,11 *Del rei d'Arragon* 1. R de Miraval 406,2 *Aissi com* 60. Uc de S Circ 457,42 *Un sirventes* 22.

3. James I, the Conqueror (1213-1276). A de Belenoi 9,12 *Meravilh me* 41. B de Rovenac 66,2 *D'un sirventes* 10; 66,3 *Ja no vuelh* 17. B Sicart de Marvejols 67,1 *Ab greu consire* 75. B Calvo 101,17 *Un nou sirventes* 26. Engles 138,1 *A la cort* 18. F de Lunel 154,1 *Al bo rei* 20. G de Puycibot 173,10 *Pres soi* 58; 173,11 *S'ieu anc jorn* 61. G d'Autpol 206,4 *Seignors, aujatz* 69. G de Montanhagol 225,5 *Ges per malvastat* 23; 225,6 *Leu chansoneta* 30. G de Mur 226,2 *D'un sirventes* 42. G Riquier and G de Mur 248,37 *Guillem de Mur, que* 2. M de Caersi 299,1 *Tan sui* 14, 30 (planh for him). N'At de Mons 309,1 *La valors* 41. O del Temple 312,1 *Estat aurai* 17, 41. P de Marseille 319,6 *L'autrier* 99. P Basc 327,1 *Ab greu consire* 62. P Barba 374,2 *Sirventes non es* 41. C de Girona 434,6 *Del mon* 33; 434,7 *En mal punh* 51; 434a,20 *En breu sazo* 13; 434a,28 *Hom no pot far* 10; 434a,41 *Nuills hom savis* 32 (or Peter III). Sordello 437,24 *Planher voill* 25; 437,25 *Puois no.m tenc* 16; 437,29 *Qui be.s membra* 40.

4. Peter III (1276-1285). **Enfan d'Arago:** B de Rovenac 66,1 *Bel m'es* 9. P de Marseille 319,6 *L'autrier* 58. C de Girona 434a,29 *Juglar, prec vos* 33. **Jove rei d'Arago:** G Anelier de Tolosa 204,4 *Vera merces* 41.

Arago, reina d'. Probably Yolande of Hungary, second wife of James I (Dumitrescu p 159). A de Belenoi 9,3 *Aissi quo.l pres* 44.

Aragones. Inhabitant of Aragon. B d'Auriac 57,3 *Nostre reys* 7. B de Born 80,22 *Guerr' e pantais* 37; 80,28 *Mout m'es* 41; 80,32 *Pois lo gens* 5. Gavaudan 174,10 *Senhor* 52. G Rainol d'At 231,1a *A tornar* 59. G de Calanso 243,11 *Una doussa* 36. P Lanfranc 317,1 *Valenz senher, rei dels Aragones* 1 (Peter III). P Bremon Ric Nov 330,14 *Pos partit an* 19. P Vidal 364,8 *Baron, Jhesus* 33; 364,30 *Neus ni gels* 69. R de Vaqueiras

(?) 392,19 *Ja hom pres* 53. Tomier e Palazi 442,1 *De chantar* 25. Anon 461,141 *Ja non cugei* 16.

Aramon Luc d'Esparro. Unknown; Esparro is in the arr of Gap (Hautes-Alpes). B de Born 80,23 *Lo coms* 2.

Aran. Syria (ancient Aram). B de Born 80,3 *Anc no·s puoc* 28.

Arbre Sec, l'. A tree in the East, as old as the world, that dried up when Christ died; also known as the *Arbre qui fent* and the *Sec Arbre;* mentioned in many Old French epics and romances (*Aliscans* 172, *Li Bastars de Buillon* 209 etc., *Blancandrin* 5674). B de Born 80,4 *Ara sai ieu* 42.

Arc. See **Agnes d'Arc.**

Archambaut, n'. Probably Archambaud V, viscount of Comborn. B de Born 80,16 *Folheta, ges* 16; 80,43 *Un sirventes fatz* 10.

Archeteclin. Archetriclin, the name given in the Middle Ages to the bridegroom of Cana (from the Vulgate *architriclinus*, John 2:8-9, translated in the King James Version as "the governor of the feast" and "the ruler of the feast"). P d'Alvernhe 323,16 *Deus, vera vida* 51.

Archimalec. Unknown king or army leader, apparently not Ahimelech (Samuel 21:1), who was a priest (Lavaud p 476). P Cardenal 335,14 *Sel que fes* 94. See also **Artimalec.**

Ardiso, Ardiço (ser). A male friend of Uc de S Circ. Uc de S Circ 457,20a *Mesier Albric, so·m prega Ardisos* 1. A da Romano 16a,1 *Uc de San Sit* 3.

Ardit, n' or mon

1. Senhal for an unknown person, probably a patron or patroness. G P de Cazals 227,1 *Ab lo pascor* 76; 227,2 *A l'avinen* 56; 227,3 *Ara pos vei* 31; 227,4 *Ara m'es bel* 79; 227,5 *A trop gran* 59; 227,6 *Be·m plagr' oimais* 41; 227,11 *Per re* 56.

2. Senhal for an unknown nobleman, a prospective patron (Branciforti p 35). B Calvo 101,13 *S'ieu d'ir' ai menz* 15.

Ardoart. See **Audoart.**

Areill. See **Ereill.**

Argensa, -ssa, -ça, -za. Argence, "petit territoire situé sur les rives droites du Rhône et du Gardon" (Dumitrescu p 173). A de Belenoi 9,17 *Pos Dieus nos a* 27. B de Palazol 47,9 *S'ieu anc* 40. B Sicart de Marvejols 67,1 *Ab greu consire* 27. G de Bornelh 242,79 *Tot suavet* 48. P Bremon Ric Nov 330,9 *Lo bels terminis* 31 (pun on *argen*). P Vidal 364,47 *Tant an ben* *dig* 38 (punning use). Ponson 381,2 *Valent donna* 28. Sordello 437,21 *Non pueis mudar* 22 (also four lines below in the single ms of the poem, as a presumably wrong reading for **Vensa**, q.v.). Tomier e Palazi 442,1 *De chantar* 46 (pun). Uc de S Circ 457,42 *Un sirventes* 18. See also **Sobeiran**.

Argentieira. Perhaps the Argentière in Hautes-Alpes. Torcafol 443,2a *Comunal veill, flac* 26.

Argentos. Probably Argentan (Orne); the older form was Argentom (Stimming p 191). B de Born 80,9 *Chazutz sui* 31.

Argileu. See **Erseler**.

Arias. Senhal ("n'Arias mon senhor")? Perdigo 370,5 *Entr' amor* 67.

Aristotil. Aristotle. G Augier and Guilhem 205,5 *Guillem* 19, 36. C de Girona 434,16 *Un vers farai* 18.

Arle (nom **Arles**). Arles (Bouches-du-Rhône). B d'Alamanon 76,4 *De l'arcivesque* 34; 76,9 *Ja de chantar* 34; 76,15 *Pueis chansos far* 15. G de Bornelh 242,18 *Be deu* 67. G de l'Olivier 246,2 *Aitan cert* 2. P Cardenal 335,12 *Be volgra* 11. P Vidal 364,2 *Ajostar e lassar* 80. R de Tors 410,3 *Ar es dreitz* 2.

Armaya. Unknown ("No volgr' esser reys d'Armaya Tan com ab lieys remaner"). G Faidit 167,52 *Si anc nulhs hom* 39.

Arman, comt'. Alemanno Costa, "count" of Syracuse (Avalle p 281). P Vidal 364,30 *Neus ni gels* 65.

Armanhac. Armagnac. P Cardenal 335,56 *Tendas e traps* 6.

Armanhagues. Armagnac. P Cardenal 335,56 *Tendas e traps* 19.

Armeni. Armenian. R Bonomel (Templier) 439,1 *Ir' e dolors* 20.

Arnaldo. See **Arnaudo**.

Arnalt. See **Arnaut**.

Arnauda. Used as a typical name. Lombarda 288,1 *Nom volgr' aver* 2.

Arnaudo, Arnaldo. See also **Arnaut**.

   1. Arnaut Catalan, the poet? Anon 461,27a *Arnaldon, per na Johana* 1.

   2. A joglar. G de Berguedan 210,2 *Ara mens* 29; 210,18 *Talans m'es pres* 53.

Arnaut, Arnau

   1. **Arnaut d'Alos.** Alós is in the diocese of Urgel, in the Vall d'Aneu. G de Berguedan 210,21 *Un sirventes nou* 21.

2. **N'Arnaut.** Bernart Arnaut d'Armagnac. LOMBARDA 288,1 *Nom volgr' aver* 2.

3. **Arnaut, lo marques de Bellanda.** Arnaut de Beaulande, son of Garin de Monglane in the chansons de geste. B DE BORN 80,13 *D'un sirventes* 12.

4. Arnaut Catalan, the poet? ANON 461,27a *Arnaldon, per na Iohana* 9.

5. Arnaut Daniel. A DANIEL 29,1 *Amors* 50; 29,2 *Anc ieu* 70; 29,3 *Ans que·l cim* 43; 29,4 *Ar vei* 44; 29,5 *Autet* 55; 29,6 *Chanso* 56; 29,7 *D'autra guiza* 34; 29,9 *En breu* 49; 29,10 *En cest sonet* 43; 29,12 *Lancan vei* 44; 29,13 *L'aur' amara* 107; 29,16 *Quan cai* 60; 29,17 *Si·m fos* 49; 29,18 *Sols sui* 45. MONGE DE MONTAUDON 305,16 *Pois Peire* 43. R DE DURFORT 397,1a *Ben es malastrucs* 37.

6. Arnaut de Mareuil. MONGE DE MONTAUDON 305,16 *Pois Peire* 55.

7. **Arnaut de Nahuga.** Arnaut de Nahuja (Nauja, Pyrénées-Orientales, near Puigcerdá). G DE BERGUEDAN 210,21 *Un sirventes nou* 15.

8. Arnaut Plagues, the poet. Uc DE S CIRC 457,21 *Messonget* 4 (*el son d'en A. P.*, to the tune of the song of A. P.: 32,1 *Be volgra*).

9. **Arnaut Romieu.** A poet, otherwise unknown. Uc DE L'ESCURA 452,1 *De mots ricos* 5. See also **Romeu, Romieu.**

10. **Arnaut joglar.** A joglar; but Canello thinks B de Born may have Arnaut Daniel in mind; same as the joglar **Arnaudon?** B DE BORN 80,7 *Bel m'es* 42. G DEL LUC 245,1 *Ges sitot m'ai* 25.

11. **Arnaut del Vilar** (var **del joglar**). Found in documents 1171-1185 (M de Riquer *Poesías... contra Pere de Berga* p 260). G DE BERGUEDAN 210,11 *Eu no cuidava* 3.

12. **Arnau.** Unknown. PEIRONET 367,2 *Major paor* 12 ("n'Arnau tritxador"). PETER III OF ARAGON 322b,1 *Car vei* 2 (reply to the preceding).

13. **N'Arnaut.** Unknown. VISCOUNT OF TURENNE and Uc DE S CIRC 460,1 *En vostr' ais* 6.

Arpi, n'. Unknown (Audiau-Lavaud *Nouv. Anthol.* p. 354). P DE BUSSIGNAC 332,1 *Quan lo dous temps* 44.

Arquier: mon bel Arquier de Laurac. Senhal for an unidentified lady from Laurac (Aude). P Vidal 364,27 *Mos cors* 15.

Arratz, Arraz. Arras (Pas-de-Calais). B de Born 80,11 *Cortz e guerras* 19; 80,14 *Eu chan* 41 (obl *Arrat*). C de Girona 434a,57 *Si cel que ditz* 13 (for the legend of the candle of Arras, see M de Riquer p 236).

Arselot. Arselot or Herselot, the servant of Richeu in the fabliau of that name. G de Cabreira 242a,1 *Cabra joglar* 210 ("Ni de Riqueut Ni de Mareut Ni d'Arselot la contençon").

Arsen

1. Hersent, the she-wolf in the story of Reynard. P Cardenal 335,29 *L'arcivesque de Narbona* 39.

2. **N'Arsen.** An unidentified woman. William IX of Aquitaine 183,3 *Compaigno, farai* 24.

Artasenes (*or* **Tartases**). Artaxerxes? G de Calanso 243,7a *Fadet joglar* 103.

Artaut: n'Artaut mon cosi. Uncertain. G de Berguedan 210,12 *Joglars* 29.

Artes. Artois. P de Marseille 319,6 *L'autrier* 38 (the *comte de Artes* is Robert I, brother of Louis IX). P Lanfranchi de Pistoia 317,1 *Valenz senher* 5 (*aqel d'Artes* is Robert II; see Bertoni p 119).

Artimalec. Identification uncertain; the Biblical Ahimelech and Abimelech seem unlikely; Marcabru is apparently using this as a nickname for Audric. L Cigala 282,13 *Lantelm* 55. Marcabru 293,43 *Seigner n'Audric* 35. See also **Archimalec** *and* **Arumalec.**

Artona, la comtessa d'. Unknown. D d'Alvernhe 119,9 *Vergoign' aura* 16 ("E saup mieils prezicar la comtessa d'Artona").

Artus, Artur

1. King Arthur. A de Peguilhan 10,7a *Anc al temps d'Artus ni d'ara* 1; 10,44 *Can que·m fezes* 38 (var for **Tideüs**). B de Born 80,6a *A totz* 33; 80,18 *Gen part* 31. B de Paris 85,1 *Gordotz* 9. G Faidit 167,22 *Fortz chauza* 16. G de Cabreira 242a,1 *Cabra joglar* 58. G de Calanso 243,6 *Belh senher Dieus* 7. G Riquier, Henry II of Rodez, and a Lord of Alest 248,76 *Senh' en Enric, us reis* 66. Marcabru 293,4 *Al prim comens* 60. M de Caersi 299,1 *Tan sui* 33. Montan sartre 307,1 *Coms de Tolsan* 28 ("Ar atendon Artus cil de Belcaire"; one of the

frequent references to the Bretons' hope that Arthur would return). P Cardenal 335,3 *Al nom del senhor* 32 ("Venra n'Artus, cel qu'enportet lo catz"; incomprehensible allusion, perhaps garbled; see Lavaud p 257). P Vidal 364,24 *Ges pel temps* 39; 364,37 *Pus tornatz sui* 12. R de Vaqueiras 392,2 *Era·m requier* 17. R de Pons and Jaufre 414,1 *Senh' en Jaufre* 40, 41. C de Girona 434a,12 *Can aug* 24. Anon 461,234 *Totas honors* 46.

2. A joglar, same as **Artuset** (q.v.)? G de Berguedan 210,10a *E fetz una mespreiso* 5. D d'Alvernhe 119,3 *Joglaretz, petitz Artus* 1, 10, 19.

Artuset. A joglar. B de Born 80,36 *Quan vei pels vergiers* 39. See also **Artus 2.**

Arumalec. According to M de Riquer (p 403) the same as **Artimalec** (q.v.). G de Cabreira 242a,1 *Cabra joglar* 200 (mentioned with **Nersisec** and **Calcan).**

Ascalona. See **Escalona.**

Aspa. The valley of Aspe in Basses-Pyrénées. P Vidal 364,18 *Drogoman senher* 33. P Cardenal 335,56 *Tendas e traps* 26 (var). See also **Orsau.**

Aspés. A brigand from the region of Aspe. B de Preissac 88,1 *Aras quan plou* 19. B de Preissac and G de Puycibot 88,2 *Gausbert* 36.

Aspinel. See **Ospinel.**

Assaracus. Reading uncertain (mss *e de argus, e daracus*), identification impossible. G de Calanso 243,7a *Fadet joglar* 75.

Assas. Assas (Hérault, arr Montpellier, cant Castries). Sordello 437,4a *Er encontra·l temps* 14.

Assessi, Ansessi. An Assassin, follower of the Old Man of the Mountain. A de Peguilhan 10,24 *Yssamen cum l'aïmans* 13. B de Bondelhs 59,1 *Tot aissi.m pren com fai als Assessis* 1. B de Born 80,8 *Be·m platz* 6. Another mention in a love letter of A de Mareuil (Bec VII, line 9). See also **Vielh.**

Ast. Asti (Piedmont, prov Alessandria). B de Castellana 102,2 *Guerr' e trebalhs* 8. F de Lunel 154,1 *Al bo rei* 38. P Vidal 364,38 *Pus ubert ai* 75. R de Vaqueiras Epic Letter II 4.

Astarac. A county in the present dép. of Gers. The count referred to by the troubadours is Bernard IV (1249-1291), who joined in a partimen with G Riquier, 248,20 (see Jeanroy *PL* I 285).

B de Tot lo Mon 69,2 *Lo plazers* 23. G Anelier de Tolosa 204,1 *Ara farai* 50; 204,2 *Ar farai, sitot* 43. G Riquier 248,15 *A Saint Pos* 98; 248,52 *Lo mons par* 57; 248,22 *D'Astarac venia* 1; 248,76 *Senh' en Enric* 73.

Astriu (or **Astruc**?). A joglar. R d'Aurenga 389,37 *Pos trobars plans* 41.

Astruc, mon. Unidentified. B Zorzi 74,15 *S'ieu trobes* 67.

Asturis. Asturias. G de Berguedan 210,20 *Un sirventes ai* 15.

At. Apt (Vaucluse). G Rainol d'At 231,1 *Auzir cugei* 30.

Atempre, n' (or **na Tempre**?). Unknown. B de Born 80,16 *Folheta, ges* 22, 29; 80,36 *Rassa, mes si son* 47; 80,38 *S'abrils* 89.

Ateon (var **Eteon**). Actaeon? Phaethon? B de Paris 85,1 *Gordotz* 18 ("Ni d'Ateon lo fol ausart" or "lo fol orat que fe").

Atés. The region of Apt (Vaucluse). Pujol (?) 386,3 *En aquest sonet* 3.

Atz. In Italian, Ezzo; but further identification is uncertain. L Cigala 282,6 *Estier mon grat* 23.

Auda, Alda
   1. The beloved of Roland, *la belle Aude*. B Zorzi 74,21 *Atressi com lo camel* 60. G de Salignac 249,1 *Aissi com cel* 16.
   2. The wife of Otto del Carret (Linskill p 213). R de Vaqueiras 392,32 *Truan* 48. See **Carret, Ot.**
   3. Unknown. P de Capduelh 375,17 *Per joy d'amor* 36.

Audebert. Another name for Gausbert de Puycibot? B de Preissac 88,1 *Aras quan plou* 14, 31.

Audeta. Unknown; shepherd? Anon 461,200 *Quant escavalcai* 15.

Audiart
   1. Audiart des Baux, daughter of Gérard Adémar, viscount of Marseille, and wife of Bertran des Baux (died 1257); but the identification is not entirely certain for all the references. A de Belenoi 9,4 *Aissi cum hom* 41. Blacatz and Bernart 52,5 *Segner Blacatz* 54. P. Bremon Ric Nov 330,12 *Pos lo bels temps* 33; 330,15a *Rics pretz* 55. P de Capduelh 375,1 *Aissi m'es pres* 45; 375,11 *Ja non er* 66; 375,19 *S'ieu fis* 45. R de Tarascon and G de Cavaillon 422,2 *Cabrit, al meu vejaire* 49.
   2. Unknown; read **Na Vierna**? P Vidal (?) 364,12 *Ben aja ieu* 46.
   3. Probably Audiart de Malamort, a friend of Marie de Ventadour. B de Born 80,12 *Domna, puois* 41.

4. Mon Audiart. A senhal for Raymond VI of Toulouse. R de Miraval 406,8 *Ar ab la forsa* 53; 406,12 *Bel m'es* 72; 406,15 *Ben aja.l messatgiers* 51; 406,18 *Cel cui jois tanh* 54; 406,19 *Cel qui de chantar* 45; 406,20 *Cel que no vol* 49; 406,21 *Chansoneta farai* 36; 406,25 *Dels quatre* 57; 406,27 *Enquer non a* 60; 406,34 *Pois ogan* 50; 406,37 *S'a dreg* 59; 406,40 *Si tot s'es* 49; 406,42 *Tals vai* 53; 406,46 *Tuit silh* 59; 406,47 *Un sonet* 60. See also **Raimon, Tolzan.**

Audierna. Unknown ("C'anc plus non amet un ou Cel de Moncli n'Audierna"); Audierna and "he of Moncli" must have been lovers in some lost romance. A Daniel 29,10 *En cest sonet* 42. The "Audierna" of G Rainol and G Magret (231,1 *Magret, puiat m'es* 40) may not be a proper name at all (see Levy SW under *mainier*); the reading here is probably garbled.

Audit, n'. Possibly a lady of the family of Carrù, who married into the house of Ventimiglia (Linskill p 213). R de Vaqueiras 392,32 *Truan* 47.

Audoart. Edward I of England (1272-1307), as prince and as king. A de Segret 41,1 *No sai* 25, 39. Marcabru II 293a,1 *Ben for' ab lui* 5. P de Marseille 319,6 *L'autrier* 85. P Cardenal 335,62 *Totz lo mons* 48. R de Tors 410,3 *Ar es dreitz* 5. C de Girona 434a,28 *Hom no pot far* 41; 434a,52 *Pus li rey* 25. Anon 461,234 *Totas honors* 25.

Audoi. Unknown ("Per mon Truc Malec, n'Audoi, Te puesc desfiar e per mi"). R de Durfort 397,1a *Ben es malastrucs* 48.

Audric. Aldric del Vilar, a poet (P-C no. 16b). Marcabru 293,43 *Seigner n'Audric* 1. P d'Alvernhe 323,15 *Dejosta.ls breus jorns* 53 (the same?).

Aug. Auch (Gers). P Cardenal 335,56 *Tendas e traps* 23. R d'Aurenga 389,20 *Ben s'eschai* 25.

Augier. Ogier le Danois of the chansons de geste. B de Born 80,6a *A totz* 19; 80,45 *Volontiers* 27. G de Berguedan 210,16 *Mal o fe* 28. G de Bornelh 242,66 *S'ara no poja* 34. G de Cabreira 242a,1 *Cabra joglar* 85. R de Miraval 406,15 *Ben aja.l messatgiers* 29.

Auliver. See **Olivier.**

Aunis. Aunis. Cercamon 112,2a *Lo planh comens* 48.

Auramala. A fief of the Malaspina family. P Raimon 355,16 *Si cum seluy* 46. See also **Maria** and **Selvaggia d'Auramala**

(cf. A de Sestaro 16,15 *En Peire* 62: "ad Auramala, son repaire, a Na Maria").

Aureill. See **Daurel.**

Aureilla, n'. Petrus Aurelle, one of the consuls of Arles in 1219 (Soltau, *ZRP* 23, 203). Blacatz 97,1 *Ben fui* 12.

Aureillá. Aureilhan, a village near Tarbes (Hautes-Pyrénées). A de la Broqueira 21,2 *Quan reverdejon* 44.

Aurenga. Orange (Vaucluse). A de Porcairagues 43,1 *Ar em el freg* 14, 42. B de Born lo fils 81,1 *Quan vei* 27. P Vidal 364,20 *En una terr' estranha* 54. R d'Aurenga 389,15 *Er quant s'embla* 14; 389,36 *Pois tals sabers* 40; 389,38a *Si de trobar* 44. R d'Aurenga (the younger?) 389,24 *Compainh, qui qu'en irais* 16. R de Vaqueiras 392,2 *Era·m requier* 34. Uc de S Circ 457,31 *Qui vol terra* 10.

Aurien, n'. Unknown. Guigo and B d'Alamanon 197,3 *Vist hai* 2.

Auriflama, n'. Unknown. Anon 461,174 *N'Auriflama, car vos es flamejans* 1, 8, 10, 18.

Auriol, n'. Name of an unknown lord. B de Born 80,3 *Anc no·s poc* 43.

Auruzon, n'. Unknown ("Ni de Bramar Non sabs chantar De l'auca ni de n'Auruzon"). G de Cabreira 242a,1 *Cabra joglar* 183.

Aus. Aups (Var), the home of Blacatz. B d'Alamanon 76,15 *Pueis chanson far* 17.

Austor, seinher. Unknown. Anon 461,177 *Non posc mudar* 2, 9.

Austoret, mon. Probably a senhal for Raymond Roger Trencavel, viscount of Béziers and Carcassonne (Linskill p 39). R de Miraval (?) 392,11 *Del rei d'Arragon* 18.

Austorica. Austria. B Zorzi 74,14 *Si·l monz fondes* 7. See **Esterric.**

Autafort. Hautefort (Dordogne), castle of B de Born. B de Born 80,20 *Ges de far* 13, 49; 80,21 *Ges no me desconort* 5.

Autasvals. See **Ostavals.**

Autavés. Le Tavez (Bouches-du-Rhône). P Vidal 364,18 *Drogoman senher* 30.

Autier. See **Azalais.**

Autreiat, n'. Senhal; Savj-Lopez cannot identify him, but says he is certainly not Charles of Anjou, as Appel thought (*Studi* *med.* 1, 396). G d'Espanha 244,1 *Domna* 36; 244,2 *Gen m'auci* 44; 244,10 *Pos ses par* 34; 244,13 *S'ieu en pascor* 61.

Auzer, Auzier. Unknown. A de Peguilhan 10,9 *Anc tan bella* 3; 10,13 *Bertram d'Aurel* 2. B d'Aurel 79,1 *N'Aimeric* 6. Sordello 437,33 *Si tot m'asaill* 4.

Avengut, mon. Senhal, not capable of certain identification (Linskill p 88). R de Vaqueiras 392,14 *El so* 107.

Aventura, bon'. Probably a senhal for a lady (or ladies). G Faidit 167,45 *Pel joi* 46. J Bonel 273,1a *Anc mais* 37. R de Tarascon 422,1 *Ab tan de sen* 41.

Averz de Coissan, n'. See **Vert**.

Avian. Aviá, near Puigreig (prov Barcelona). G de Berguedan 210,4 *Be fo ver* 3.

Avinho, Avignon. Avignon (Vaucluse). B d'Alamanon 76,9 *Ja de chantar* 20; 76,15 *Pueis chanson far* 13. Gormonda 177,1 *Greu m'es* 47. G de Cavaillon 192,4 *Senheiras* 7. G Figueira 217,2 *D'un sirventes far* 49. Marcabru 293,9 *Aujatz* 27. P Cardenal 335,12 *Be volgra* 11. P de Castelnou 336,1 *Oimais* 10. Tomier e Palazi 442,1 *De chantar* 65; 442,2 *Si co.l flacs molins* 30. Uc de S Circ 457,25 *Nuilla ren* 62; 457,42 *Un sirventes* 18.

Avinho, comte d'. Raymond V of Toulouse, co-proprietor of the city with William IV of Forcalquier (Avalle p 43). P Vidal 364,2 *Ajostar e lassar* 96. See also **Raimon d'Avinho**.

Avinho, comtessa d'. Bergert (p 105) quotes Jeanroy's opinion (Mussafia *Festgabe* p 636) that this expression means something like "Avignon, that countess (of cities)"; but this seems very strained. Although there was no nominal countess of Avignon, the poets may be referring here to a countess (of Toulouse, for example) whose husband laid claim to the city. Tomier e Palazi 442,2 *Si co.l flacs molins* 23.

Azael, Izael, Esael, Ariel. Probably Asahel (II Samuel 2: 18), known as a runner. B de Paris 85,1 *Gordotz* 45 ("Ni no sabes d'Azael lo cortes Qe pres per cors de cabrols dos o tres"). G de Calanso 243,7a *Fadet joglar* 119.

Azalais, Alazays, Alaçais, -aitz, Alais

   1. **Azalais d'Autier.** A poetess (P-C no. 42a), from Autier (Lozère, cant Villefort). Uc de S Circ 457,4 *Anc mais* 47.

   2. **Alazays (de Boyssazo).** Azalais, wife of Bernart de Boissezon (Tarn, arr Castres) (Bergert p 34). G Augier 205,4b

Quan vei 53. R de Miraval 406,8 *Ar ab la forsa* 46; 406,11 *Baiona per sirventes* 46; 406,18 *Cel cui jois tanh* 58; 406,28 *Entre dos volers* 49; 406,29 *Forniers* 44; 406,31 *Lonc temps* 50.

3. **Azalais de Castel e de Massa.** According to De Bartholomaeis *PS* II 19, this is not the wife of William of Massa, as Torraca thought, but his daughter, who married Ubaldo Visconti of Pisa in 1219; "Castel" is a Sardinian term for Cagliari. A de Sestaro 16,13 *En amor trob* 41. See also **Massa**.

4. **Alazaiz de Magon; Azalais** or **Alais de Vidallana (Vizalaina).** Daughter of count Alberto di Mangona and wife of Cavalcabò, lord of Viadana (Boni *Sordello* p 92). G de la Tor 236,5a *Pos n'Aimerics* 11. G de la Tor and Sordello 437,38 *Us amics* 62, 70. Uc de S Circ and Nicolet de Turin 457,36 *Si madompna n'Alais de Vidallana* 1; 310,3 *N'Uc de Sain Circ* 2.

5. **N'Alaçais.** Sister of Boniface I of Montferrat, wife of Manfred II, marquis of Saluzzo. P Vidal 364,14 *Bon' aventura* 41.

6. **N'Alazaitz.** Alaïs de Mercoeur, daughter of Bernard VII d'Anduze, wife of Odilon, lord of Mercoeur in Auvergne. Gui d'Ussel 194,8 *Ges de chantar* 46. P de Capduelh 375,7 *De totz chaitius* 6, 46 (planh for her).

7. **N'Azalais Poncelleta.** Wife of Raimon Jaufre **Barral** (q.v.), viscount of Marseille. Pomairol and Guionet 373,1 *Pomairols* 61. She is mentioned also in the *vida* of Folquet de Marseille, as Azalais de Rocamartina.

8. **N'Alazaytz.** Unknown (Bergert p 59). P Torat and G Riquier 358,1 *Giraut Riquier* 22.

9. **Alazais.** A servant of the poet. B Carbonel 82,13 *Ronci* 18.

Azaut, mon. Apparently a man; the poem is sent to him. P de la Garda 377,2 *D'un sirventes* 55.

Azemar, Aimar, Aesmar

1. Aimer le chétif, son of Aimeri de Narbonne in the chansons de geste. G de Cabreira 242a,1 *Cabra joglar* 106.

2. Adhémar V, viscount of Limoges (1148-1199). B de Born 80,8 *Be·m platz quar* 38; 80,20 *Ges de far sirventes* 11; 80,21 *Ges no me* 75, 85; 80,34 *Quan la novela flors* 36; 80,39 *Senher en coms* 41; 80,43 *Un sirventes fatz* 10; 80,44 *Un sirventes on motz* 10. E de Barjols 132,5 *Belhs-Guazanhs* 17. G de Bornelh 242,56 *Planc e sospir* 19.

3. Adhémar II of "Poitiers" (really Peytieux, Drôme), count of Valentinois (1189-1230). G de S Gregori 233,2 *Ben grans* 2, 7, 15. P Cardenal 335,66 *Un sirventes fauc* 29. R de Vaqueiras 392,22 *Leus sonetz* 23. Identification not entirely certain (see Linskill p 271): R de Vaqueiras (?) 392,15a *Engles, ben tost venget n'Aimar l'asaut* 1, 8.

Aziman

1. **Mon Aziman.** Senhal for an unknown person. B de Ventadorn 70,21 *Ges de chantar* 51; 70,26 *Lancan vei per mei* 46; 70,36 *Pois preyatz me* 58.

2. **Mon Aziman, n'Aziman.** Reciprocal senhal for each other used by B de Born and F de Marseille. B de Born 80,12 *Domna, puois* 71. F de Marseille 155,1 *Amors, merce* 39; 155,3 *A, quan gen* 41; 155,5 *Ben an mort* 58; 155,7 *Chantars mi torn'* 67; 155,8 *En chantan* 52; 155,10 *Greu fera* 47; 155,11 *Ja no·is cug* 46; 155,14 *Mout i fetz* 56; 155,15 *Hueimais* 62; 155,16 *Per Dieu* 45; 155,18 *S'al cor plagues* 55; 155,21 *Si tot me sui* 41; 155,23 *Tan mou* 61.

3. **N'Aziman.** Probably B de Born. Perdigo (?) 370,9 *Los mals* 51.

B

Babel. The story of the tower of Babel is told in Genesis 11. B Zorzi 74,2 *Atressi com lo camel* 97.

Babilonia. According to Linskill (p 233) this refers specifically to Cairo, but it seems curious that Cairo is also mentioned by name: "a Babiloni' e al Caire." R de Vaqueiras 392,9a *Conseil don* 50.

Babo. The château Babon in Marseille, residence of the viscounts of the city; demolished before 1302. R de Vaqueiras Epic Letter II 30. Sordello 437,20 *Lo reproviers* 32.

Badoc (*var* **Ugo**), **amic.** Unknown (Sakari p 139: *badoc* means "fool"). G de S Didier 234,12a [same poem as 234,15a] *Lo plus iratz* 3, 15.

Bafomet. Mohammed, represented as an idol of the pagans. A d'Aorlhac 40,1 *Ai, Dieus* 20. C Panzan 107,1 *Ar es sazos* 60. Gavaudan 174,10 *Senhor* 35, 67. G d'Autpol 206,2 *Fortz tristors* 41. R Bonomel (Templier) 439,1 *Ir' e dolors* 23.

Baga. "Bagá, al norte de Berga y capital de la baronía de Pinós" (M de Riquer p 41). C de Girona 434,9a *Pres d'un jardi* 17.

Baiart. A horse, named for his color: Bay. B de Born 80,44 *Un sirventes on motz no falh* 45.

Baiona
  1. Bayonne (Basses-Pyrénées). P Cardenal 335,25 *Falsedatz* 41; 335,29 *L'arcivesque de Narbona* 14.
  2. A joglar. R de Miraval 406,1 *A Dieu me coman, Baiona* 1, 9; 406,11 *Baiona, per sirventes* 1, 6, 16, 26, 36, 42.

Bais, seignor del. The name occurs in the rime, and is clearly Bais, not Baus; but Milá (p 139) translates without comment "el señor de Baucio," and adds in a note "sin duda Hugo de

Baucio, vizconde de Marsella." P de Bergerac 329,1 *Belh m'es* 33.

Baivieira. Bavaria. P de la Mula 352,2 *Ja de razo* 21.

Baivier. Bavarian. P Cardenal 335,5 *Anc no vi Breton ni Baivier* 1.

Balaguier. Balaguer (prov Lérida; Boutière p 107: "ville forte de Catalogne, était la capitale d'Aragon"). A de Sestaro 16,2 *Ab son gai* 41. B Arnaut de Moncuc 55,1 *Ar quan* 18. P Vidal 364,18 *Drogoman senher* 26.

Balairis, na. An unknown lady called on to judge a partimen. Enric and Arver 139,1 *Amic Arver* 45.

Balbarés. The meaning, and even the exact form, of this name are uncertain (Chabaneau would divide it Balba Res; see *RLR* 32, 563 and Appel *Prov. Ined.* p 347). B de Castellana 102,3 *Si tot no·m es* 31.

Balian, en. "Seigneur inconnu; peut-être un membre de la famille des Ibelin en Terre-Sainte, chez qui ce prénom est héréditaire" (Shepard p 89). G de Puycibot 173,4 *Gasc, pecs, laitz* 33.

Balterra, en. Apparently an Aragonese Saracen. G de Berguedan 210,15 *Mal o fe* 32; 210,18 *Talans m'es pres* 64.

Bar. Bari, in southern Italy. A Daniel 29,7 *D'autra guiza* 19. See also **Nicola de Bar.**

Bar'. Barre or Barri, near Bollène (Vaucluse). R de Vaqueiras 392,22 *Leus sonetz* 31.

Barabbás. The robber who was released instead of Jesus (Matthew 27:16, etc.). R d'Aurenga 389,8 *Amors, cum er* 23.

Barachi. A pagan demon (*Rom. Forsch.* 22, 99). G de Calanso 243,7a *Fadet joglar* 139.

Barbari. Berber. Gavaudan 174,10 *Senhor* 11. R de Vaqueiras 392,7 *Domna, tant* 75.

Barbaria. Barbary, northern Africa. G del Luc 245,2 *Si per malvatz* 26. R de Tors 410,6 *Per l'avinen* 6.

Barjols. Barjols (Var); the reference is to the poet Elias de Barjols. Blacatz 97,1 *Ben fui* 8.

Barleta. Barletta (prov Bari, on the Adriatic). G Figueira 217,8 *Un nou sirventes* 27.

Barnabo, en. Apparently a patron. R de Tors 410,1 *Amics Gauselm* 18, 59.

Barral, Baral
1. Raimon Jaufré Barral, viscount of Marseille (1178-1192; see Stronski p 158-160). F de Marseille 155,7 *Chantars mi torn'* 2, 69; 155,20 *Si cum cel* 9. P Vidal 364,7 *Baron, de mon dan* 29; 364,27 *Mos cors* 31; 364,49 *Tart mi veiran* 3. R de Vaqueiras 392,14 *El so* 61, 73.
2. Barral del Baus. Barral des Baux, grandson of the first Barral, whose daughter married Ugo del Baus; died 1268 (Boutière *P Bremon* p 109). P de Marseille 319,5 *Ges pels crois* 65; 319,7 *Razos non es* 14, 31 (planh for him); 319,8 *Si tot* 56. P Bremon Ric Nov 330,3a *Be·m meraveill* 17; 330,6 *En la mar major* 18. P de Castelnou 336,1 *Oimais* 5. Sordello 437,34 *Sol que m'afi* 7, 14. See also **Baus**.
Barrieira. See **Ronaz**.
Barsalona, Barselona, Barcelona. Barcelona. G des Baux 209,1 *Be·m meraveill* 5. G de Berguedan 210,11 *Eu no cuidava* 22; 210,17a *Sirventes ab razon bona* 7. Marcabru 293,4 *Al prim comens* 58; 293,22 *Emperaire, per mi mezeis* 45. P d'Alvernhe 323,8 *Bel mes qui a* 14. P Raimon 355,12 *Pos lo prims vergans* 37. P Vidal 364,38 *Pus ubert ai* 86.
Barsalona, coms de. King Alfonso II of Aragon. G del Luc 245,1 *Ges sitot m'ai* 5. See also **Anfos**.
Barsalones. The region of Barcelona. B de Born 80,32 *Pois lo gens* 31. G de Berguedan 210,1 *Amics marques* 37.
Barsaunes. According to Witthoeft (*Sirv. jogl.* p 49), the same as **Barsalones**. R de Miraval 406,11 *Baiona, per sirventes* 11.
Barsueir'. Bressuire (Deux-Sèvres). A dau Luc 22,1 *En Chantarel* 8.
Barut. Beirut (Lebanon). G Figueira 217,4a *Ja de far* 36; 217,8 *Un nou sirventes* 44.
Bas. "Bas, capital del vizcondado de su nombre, en cuyos límites la ciudad más importante hoy es Olot" (M de Riquer p 41). C de Girona 434,9a *Pres d'un jardi* 17; 434a,17 *De Pala a Torosela* 73.
Basa, Bazan. "Paraît être un parangon en fait d'amour, puisque c'est folie que de vouloir l'imiter" (Dejeanne p 227). Marcabru 293,7 *Ans que·l terminis* 53; 293,19 *Doas cuidas ai* 72.
Basadel. Unknown man. Blacasset 96,8 *Oimais* 4.
Basatz. Bazas (Gironde). B de Born 80,13 *D'un sirventes* 24.

Bascle, Basclo. Basque. B de Gordo 84,1a *Se·m dises mal* 10 (emended form: ms *qe barasclo*, text *qe li Basclo*). S de Mauleon 432,1 *Dompna* 4.

Baseill. See **Bernart.**

Bastarda. An unidentified lady. R de Vaqueiras 392,32 *Truan* 63.

Bastart. A joglar. P Rogier 356,6 *Per far esbaudir* 61.

Baudui. Baudoin, nephew of Charlemagne, foster brother of Roland. B de Born 80,45 *Volontiers* 28. G Faidit 167,9 *Ara nos sia guitz* 87 (var).

Baus, Bautz. See also **Rambauda.**

  1. **Lo Baus.** Les Baux (Bouches-du-Rhône) and its territory. P de Marseille 319,7 *Razos non es* 45. G de Cavaillon 192,4 *Senheiras* 9.

  2. **Lo Baus.** Hugues des Baux (died 1240). B d'Alamanon 76,22 *Un sirventes farai* 33. Perdigo 370,5 *Entr'amor e pensamen* 34. See also **Ugo.**

  3. **Lo don del Baus.** Guillaume IV des Baux, prince d'Orange (1182-1218; Linskill p 95). R de Vaqueiras 392,14 *El so* 17; 392,22 *Leus sonetz* 12, 21, 78, 85, 90. See also **Guilhem.**

  4. **Senhor del B.** Barral des Baux (*see* **Barral**). P de Marseille 319,3 *Ar que·l jorn* 68; 319,7 *Razos non es* 10 (planh for him).

  5. **Los dos Gomberz dels Baus.** Salverda de Grave (p 15-16) thinks this may be a whimsical combination of the names U*gon* and I*mbert* del Baus. B d'Alamanon 76,16 *Qui qe s'esmai* 19.

  6. **Dona del Baus.** Tefania del Baus, mentioned as a young nun, along with one **Ugueta** (q.v.; see also Audiau-Lavaud *Nouv. Anthol.* p 364). Pujol 386,2 *Deus es amors* 13. See also **Tefania.**

Baut-de-Foras. One of the lovers of the woman who played the poet false. R de Miraval 406,21 *Chansoneta farai* 33.

Bauzac. Beauzac (Haute-Loire, canton of Bas), used here as a pun: "tromperie" (Lavaud p 115). P Cardenal 335,44 *Qui·s vol* 35.

Bauzan. This name, that of one of the partners in a poetic exchange, or perhaps a mutual senhal for both, is replaced in other mss by Dalfi and N'Ugo. Pillet-Carstens say (p 41) that Baussan (poet no. 45) is Dalfi; but the poems in question (448,1 and 119,1) seem to be two sirventes rather than a tenso,

and the name Bauzan is apparently used for both poets—
perhaps through an error of the copyist.

Bearn. Béarn. B DE BORN 80,33 *Puois Ventadorns* 18; 80,35 *Quan vei pels vergiers* 27. GAVAUDAN 174,10 *Senhor* 58.

Bearn, midons de. Garsenda, daughter of Garsenda of Provence, married to Guilhem de Moncada, viscount of Béarn (Bergert p 54). B D'ALAMANON 76,12 *Mout m'es greu* 13.

Beatritz, Biatritz, -ix, -is, -iz

1. Beatrice of Auramala. **Auramala** (q.v.) was a fief in northern Italy belonging to the Malaspina family. Beatrice and her sister Selvaggia, also praised by the troubadours, were daughters of Conrad I, marquis of Malaspina (Bergert p 85-86). G DE LA TOR 236,3a *En vos* 83; 236,5a *Pos n'Aimerics* 3.

2. Beatrice of Este. Almost certainly the Beatrice of the troubadours was the daughter of Azzo VI of Este (1191-1226; see Shepard-Chambers p 13). A DE PEGUILHAN 10,3 *N'Albertz, chauzetz* 50; 10,12 *Atressi·m pren* 43; 10,16 *Chantar vuilh* 53; 10,25 *En amor trob* 45; 10,33 *Lonjamen m'a* 41; 10,34 *Mangtas vetz* 61; 10,41 *Per solatz* 44. G DE LA TOR 236,5a *Pos n'Aimerics* 7. R BUVALELLI 281,1 *Al cor m'estai* 54; 281,5 *Ges de chantar* 43; 281,10 *Totz m'era* 64. P RAIMON 355,18 *Tostemps aug dir* 58.

3. **Na Beatritz de Magon.** Beatrice of Mangona, daughter of count Alberto di Mangona, and sister of **Azalais de Magon** (q.v.). G DE LA TOR 236,5a *Pos n'Aimerics* 10.

4. Beatrice of Montferrat, daughter of marquis Boniface I (Linskill p 21-24). R DE VAQUEIRAS 392,2 *Era·m requier* 45; 392,9 *Kalenda maia* 59; 392,13 *Eissamen* 52; 392,18 *Gerras ni plaich* 81; 392,20 *Ja non cugei* 123; 392,32 *Truan* 13, 50, 68, 83, 104, 121, 136.

5. **Comtessa Beatritz.** Beatrice of Savoy, daughter of Thomas I of Savoy (1178-1233) and wife of Count Raimon-Bérenger IV of Provence. A DE BELENOI (?) 392,26 *Nulhs hom en re* 46. E DE BARJOLS 132,2 *Amors, be·m platz* 47; 132,4 *Ben deu hom* 41; 132,9 *Morir pogr' eu* 42.

6. **Comtessa Beatritz.** Beatrice of Provence, daughter of the preceding Countess Beatrice and of Raimon-Bérenger IV of Provence; wife of Charles of Anjou; some believe however that the reference here is to the mother, not the daughter

(Audiau-Lavaud p 375). G d'Espanha 244,12 *La gaia semblansa* 21. See **Berengueira**.

7. Comtessa Beatritz. Daughter of Marquis William IV of Montferrat, who married Count Gui VI of Viennois in 1220 (Bergert p 91). A de Belenoi 9,21 *Tant es d'Amor* 31. A de Sestaro 16,13 *En amor trob* 31. See also **Vianes**.

8. Comtessa Beatritz. Identification uncertain, perhaps several different ladies; one thinks of Beatrice of Este (number 2 above) in connection with A de Peguilhan, but it seems impossible that this Countess Beatrice was the daughter of Azzo VI (see Shepard-Chambers p 14-16). A de Peguilhan 10,22 *De tot en tot* 4, 41 (a planh for her). G Faidit 167,4 *Cascus hom* 9. Uc de Murel 455,1 *Ges, si tot* 53.

9. Beatritz de Tiern. Wife of Bernart de Thiers (Audiau p 152, Bergert p 30). According to the *vida* of Peire de Maensac, she was kidnapped by Peire; but the name there is slightly different **(Tierci)** and the identification is not certain. Bernart de Thiers (Puy-de-Dôme) and his wife are otherwise unknown. Elias and Gui d'Ussel 194,18 *N'Elias, de vos* 77.

10. Na Beatritz de Narbona. Unidentified. G Ademar 202,5 *De ben gran joia* 37.

11. Na Beatritz. Several unidentified ladies; the one mentioned by A de Peguilhan is probably either Beatrice of Este or his Comtessa Beatritz (numbers 2 and 8 above). A de Peguilhan 10,2 *Ades vol* 41; 10,43 *Qui la vi en ditz* 3. E de Barjols and J Reforsat 132,7a *En Jaufrezet* 5. F de Lunel 154,4 *Per amor* 45. P de Capduelh 375,5 *Ben sai* 48; 375,21 *Se totz los gaugz* 46. R de Vaqueiras (?) 392,6 *A vos* 51.

Bec d'Austor ("Hawkbill"). Nickname for a joglar. A de Cumenge 28,1 *Be·m plai* 28.

Be-Conve. Probably a senhal for Dalfin d'Alvernhe (Kolsen). G de Bornelh 242,27 *Cardalhac* 73.

Bederres. Biterrois, the region of Béziers. P Bremon Ric Nov 330,14 *Pos partit an* 29.

Beders. See **Bezers**.

Beguinage. ("Beguinages, et Deu, car lo consen, A·m faitz e·m fai peitz de mort per un cen.") Since this is a lament that a girl has become a nun, **B.** is probably not a proper name, but refers to the nunnery or to her profession. B d'Alamanon 76,13 *Nuls hom* 24.

Begur. "Bagur, en el Ampurdán, sobre la costa" (M de Riquer p 41). C de Girona 434,9a *Pres d'un jardi* 16.

Beira. It should be the name of a river ("entre Beira e Dordonha"), but the reading is probably garbled. B de Born 80,39 *Senher en coms* 22.

Beirmes. See **Benauges.**

Bel. Baal, a pagan idol; the reference is to Daniel 14:2, in the "apocryphal" part of the book. P Vidal 364,11 *Be·m pac* 60.

Bel Arquier de Laurac. See **Arquier.**

Bel Bericle. See **Bericle.**

Belcaire. Beaucaire (Gard). B de Rovenac 66,3 *Ja no vuelh* 35. B de Ventadorn 70,29 *Lo rossinhols* 59. D d'Alvernhe 119,9 *Vergoign' aura* 5. G de Berguedan 210,22 *Us trichaire* 8. G Rainol d'At 231,1a *A tornar* 10. G de Bornelh 242,16 *Era, si·m fos* 72; 242,18 *Be deu* 67. Marcabru 293,9 *Aujatz* 27. Montan sartre 307,1 *Coms de Tolsan* 28. Ponson 381,2 *Valent donna* 28. R de Vaqueiras 392,14 *El so* 46. R de Miraval 406,12 *Bel m'es* 72. R de Miraval and Bertran 406,16 *Bertran* 26. Sordello 437,25 *Puois no·m tenc* 21. Tomier e Palazi 442,1 *De chantar* 54. See also **Vezer, Bel.**

Belcaire, lo senhor de. For Bernart de Ventadorn and Peire d'Alvernhe, this is Count Raymond V of Toulouse (*see also* **Alvernhat**); for Raimon de Castelnou, who wrote in the second half of the thirteenth century, the identification is uncertain. B de Ventadorn 70,12 *Be m'an perdut* 42 ("Alvernhatz, lo senhor de Belcaire"). P. d'Alvernhe 323,18 *Gent es* 56. R de Castelnou 396,2 *Aras, pus* 32.

Bel Carboncle. See **Carboncle.**
Bel Castelhan. See **Castelhan.**
Bel Cavalier. See **Cavalier.**
Bel Companho. See **Companho.**
Bel Conort. See **Conort.**
Bel Cors joios. See **Cors joios.**
Bel Cristalh. See **Cristalh.**
Bel Deport. See **Deport.**
Bel Desir. See **Desir.**
Bel Diaman. See **Diaman.**

Bel Dous Esgart. *See* **Esgart.**
Belençer, en. Unidentified. ANON 461,105 *En Belençer* 1.
Belengueira. *See* **Berengueira.**
Belesgar. Beauregard, a castle of Vaucluse, canton of Jonquières, near Courtheson, residence of Raimbaut d'Aurenga. A DE PORCAIRAGUES 43,1 *Ar em al freg* 41.
Bel Esgart *See* **Esgart.**
Bel Esper. *See* **Esper.**
Belhestar, pas de. A pass in the Ligurian Alps or the Apennines, unidentifiable today. R DE VAQUEIRAS *Epic Letter* III 52.
Bel Fenics. *See* **Fenics.**
Bel Fraire. *See* **Fraire.**
Bel Guazanh. *See* **Gazanh.**
Belin lo mouto. The sheep in the animal epic of Reynard. I D'ENTREVENNES 254,1 *Del sonet* 27.
Belhjoc. Name of a town (there are several called Beaujeu), but used in a punning sense: good manners. A DE PEGUILHAN 10,40 *Per razo natural* 48. P VIDAL 364,38 *Pus ubert ai* 41.
Bella Capa. *See* **Capa.**
Bella Guarda. *See* **Garda.**
Bellanda. *See* **Arnaut.**
Bella-Pros, na. Senhal for an unidentified lady. R DE TORS 410,4 *A totz maritz* 29.
Bel Miralh. *See* **Miralh.**
Belmon. *See* **Peire.**
Bel Papagai. *See* **Papagai.**
Bel Peragon. *See* **Peragon.**
Bel Proensal. *See* **Proensal.**
Bel Ray. *See* **Ray.**
Bel Ris. *See* **Ris.**
Bel Salut. *See* **Salut.**
Bel Sembeli. *See* **Sembeli.**
Bel Senhor. *See* **Senhor.**
Bel Vezer. *See* **Vezer.**
Belvis. Bellvís, near Lérida (M de Riquer p 29). C DE GIRONA 434,7b *Entre Caldes e Penedes* 14; 434,7c *Entre Lerida e Belvis* 1.
Ben-aic. Probably an imaginary town, or a real locality mentioned only for its name. P VIDAL 364,38 *Pus ubert ai* 52.

Benauges. A locality near Bordeaux (but the MS reading is actually *Beirmes*, and *Benauges* is an emendation). B DE BORN 80,28 *Mout m'es* 34. See also **Benaven** and **Guillelma**.

Benaven. A de Peguilhan uses the name only for a pun, with no reference to a real place; Jeanroy (pp 192, 153) explains Uc de S Circ's *vescontessa de Benaven* as the viscountess of **Benauges** (*q.v.*). A DE PEGUILHAN 10,40 *Per razo natural* 47. UC DE S CIRC 457,7 *Be fai* 57. See also **Beniven**.

Benezei, sant. St. Benedict. P CARDENAL 335,28 *L'afar del comte Guió* 39.

Beniven. Benevento (Campania). P D'ALVERNHE 323,11 *Chantarai d'aquestz trobadors* 27.

Ben-s'eschai, mon. Senhal, probably for a male friend. A DE MAREUIL 30,2 *A guiza de fin amador* 36.

Berart (de Monleydier, de Mondesdier). Bérard de Montdidier, hero of the *Chanson des Saisnes* of Jean Bodel, and of other chansons de geste. All the extant chansons in which he figures seem later than Marcabru, but there may well have been earlier versions of his story, now lost. B DE BORN 80,45 *Volontiers* 28. G DE CABREIRA 242a,1 *Cabra joglar* 93. MARCABRU 293,3 *Al departir* 28. P VIDAL 364,18 *Drogoman senher* 14. R DE VAQUEIRAS Epic Letter III 102.

Berart, mon. Senhal, perhaps but by no means certainly for Raymond VI of Toulouse (Bertoni, *Stud. rom.* 5, 38). G DE S GREGORI 233,2 *Ben grans* 31.

Berbesil. Barbezieux (Charente). G DEL LUC 245,2 *Si per malvatz* 52.

Berenc. Apparently Brens (Tarn, arr Gaillac); the *segnier de Berenc* to whom P Vidal refers was Roger II, viscount of Béziers. P RAIMON 355,4 *Ara pos l'iverns* 36. P VIDAL 364,45 *Son ben apoderatz* 33.

Berengier, Berenguier
  1. **Berengier de Besaudunes** (so called for Besalú in Catalonia). Raimond Bérengier, brother of Alfonso II of Aragon and regent of Provence 1167-1181. B DE BORN 80,32 *Pois lo gens* 49. G DE BORNELH 242,65 *S'anc jorn* 55. See also **Raimon Berengier**.

2. Comte Berengier. Raimond Bérengier IV of Provence (1209-1245). P de Castelnou 336,1 *Oimais* 23. See also **Raimon Berengier.**

3. Comte Berengier. Unidentified (date around 1290). J Mote 259,1 *Non es razos* 37.

4. Berengier de Monclar. Berenguer de Montclar (in the region of Berguedán) is attested in documents (M. de Riquer *El trov G. de B*, pp 33-34). G de Berguedan 210,6 *Bernartz ditz de Baseill* 17.

5. Berengier de Tors. Unidentified ("Si fos vius B. de T., Non saubra tan gent enchantar Cum silh que·m fai velhan somnhar"). G de S Gregori 233,3 *Nueyt e jorn* 11.

6. En Berengier. Unidentified. B de Born (?) 80,42 *Un sirventes farai* 22.

7. An unidentified inhabitant of Tarascon. P Trabustal 359,1 *Amics Rainaut* 50.

8. Senher en Berengier. Unidentified. P d'Ortaffa 379,1 *Aissi com* 41.

9. According to Parducci (*Stud. rom.* 7, 22), possibly Berengier de Poivert or Berengier de Poizrenger (poets, numbered 49 and 48 respectively in P-C). R de Tors 410,5 *De l'ergueillos Berenguier* 1.

Berengueira, Belengueira

1. A senhal used by Guiraut d'Espanha for Beatrix, the wife of Charles of Anjou (see **Beatritz, 6**) — in allusion to the fact that she was the daughter of Raimond Bérengier of Provence. G d'Espanha 244,1 *Domna* 29; 244,2 *Gen m'auci* 40; 244,3 *Ges ancara* 51; 244,5 *Na Ses Merce* 22, 40; 244,6 *No posc plus* 30; 244,10 *Pos ses par* 32; 244,11 *Qui en pascor* 41.

2. Unidentified. G de Bornelh 242,69 *Si·us quer conselh* 39.

Berga. Town in the prov of Barcelona. B de Berguedan 210,11 *Eu no cuidava* 33. See also **Peire de Berga.**

Berga, la pros de (bona domna de). Estefanía, wife of Pere de Berga. G de Berguedan 210,19 *Trop ai estat* 6, 36. See also **Estefanía, Sogra.**

Berguedan, Bergadan. The region around Berga (prov Barcelona). G de Berguedan 210,4 *Be jo ver qu'en Bergueda* 1; 210,4a *Be·m volria* 26; 210,6a *Cavalier* 36; 210,21 *Un sirventes* *nou* 8. B de Born 80,34 *Quan la novela flors* 54 (*mo fraire de Berguedan* is Guilhem de B.).

Bericle, Bel. Unidentified lady (the tornada in which she appears is found in only two mss and may not be genuine). R de Berbezilh 421,2 *Atressi cum l'orifans* 58.

Beriu. *See* **Berri.**

Berlai de Mosterol. Giraud Berlai, lord of Montreuil (Montreuil-Bellay, Maine-et-Loire) in the mid-twelfth century (*ZRP* 14, 197). B de Born 80,28 *Mout m'es* 17.

Berlenda, na. On the identity of the lady (or the ladies) of this name mentioned by the troubadours, see Bergert p 100, Boni *Luc Gat* p xxxv, Linskill p 214. L Cigala 282,7 *Eu no chan ges* 13 (planh for her). L Cigala (?) 282,1d *Be·m meravill* 23. R de Vaqueiras 392,32 *Truan* 48.

Bernarda

1. Unidentified. G de Berguedan 210,7 *Chanson* 30.

2. Mentioned only as a name ("Nom volgr' aver per Bernard Na Bernarda...apellada"). Lombarda 288,1 *Nom volgr' aver* 1.

Bernardo. *See also* **Bernart.**

1. Bernard IV of Armagnac (1160-1190). B de Born 80,33 *Puois Ventadorns* 19.

2. Bernard IV of Comminges (1181-1226). B de Born *Lo coms* 41. *See also* **Cumenges.**

3. A joglar. G de Cavaillon 192,4 *Senheiras* 25. G des Baux 209,2 *En Gui* 33.

Bernart, Bernat

1. Saint Bernard. C Panzan 107,1 *Ar es sazos* 25.

2. **En Bernart d'Andusa.** Probably Bernard VI, lord of Anduze (Gard). R de Vaqueiras 392,22 *Leus sonetz* 82. *See* **Anduza.**

3. Bernard Arnaut d'Armagnac, "frère et successeur de Géraud IV et comte d'A. de 1219 à 1226," and a Provençal poet (P-C no. 54) (Boutière-Schutz *Biog* p 419). Lombarda 288,1 *Nom volgr' aver* 1.

4. Bernat de Bassell (M de Riquer *El trov G de B* p 32). G de Berguedan 210,6 *Bernartz ditz de Baseill* 1.

5. Bernart de Cornés or de Cornilh (both names occur in the rime, and the reference is obviously to the same man), otherwise

unknown. A Daniel 29,15 *Pois Raimons* 21, 28, 46. R de Durfort 397,1 *Truc Malec* 12, 29; 397,1a *Ben es malastrucs* 46. Turc Malec 447,1 *En Raimon* 3. See also **Cornilh**.

6. Bernardino di Fosco (*Bernart de Fosc* in Provençal), mentioned by Dante, *Purg.* xiv, 121; podestà of Pisa in 1248 and of Siena in 1249. Uc de S Circ 457,42 *Un sirventes* 4.

7. Bernart del Gal, an unidentified nobleman. R d'Aurenga (the younger?) 389,9 *Anz qe l'aura bruna* 12.

8. Bernart Marti. The poet names himself. B Marti 63,5 *Companho* 38.

9. Bernat d'Olargue, father-in-law of Guilhem d'Andusa (Mölk). G Riquier 248,82 *Tan m'es plazens* 49.

10. Bernard Atho (or Atto) VI, viscount of Nîmes (1159-1214). B de Born 80,23 *Lo coms* 39.

11. **Bernat Razim.** "Bernard Grape," a made-up name. G Rainol and G Magret 223,5 *Magret, pujat m'es* 18.

12. **Bernart de Rovenac.** See **Roenach.**

13. **Bernart de Saissac.** Unidentified, but Hoepffner suggests that it might be Bernart Marti (Del Monte, p 132). P d'Alvernhe 323,11 *Chantarai d'aquestz trobadors* 49.

14. Bernart de Ventadorn. B de Ventadorn 70,7 *Ara no vei* 57; 70,15 *Chantars no pot gaire* 53. P d'Alvernhe 323,11 *Chantarai d'aquestz trobadors* 19.

15. Bernart Vidal, a poet (P-C no. 72). C de Girona 434,13 *Si tot m'es braus* 37.

16. A joglar, probably not the same for all three references. F de Lunel 154,1 *Al bo rei* 53. L Gatelus 290,1 *Cora qu'eu fos* 46. R Gaucelm 401,4 *Bel senher Dieus* 19.

17. Uncertain (Birch-Hirschfeld p 65 guesses Bernard de Brabant, eldest son of Aimeri de Narbonne). G de Cabreira 242a,1 *Cabra joglar* 136.

18. **Senher Bernart.** Unidentified. B de Palazol 47,5 *De la gensor* 36.

19. **En Bernart.** Unidentified; probably not the same for all three references. Monge de Montaudon 305,16 *Pois Peire d'Alvernhe* 106. Marcoat 294,1 *Mentre m'obri* 22. B de Palazol 47,1 *Ab la fresca clardat* 51.

20. Probably used simply as a typical name. William IX of Aquitaine 183,12 *Farai un vers, pos mi* 16.

Bernison. Bernier, first the companion, then the opponent of Raoul de Cambrai; the form *Bernison* occurs in the French poem (Birch-Hirschfeld p 76). G DE CABREIRA 242a,1 *Cabra joglar* 111.

Berra
1. Berre (Bouches-du-Rhône). G DE BERGUEDAN 210,15 *Mal o fe* 28 ("part Berra"); 210,17a *Sirventes ab razon bona* 33 ("si passa·l pont de Berra"); 210,18 *Talans m'es pres* 25 ("part Berra").
2. **Senhor de Berr'e d'Alanso.** Raimon des Baux (1193-1235) (Jones *Tenson* p 82). FALCONET and FAURE 149,1 *En Falconet* 42.
3. **Mon senhor de Berra.** Perhaps William of Berre or his son or brother (Kolsen, *Arch. rom.* 20, 476). B CARBONEL 82,11 *Moutas de vetz* 47.

Berreta (?). Levy (p. 18): "'Deman don a Berreta' oder 'Deman dona Berreta'? Es ist mir nicht gelungen, diesen Vers zu erklären." G FIGUEIRA 217,8 *Un nou sirventes* 49.

Berri, Beriu, Beiriu. Berry. J RUDEL 262,5 *Quan lo rius* 34. MARCABRU 293,22 *Emperaire, per mi mezeis* 55. P VIDAL 364,11 *Be·m pac* 51.

Berta
1. Perhaps Berta of Cravesana, wife of William IV of Montferrat (Linskill p 214). R DE VAQUEIRAS 392,32 *Truan* 63.
2. Perhaps the wife of Uberto Pelavicino (she is "from Soragna," and the Pelavicini lived there: Torraca *Donne* p 20). G DE LA TOR 236,5a *Pos n'Aimerics* 14.

Bertaldo. An unidentified man. R DE VAQUEIRAS Epic Letter III 34, 60.

Bertau. An imbecile? (*Tornatz de Basan en Bertau,* apparently meaning a great decline; see **Basan.**) MARCABRU 293,19 *Doas cuidas ai* 72.

Bertelai, Bertalai, Bertolai. There are four allusions to some story about B. and his oxen, apparently involving some disappointed expectation. G DE BORNELH 242,34 *Gen m'aten* 95; 242,57 *Can brancha* 22 ("C'altressi·m son' e·m reclama Com fetz los bous Bertalais, Amors e re plus no·m dona"). I D'ENTREVENNES 254,1 *Del sonet* 20. ANON 461,124 ["Lai Markiol"] *Gen me nais* 71 ("Mas eu sec la trassa Del bueu Bertolai").

Bertolomieu
   1. **Sant Bertolomieu.** Saint Bartholomew. A DE SESCAS Letter: *A vos* 172.
   2. **Comte Bertolomieu.** Bartolomeo d'Anglano, called *semplice;* he and his brother Giordano were important figures at the court of Manfred (Torraca *Lirica* p 337). ANON 461,164a *Ma volontatz* 55.

Bertran
   1. Bertran d'Alamanon, the poet. BLACASSET 96,8 *Oimais non er Bertrans per me celatz* 1. GRANET 189,4 *Pos al comte* 4, 7, 16, 22. P BREMON RIC Nov 330,3a *Be·m meraveill* 2, 10; 330,14 *Pos an partit lo cor en Sordels e'n Bertrans* 1. SORDELLO 437,18 *Lai al comte* 18.
   2. Bertram d'Aurel, a poet (P-C no. 79). G FIGUEIRA and A DE PEGUILHAN 217,4c *N'Aimeric, que·us par del pro Bertram d'Aurel* 1, 5, 10, 11, 14.
   3. Bertran I des Baux. In three of G de Bornelh's poems (46, 58, 78), the reference is to "the two Bertrans," meaning Bertran I and his son, likewise named Bertran (Kolsen II 272). G DE BORNELH 242,46 *Lo dolz chans* 125; 242,52a *No·s pot sofrir* 49; 242,58 *Can creis* 64; 242,78 *Totztems me sol* 73.
   4. A later Bertran des Baux; the same as the following? R D'AURENGA (the younger?) 389,9 *Anz qe l'aura bruna* 21.
   5. **Bertran del Bauz.** Identified as the son of Barral (date of poem, 1266). P DE CASTELNOU 336,1 *Oimais* 7.
   6. **Bertran (de Born).** The poet. B DE BORN 80,20 *Ges de far* 44; 80,40 *S'ieu fos aissi* 35. E DE BARJOLS 132,5 *Belhs Guazanhs* 24.
   7. **Bertran.** Bertran Carbonel. B CARBONEL 82,2 *Aissi com cel qu'atrob'* 60; 82,9 *Cor, digatz me* 9, 27, 48, 53 (tenso with his Heart); 82,10 *Joan Fabre* 18.
   8. **Bertran de Cardaillac.** "...ist aus der Geschichte vom Jahre 1176 bekannt" (Appel *Peire Rogier* p 10). P D'ALVERNHE 323,11 *Chantarai* 53.
   9. **Bertran Folc d'Avignon** (called also **B. Folcon, B. d'Avignon**). The poet (P-C no. 83). G DE CAVAILLON 192,2 *Doas coblas* 2, 8, 9, 10, 18.
   10. **Bertran d'Opian.** A knight from Oupia (Hérault, arr Saint-Pons; Anglade *Guiraut Riquier* p 33). G RIQUIER 248,10 *Amors,*

pus a vos 41; 248,49 *L'autre jorn m'anava* 86; 248,82 *Tan m'es plazens* 51. BOFILL and G RIQUIER 248,16 *Auzit ai dir* 43.

11. Bertran lo Ros. Listed as a poet (P-C no. 89), but no poems of his have survived. B CARBONEL 82,27 *Bertran lo Ros, eu t'aug* 1; 82,28 *Bertran lo Ros, tu est hom entendens* 1.

12. Bertran de Saissac. Listed as a poet (P-C no. 90), but no poems of his have survived. R DE MIRAVAL 406,1 *A dieu me coman* 41. He may also be the Bertran named in G DE PUYCIBOT (?) 173,1a *Era quan l'ivernz* 46, 63. See **Olivier**.

13. Bertran de la Tor. A poet (P-C no. 92). E DE BARJOLS 132,5 *Belhs Guazanhs* 31.

14. Bertran. Probably the bastard son of Alphonse Jourdain, Count of Toulouse (Jeanroy, ed.). J RUDEL 262,3 *No sap chantar* 36.

15. Bertran. A joglar. G RAIMON 229,3 *N'Obs de Biguli* 13; 229,4 *On son* 2, 7.

16. (En) Bertran. Unidentified, and probably not both the same person. A DANIEL 29,11 *Lancan son* 49. R DE MIRAVAL (?) 392,11 *Del rei d'Arragon* 27.

17. Bertran. Used as a typical name (like "Tom, Dick, and Harry"). PEIRE (CARDENAL?) and AIMERIC 8,1 *Peire del Poi* 48. G ADEMAR 202,11 *Quan la bruna biza* 47. C DE GIRONA 434a,4 *Ara·m luyna* 48.

18. Bertran. A senhal, perhaps two separate senhals (Sakari, p 15, 152). G DE S DIDIER 234,3 *Aissi cum es* 49; 234,4 *Be chantera* 59; 234,5 *Bel m'es oimais* 53; 234,6 *Compaignon* 57; 234,7 *Domna, eu vos* (variant in an apochryphal tornada; reading of other mss is *Joan*); 234,9 *El mon non a* 41; 234,11 *Estat aurai* 53 ("Amics Bertrans, digatz Bertran qu'eu dic..."); 234,15 *Per Dieu, Amor* 49 ("Chansoneta, vai·m dir a mon Bertran Qu·ie·l prec que·t fassa al sieu Bertran auzir"); 234,16 *Pois tant mi fors'* 43 ("Amics Bertrans, Bertrans ben fari' a mesprendre").

Bertranda, na. Unidentified. G ADEMAR 202,11 *Quan la bruna biza* 44.

Besaudunes. See **Berengier**.

Bethleem, Betleen, Belleen. Bethlehem. J RUDEL 262,6 *Quan lo rossignols* 37. P D'ALVERNHE 323,16 *Dieus, vera vida* 73. P DE CAPDUELH 375,2 *Ar nos sia capdels* 2. R DE VAQUEIRAS 392,3 *Ara pot hom* 27. ANON 461,122 *Finamen* 130.

Beton. Hero of the Provençal epic *Daurel et Beton*. G de Cabreira 242a,1 *Cabra joglar* 120.

Bezers, Beders

1. Béziers (Hérault). B S de Marvejols 67,1 *Ab greu consire* 28. G de Berguedan 210,17 *Reis, s'anc nuill temps* 20. G. Figueira 217,2 *D'un sirventes far* 153 (a reference to the massacre of 1209 at the hands of Simon de Montfort and his crusaders). G de Bornelh 242,17 *Er' auziretz* 47; 242,60 *Can lo glatz* 22. R de Durfort 397,1a *Ben es malastrucs* 26. R de Miraval 406,18 *Cel cui jois taing* 49. Uc de S Circ 457,42 *Un sirventes* 30.

2. **La comtessa que ten Bezers e Burlas.** Azalais de Burlatz, daughter of Raymond V of Toulouse; married Viscount Roger II of Béziers and Carcassonne in 1171; commonly addressed as the "countess of Burlatz" because she grew up in the castle of that name (Tarn, arr Castres; Bergert p 20). Torcafol 443,2a *Comunal veill, flac* 15. See also **Burlatz**.

3. **Vescomte de Bezers.** Raimon-Roger, the young son of Roger II and Azalais, who died in 1209 in the prison of his city, where he had been put by Simon de Montfort (Jeanroy *PL* I 165). G Augier 205,2 *Cascus plor* 8 (a planh for him).

Biachi, en. "...pourrait être Biacquino da Camino, père de Gherardo da Camino, protecteur de Ferrare" (Jeanroy in Kastner *Miscellany* p 304). Marcabru II 293a,1 *Ben for' ab lui* 11.

Biar. Apparently the fortress of this name between Valencia and Murcia. O del Temple 312,1 *Estat aurai* 18.

Biblis. The reference is surely to Byblis (Ovid, *Metamorphoses* IX), who fell in love with her brother Caunus; but the mention of Hyris (or Itis), not a part of the story in Ovid, makes it clear that there was some other intermediary source for the Provençal poets. A de Belenoi 9,20 *S'a midons plazia* 47 ("Que anc Hyris Jorn de Biblis No fo tan enveyos"). G de Cabreira 242a,1 *Cabra joglar* 164 ("Ni sabs d'Ytis Ni de Biblis Ni de Caumus nuilla fasson"). Cf also the reference in a love letter of A de Mareuil (Bec III, 169: "Ni anc Iris, ço cre, No amet Biblis re, Avers so q'eu am vos"). See **Iris**.

Bilena. "Evidentemente la ciudad de Villena, en el reino de Valencia" (M de Riquer p 37). C de Girona 434,6b *En may* 24.

Binia de Canas, na. Unidentified. RAIMON and LANTELM 283,2 *Raimon, una domna* 54.

Biolh. Beuil (Alpes-Maritimes). P VIDAL 364,20 *En una terr' estraigna* 6; 364,49 *Tart mi veiran* 18.

Blac. The Wallachians, from what is now Rumania. R DE VAQUEIRAS 392,9a *Conseil don* 36; 392,24 *No m'agrad' iverns* 57.

Blacatz, Blacas, Blancatz. Member of an ancient noble family, lord of Aups (Var) from 1194 to 1227 approximately, patron of numerous troubadours, and a poet himself on occasion; we do not know his first name (Boutière-Schutz *Biog.* p 490, Jeanroy *PL* I, 175-177). AIMERIC and PEIRE (CARDENAL?) 8,1 *Peire del Poi* 51. A DE PEGUILHAN 10,8 *Anc mais de joy* 55. B D'ALAMANO 76,12 *Mout m'es greu* 5, 41; 76,16 *Qui que s'esmai* 25; 76,22 *Un sirventes farai* 14. BLACASSET (a distant cousin of Blacatz) 96,10a *Si.l mals d'amor* 8, 25. CADENET 106,13 *De nula re* 21; 106,24 *S'ieu trobava mon compair' en Blacatz* 1, 19. E DE BARJOLS 132,1 *Amors, be m'avetz* 45; 132,4 *Ben deu hom* 45; 132,7 *Car compri* 45; 132,7a (tenso with J REFORSAT) *En Jaufrezet* 38, 40; 132,11 *Pus vey* 47. G FIGUEIRA 217,4b *Ja non agr' obs* 55; 217,6 *Pel joi* 45. I D'ENTREVENNES 254,1 *Del sonet d'en Blacatz* 1, 13; 254,2 *Trop respont en Blacatz* 1. L CIGALA 282,11 *Hom que* 3. P BREMON RIC NOV 330,14 *Pos partit an lo cor* 2, 41. P GUILHEM DE LUSERNA and SORDELLO 344,3a *En Sordell* 6, 11. PEIROL 366,5 *Ren no val hom* 28. SORDELLO 437,21 *Non pueis mudar* 51; 437,24 *Planher voill en Blacatz* 1 (this and 76,12 and 330,14, by B D'ALAMANO and P BREMON RIC NOV respectively, form a sort of composite planh for Blacatz). ANON 461,123c *Gasquet, vai t'en* 2, 9, 22.

Blaya. Blaye (presumably the reference is to the Blaye in the present department of Gironde, unless there is some evidence to the contrary, though this is not always certain). A DE BELENOI 9,20 *S'a midons plazia* 74. B DE CASTELLANA 102,3 *Si tot no m'es* 13, 29. G FAIDIT 167,12 *Be.m platz* 72; 167,18 *De faire chanso* 75 (Kolsen thinks this is Blaye-les-Mines, Tarn; Mouzat (p 598) suggests that it may be a deformation of Biella, Piedmont). G DE BERGUEDAN 210,20 *Un sirventes ai* 22. G DEL LUC 245,2 *Si per malvatz* 38.

Blancaflor

1. Blanchefleur, heroine of *Floire et Blanchefleur*. A de Belenoi 9,20 *S'a midons plazia* 49. B de Dia 46,4 *Estat ai* 14. Blacasset 96,10a *Si.l mals d'amor* 35. F de Romans 156,3 *Chantar vuelh* 18. G Evesque 215,1 *Valors* 33. P Cardenal 335,14 *Sel que fes* 88. Pistoleta and Blacatz 372,6a *Segner Blacatz* 38. R de Vaqueiras 392,23 *Leu pot hom* 58. C de Girona 434,6b *En may* 13. Anon 461,122 *Finamen* 138.

2. Senhal for a lady? G Faidit 167,57 *Tant fort* 36.

Blanqueta, na. Unidentified. C de Girona 434a,17 *De Pala a Torosela* 104.

Blaquerna. The Blachernae palace in Constantinople. R de Vaqueiras Epic Letter II 33.

Blasco Romieu. An Aragonese noble (Avalle p 52-53, n 7). G de Berguedan 210,12 *Juglars* 32. P Vidal 364,16 *De chantar* 7.

Bles. Blois (Loire-et-Cher). A del Vilar 16b,1 *Tot a estru* 34. G Faidit 167,6 *Anc no.m parti* 38. See also **Partonopes de Bles.**

Blieu. A locality conquered by Charles of Anjou (Blieux, Basses-Alpes?). B de Castellana 102,3 *Si tot no m'es* 31.

Boazo. Bozouls (Aveyron), according to Jeanroy (edition, p 201), who contradicts Zingarelli's statement that it is Boissezon. Uc de S Circ 457,42 *Un sirventes* 20.

Boç. See **Bos.**

Boca, na Parlera. Unidentified. G de Bornelh 242,18 *Be deu* 62.

Bocaleo. The Bucoleon palace in Constantinople. R de Vaqueiras Epic Letter II 57.

Bodeles. See **Paire.**

Bogía. A province of North Africa governed by the royal family of the Hafsidi; more or less equivalent to modern Tunisia (Parducci, *Stud. rom.* 7, 57). R de Tors 410,6 *Per l'avinen* 8.

Boloigna. Bologna. P de la Cavarana 334,1 *D'un sirventes faire* 40.

Bona Esmenda. See **Esmenda.**

Bonafo

1. **Na Bonafo.** Probably a made-up name (the lord's wife who grants her favors to a *goujat*). Marcabru 293,31 *L'iverns vai* 58.

2. **Bonafo.** Name used as a pun; Kolsen translates *Glückspilz* ("lucky fellow": "I have changed my name to *Bonafo*"). G de Bornelh 242,63 *Razon e loc* 90, 95.

Bona-nasques, na. Senhal. G Ademar 202,3 *Chantan dissera* 10.
Bonasa, en. Unidentified. Anon 461,106 *En Bonasa, puis jen sabetz trobar* 1.
Bon' Aventura. See **Aventura.**
Bon Cor. See **Cor.**
Bon Esper. See **Esper.**
Bon Guiren. See **Guiren.**
Bonifaci
  1. **Bonifaci Calvo.** The troubadour. B Zorzi 74,10 *Mout fort* 61.
  2. **En Bonifaci.** The troubadour Bonifaci de Castellana. B d'Alamano 76,5 *De la sal de Proensa* 21.
Bonifais. Boniface II of Montferrat (1225-1254). L Cigala 282,6 *Estier mon grat* 15.
Bon-repaus. Made-up name of town. P Vidal 364,38 *Pus ubert ai* 43.
Bon Respieg. See **Respieg.**
Bon Vezi. See **Vezi.**
Borc (nom **Borz**). One of the mercenary soldiers the poet says he will have. Rostanh (listed as Anon) 461,43 *Bel segner Deus* 37.
Bordel (nom **Bordeus**). Bordeaux. B de Born 80,13 *D'un sirventes* 23; 80,28 *Mout m'es deissendre* 11, 34; 80,34 *Quan la novela flors* 20. G de Berguedan 210,20 *Un sirventes ai* 22. G de Bornelh 242,32 *De bels dichs* 40; 242,46 *Lo dolz chans* 106 (the "senher de Bordel" is either Henry II or Richard I of England); 242,60 *Can lo glatz* 18.
Borga, na. Unidentified. Gavaudan 174,7 *Lo mes* 32.
Borgonha, Borgoigna, Borgoingna. Burgundy. B de Born 80,14 *Ieu chan* 61; 80,39 *Senher en coms* 31. J d'Albuzo 265,3 *Vostra domna* 6. P Cardenal 335,19 *D'Esteve de Belmon* 17. Tomier e Palazi 442,2 *Si co·l flacs molins* 39.
Borgonho, Bergonho
  1. A Burgundian. B de Born 80,31 *Puois als baros* 39. B Folco 83,2 *Ja non creirai* 5. E Cairel 133,9 *Pos cai* 39. N de Turin and F de Romans 156,9 *Nicolet, gran malanansa* 12. Comte de Foix 182,1 *Frances* 3; 182,2 *Mas qui* 11. P Bremon Ric Nov 330,14 *Pos partit an* 9. Pujol 386,1a *Cel qui salvet* 24. R de Vaqueiras Epic Letter II 48.

2. En Borgonho. Burgondion de Trets, son of Raimond Geoffroi, viscount of Marseille. BLACASSET 96,10a *Si.l mals d'amor* 8 (var *Pujolos*). FALCONET and FAURE 149,1 *En Falconet* 45.

Borneira. *See* **Guiraut.**

Bornelh. *See* **Guiraut.**

Borrel, en. Unidentified. BERNARDO and THOMAS 441,1 *Bernardo* 28.

Bos

   1. En Bos. Son of viscount Raimond II of Turenne. B DE BORN 80,43 *Un sirventes fatz* 10.

   2. En Boç. Boso di Dovara (date 1259; identified by De Bartholomaeis *PS* II 198; this is an emended reading—the ms has *Dolce*, for which De B. reads *Boç' e*). ANON 461,180 *Nuls hom non deu* 20.

Bossaguas. Unidentified. ("Ai bossaguas e totz sos mandamens La nueg el iorn deuriatz sospirar Quar dieus uos a uolgut deseretar De selh quera..." [the rest of the line is lost]) R MENUDET 405,1 *Ab grans dolors* 33 (planh for senhor Daude).

Bostias. A joglar and messenger. P CARDENAL 335,44 *Qui.s vol* 41; 335,66 *Un sirventes fauc* 29.

Botenan. Provençalized form of Boutavant, a castle in the Vexin (Oise). B DE BORN 80,28 *Mout m'es* 37.

Botona. The Boutonne River, a tributary of the Charente (Deux-Sèvres). G DEL LUC 245,1 *Ges sitot m'ai* 26.

Bove (Bueve, Buf) d'Antona

   1. The French epic *Beuve de Hamptone* ("no.m lais non chant el son Boves d'Antona"—to the tune of *Beuve de Hamptone;* see M de Riquer's edition p 220ff). G DEL LUC 245,1 *Ges sitot m'ai* 2.

   2. The hero of this poem. G DE BERGUEDAN 210,17a *Sirventes ab razon bona* 17. P CARDENAL 335,29 *L'arcivesques de Narbona* 40.

Bovon. One of the French epic heroes named Beuve: Beuve de Hamptone (see the preceding entry), Beuve de Comarchis, Beuve d'Aigremont, etc. G DE CABREIRA 242a,1 *Cabra joglar* 91, 136 ("Ni de Davi Ni de Rai Ni de Berart ni de Bovon," *var* "Ni de Bernart Ni de Girart De Viviana ni de Bovon").

Bragairac, Braiarac. Bergerac (Dordogne). D D'ALVERNHE 119,7 *Pois sai* 6. MONGE DE MONTAUDON 305,16 *Pois Peire d'Alvernhe* 63.

Braiguen. Iseut's servant (Brangain, Brangien in Old French). Peirol and D d'Alvernhe 366,10 *Dalfi* 34.
Brayla, na. Unidentified. A de Belenoi 9,20 *S'a midons plazia* 81.
Braiman
 1. A Brabanter. B de Born 80,26 *Mon chan fenisc* 71. G de S Didier 234,17 *S'ieu tot me soi* 23. P Bremon Ric Nov 330,14 *Pos partit an* 5. See **Bramanso.**
 2. **Rei Braiman.** Braimant l'Esclavon, a Saracen prince whom Charles kills *(Mainet)*. G de Cabreira 242a,1 *Cabra joglar* 147.
Bramanso. A Brabanter, Brabançon. F de Lunel 154,1 *Al bo rei* 34. R de Vaqueiras Epic Letter II 34. S de Mauleon 432,1 *Dompna* 4.
Bramar, Bremar, Bretmar. Evidently the hero of an anecdote or a fable involving geese (Kolsen *G de B* II 72-73), but the story is lost. G de Cabreira 242a,1 *Cabra joglar* 181 ("Ni de Bramar Non sabs chantar, De l'auca ni d'En Auruzon"). G de Bornelh 242,55 *Per solatz* 58 ("l'aucha de Bretmar"); 242,78 *Totztems me sol* 49 ("la faula de Bretmar").
Branditz, Brandiz. Brindisi (Apulia). B de Born 80,4 *Ara sai* 54. R de Vaqueiras 392,24 *No m'agrad' iverns* 84.
Braz Cort, en. A nickname for **Pons de Mataplana.** G de Berguedan 210,18 *Talans m'es pres* 54.
Bratz Sain Jorz. The Bosphorus (St. George's Strait). R de Vaqueiras 392,24 *No m'agrad' iverns* 84.
Breissa. Brescia (Lombardy). G Figueira 217,4c *N'Aimeric* 2.
Breissan. An inhabitant of Brescia. L Cigala 282,13 *Lantelm* 13.
Breissana. The region of Brescia. G de la Tor 236,11 *Un sirventes* 14. Uc de S Circ 457,36 *Si madompna* 7. See also **Donella.**
Bremon. See **Peire.**
Bresca, en. Unidentified; the proper names in this poem are deformed for humorous effect, and Bresca is apparently a poet who speaks ill of the wealthy ("E quar ressemblatz a·n Bresca De dir mal a la riquesca"). B de Rovenac 66,4 *Una sirventesca* 6.
Bresilianda. Broceliande, the forest in Brittany famous in Arthurian stories. B de Born 80,13 *D'un sirventes* 33; 80,18 *Gen part* 28.
Bret. A Breton. P de la Mula 352,3 *Una leig vei* 6. See also **Breto.**
Bretanha, Bretaigna. Brittany. B A d'Armagnac 54,1 *Lombartz* 10. B de Born 80,14 *Ieu chan* 74; 80,31 *Puois als baros* 14; 80,37

Rassa, tan creis 26; 80,39 *Senher en coms* 40. F de Marseille (?) 155,12 *Ja non volgra* 8. G Riquier, Henry II of Rodez, and a Lord of Alest 248,76 *Senh' en Enric, us reis* 66. J Rudel 262,5 *Quan lo rius* 35. M de Caerci 299,1 *Tan sui* 33, 34. P Vidal 364,24 *Ges pel temps* 39. P de Capduelh 375,14 *Lials amics* 41. Tomier e Palazi 442,1 *De chantar* 38. Uc de S Circ 457,42 *Un sirventes* 27.

Breto. A Breton. A dau Luc 22,1 *En Chantarel* 14. B de Rovenac 66,3 *Ja no vuelh* 16. B d'Alamanon 76,9 *Ja de chantar* 36. B de Born 80,6a *A totz* 34, 36; 80,18 *Gen part* 14, 25; 80,26 *Mon chan fenisc* 62; 80,34 *Quan la novela flors* 41. B Carbonel 82,18 *Un sirventes* 33. E Fonsalada 134,1 *De bon loc* 9. G Faidit 167,16 *Com que* 40. Gavaudan 174,10 *Senhor* 57. G Ademar 202,2 *Ben agr' ops* 15. G de Berguedan 210,13 *Lai on hom* 38. G de Montanhagol 225,12 *Per lo mon* 43. G de Cabreira 242a,1 *Cabra joglar* 10. J Esteve 266,6 *Francs reis* 2. Peter III of Aragon 325,1 *Peire Salvagg'* 23. P Bremon Ric Nov 330,14 *Pos partit an* 10. P Cardenal 335,5 *Anc no vi Breton ni Baivier* 1. P Vidal 364,2 *Ajostar e lassar* 62; 364,28 *Mout es bona* 18; 364,37 *Pus tornatz soi* 12. R de Vaqueiras Epic Letter II 47. R de Pons and Jaufre 414,1 *Senh' en Jaufre* 39. C de Girona 434a,12 *Can aug* 24. A number of the troubadours refer to the Bretons' everlasting waiting for the return of King Arthur as if it were proverbial (for example: B d'Alamanon 76,9 "Mas s'ieu m'aten en tro que despregutz En sia·l coms, ieu serai dreitz Bretos"; G Faidit 167,16 "l'esperansa dels Bretos"; G Ademar 202,2 "C'anc non auzi, fors de Breto, D'om en tant long' atendezo"; G de Montanhagol 225,12 "atendemen de Breto"; P Vidal 364,2 "Esperar e muzar Mi fai coma Breto"; P Vidal 364,28 "Fach ai obra de l'aranha E la muza del Breto").

Brian, en. Unidentified. E de Barjols 132,5 *Belhs Guazanhs* 23.

Brio, midons de. Brion was a castle in the Valentinois; the lady of Brion was Phillipe de Faye (Pattison, p 33). R d'Aurenga (the younger?) 389,24 *Compainho* 14.

Bristol. The city in England. B de Born 80,3 *Anc no·s puoc* 53.

Briva. See **Lemozi.**

Broil. El Brull, a castle in Ausona (prov Barcelona, on the railroad line to Vich; see M de Riquer *El trov G de B* p 21). G DE BERGUEDAN 210,17a *Sirventes ab razon bona* 25.

Brun, lo. Garin lo Brun, the poet. G LO BRUN 163,1 *Nueg e jorn* 53.

Bruna de Castel, na. Unidentified. G DE LA TOR 236,5a *Pos n'Aimerics* 30.

Brunel. A crossbowman, not further identified ("Mas ill en feron destrier, Qe mort e reget' e fer, Ab Brunel l'albalestrer"). BLACATZ and BONAFE 18,1 *Seign' en Blacatz, pos per tort* 16.

Brunequelh, vescomte de. Bertrand, nephew of Raymond VI, or his son (Appel, ed., quoting Chabaneau), viscount of Bruniquel (Tarn-et-Garonne). B DE TOT-LO-MON 69,1 *Be m'agrada* 41.

Brutus

    1. Rei Brutus. Identity uncertain. G DE CALANSO 243,7a *Fadet joglar* 130.

    2. The murderer of Caesar. G DE CALANSO 243,7a *Fadet joglar* 184.

Bude, en. Unidentified. B D'AUREL 79,1 *N'Aimeric* 7.

Buf d'Antona. *See* **Bove d'Antona.**

Burban. *See* **Miles.**

Burc. Burgos (Spain). B DE BORN 80,14 *Ieu chan* 76. P DE MARSEILLE 319,1 *Ab marrimen* 10.

Burlatz, Burlas

    1. Comtessa de Burlatz. Azalais, sister of Raymond VI of Toulouse, wife of Roger II, viscount of Béziers (1167-1194), called "countess of Burlatz" because her family had the rank of counts and because she was raised in the castle of Burlats (Tarn). G DE SALIGNAC 235,1 *A vos cui tenc* 42. P DE LA GARDA 377,6 *Tant soi apessatz* 45. R DE VAQUEIRAS (?) 392,30 *Si ja amors* 35. TORCAFOL 443,2a *Comunal veill, flac* 14. ANON 461,104 *En aquest son* 50. *See also* **Bezers.**

    2. Vescomte de Burlatz. Appel (ed p 17) is not certain who this is; could it be Raimon-Roger of Béziers, the son of the "comtessa de Burlatz" and Roger II of Béziers, who died in 1209 *(see under* **Bezers**)? CADENET 106,13 *De nula re* 4.

Buvalel. *See* **Raberti.**

C

Cabaret. Kolsen (*Arch. rom.* 21, 313) thinks this may be Jordan de Cabaret (Aude, arr Carcassonne), the husband of Loba, and not a lady, as Bergert assumes. R DE MIRAVAL 406,35 *Qui bona chanso* 40.

Cabestanh. Cabestang (Hérault, arr Perpignan). P D'ORTAFFA 379,1 *Aissi com* 78. P VIDAL 364,30 *Neus ni gels* 68 (var for *Caramanh*).

Cablai. Le Chablais, a locality in Savoy. G DE BORNELH 242,4 *Aital chansoneta* 56.

Cabra. A joglar. G DE CABREIRA 242a,1 *Cabra joglar* 1, 214.

Cabrens. "Cabrenys, en el Vallespir" (Catalonia; M de Riquer p 41). C DE GIRONA 343,9a *Pres d'un jardi* 12.

Cabrera, Cabreira. "Tal vez Santa María de Cabrera, en el valle de Bas, SSO de Olot" (M de Riquer *Cerverí* p 41); prov of Gerona. B DE BORN 80,34 *Quan la novela flors* 52. G DEL LUC 245,1 *Ges sitot m'ai* 32. P VIDAL 364,40 *Quant hom honratz* 45 (the lady of Cabrera is **Marquesa d'Urgel**, wife of Pons de Cabrera). MARCABRU 293,34 *Oimais* 46 (*En Cabrieira* is probably **Guiraut de C.**, q.v.). C DE GIRONA 434,9a *Pres d'un jardi* 19; 434a,17 *De Pala a Torosela* 83. See **Pons.**

Chabrers. Unidentified; possibly Cabriés, near Aix-en-Provence (Suchier *Denkmäler* p 556). ROSTANH (listed as ANON) 461,43 *Bel segner Deus* 5.

Cabril, mon. Senhal for Guilhem de Cervelló, lord of the castles of Cervelló and Gelida (M de Riquer *El trov G de B* p 24). G DE BERGUEDAN 210,17a *Sirventes ab razon bona* 41.

Cabrit. Apparently a senhal for Gui de Cavaillo, in a tenso with RICHART DE TARASCO (422,2).

Cadeira
1. **La Cadeira.** La Cadière (Var, arr Toulon). BONAFE and BLACATZ 98,2 *Seign' en Blacatz, talant ai* 15.
2. **Cadeira de Rodes.** Unidentified. G RIQUIER 248,57 *No cugei mais* 26.

Cadonh. Cadouin (Dordogne, arr Bergerac), famous for its Cistercian abbey. B DE BORN LO FILS 81,1 *Quan vei* 47. G DE BORNELH 242,10 *Ans que veigna* 46.

Caersi, Caerci. Quercy. B DE BORN 80,31 *Puois als baros* 13. CADENET 106,13 *De nula re* 32. COUNT OF RODEZ 185,2a *Vos eus sabetz* 2 (the bibliographies list this as part of UC DE S CIRC 457,33a or even of 457,33; see Jeanroy and Salverda de Grave p 120). J RUDEL 262,3 *No sap chantar* 35. MONGE DE MONTAUDON 305,11 *L'autre jorn* 29. R DE DURFORT 397,1a *Ben es malastrucs* 2, 41.

Caersinat. A man from Quercy. R DE DURFORT 397,1a *Ben es malastrucs* 19. TURC MALEC 337,1 *En Raimon* 5.

Chafre, sant. Saint Theofred. (*See* Lavaud p 88.) P CARDENAL 335,28 *L'afar del comte Guio* 21. See also **Sant-Chafre.**

Cayfas. The high priest Caiaphas (Matthew 26:3, etc.). G GODI 219,1 *Si·l gens cors* 26. P CARDENAL 335,64 *Un estribot* 22. ANON (or P CARDENAL) 461,235 *Tot enaissi com Deus* 3.

Caim, Caym. Cain, son of Adam. A DANIEL 29,6 *Chanso do·il mot* 50. G DE MONTANHAGOL 225,3 *Bel m'es* 30. G RAINOL and G MAGRET 231,3 *Magret, puiat m'es* 23. MARCABRU 293,13 *Bel m'es quan son li fruich* 42; 293,35 *Pax* 37. P CARDENAL 335,9 *Atressi com* 16; 335,57 *Tostemps* 10; 335,65 *Un sirventes ai en cor* 5. R D'AURENGA (not DE VAQUEIRAS) 392,5 *Ar vei bru* 37. R DE VAQUEIRAS (?) 392,26a *Nuils hom tan* 33. C DE GIRONA 434a,43 *Obra sobtil* 27.

Caire, lo. Cairo. E CAIREL 133,11 *Qui saubes* 16, 17. P BREMON RIC Nov 330,14 *Pos partit an* 35. R DE VAQUEIRAS 392,9a *Conseil don* 50.

Cais de Botz, en. A vilifying name ("cheeks puffed out like wineskins") for **Pons de Mataplana.** G DE BERGUEDAN 210,18 *Talans m'es pres* 61.

Cajarc. A castle in Quercy on the Lot. B DE BORN 80,29 *No puesc mudar* 27.

Calabria. The province in southern Italy. R de Tors 410,2 *Ar es ben dreitz* 33.

Calabron, en. Unidentified, perhaps a patron of the poet. P Bremon Ric Nov 330,17 *So don me cuidava* 41.

Calaon. Calaone (prov Padova), a residence of the Este family. Anon 461,147 *L'altrer fui a Calaon* 1; 461,209a *Ki de placers e d'onor* 8 (this poem was originally considered a part of the preceding one).

Calatagiro. Caltagirone (central Sicily). R de Vaqueiras Epic Letter II 24.

Calatrava. In Castilla la Nueva; the seat of one of the Spanish orders of chivalry. Reculaire and Uguet 458,1 *Scometre·us voill* 42.

Calcan. I find it difficult to accept M de Riquer's identification of this person as Calchas, the soothsayer from the *Roman de Thèbes* (his edition, at this line), since the text speaks of "Calcan lo rei felon," but I have no other suggestion. G de Cabreira 242a,1 *Cabra joglar* 201.

Caldes. Caldas de Malavella (Gerona). C de Girona 434,7b *Entre Caldes e Penedes* 1.

Chales, Cales. Chalais (Charente). B de Born 80,12 *Domna, puois* 31. J Bonel 273,1 *S'ira d'amor* 46 (an emendation for ms *Dalest*, but surely correct). See **Guiborc**.

Qal-qe-siatz, na. Senhal. R de Tors 410,5 *De l'ergueilhos* 22.

Calveira. Unidentified ("Que·us fara com Calveira, Jotglar, boca parleira"). B d'Aurel and G Augier 205,1 *Bertran* 39.

Cham. Noah's son Ham. B Zorzi 74,2 *Atressi com lo camel* 31.

Camalieiras. Chamalières (Haute-Loire). P Cardenal 335,28 *L'afar del comte Guio* 14.

Chambra, la bella de la. Perhaps a member of the Cambra family in Savoy (Bergert p 106). B d'Alamanon 76,12 *Mout m'es greu* 21.

Cambrais. Cambrai (Nord). B de Born 80,2 *Al doutz nou termini* 14. G de Cabreira 242a,1 *Cabra joglar* 111 (the "orgoillos de Cambrais" is Raoul de Cambrai). See also **Raol**.

Cambrezis. The region around Cambrai. Gavaudan 174,10 *Senhor* 56.

Camilla. Queen of the Volscians, *Roman d'Eneas*. G de Calanso 243,7a *Fadet joglar* 116.

Campanes. Inhabitant of Champagne. R DE VAQUEIRAS 392,3 *Ara pot hom* 57; 392,24 *No m'agrad' iverns* 62.

Champanha, Campanha
1. Champagne. B DE BORN 80,14 *Ieu chan* 63. G DE PUYCIBOT 173,7 *Oimais de vos* 61. J ESTEVE 266,6 *Francs reis* 3. R DE VAQUEIRAS 392,3 *Ara pot hom* 5. R DE BERBEZILH 421,10 *Tuit demandon* 42.
2. Campania (Italy). ANON 461,70a *Cor qu'om trobes* 16.

Can. Caen (Calvados). B DE BORN 80,3 *Anc no·s puoc* 58.

Cananillas. Chénerilles, near Digne (?). P BREMON RIC Nov 330,6 *En la mar major* 29.

Canas. See **Binia**.

Canaves. The Canavese region, north of Turin (Piedmont). P VIDAL 364,14 *Bon' aventura* 26. R DE VAQUEIRAS 392,32 *Truan* 43.

Canda. Candes, a castle on the Loire near Monsoreau (Indre-et-Loire). B DE BORN 80,13 *D'un sirventes* 19.

Canego, Mon. The massif of Canigou (Pyrénées-Orientales). B D'AURIAC 57,3 *Nostre reys* 23.

Canet. "Puede ser Canet d'Adri, a unos 9 kilómetros de Gerona" (M de Riquer p 40). C DE GIRONA 434,9a *Pres d'un jardi* 11.

Canilhac, en. Count Guilhem of Rodez (1196-1208), so called from the property of his wife, Yrdoina de Canilhac (Bergert p 53). B DE PARIS 85,1 *Gordotz* 89.

Canineus. A Canaanite. A DE BELENOI (?) 9,11 *Ja non creirai* 47. P VIDAL 364,4 *Anc no mori* 53.

Canpendut, senhor de. "...le seigneur de Capendu. Ces seigneurs possédaient... des terres dans le Narbonnais et dans le Biterrois... Guiraut de Capendu prit part à la croisade de 1270... C'est sans doute le chevalier dont il est fait mention ici" (Anglade *GR* p 104). F DE LUNEL and G RIQUIER 154,2b *Girautz, domna* 50.

Canpiduelh (for ms *caupiduelh*). Campidoglio, Charles of Anjou's seat as senator of Rome when he went to attack Manfred (1265; De Bartholomaeis *PS* II 225). ANON 461,70a *Cor qu'om troves* 15.

Cantacabra. See **Caracosa**.
Cantarel. See **Encantarel**.

Chanzis, los. A family in the neighborhood of Autafort. B DE BORN 80,8 *Be·m platz car* 41.

Caortz. Cahors (Lot). B de Born 80,29 *No puosc mudar* 27. Uc de S Circ 457,42 *Un sirventes* 21.

Capa

  1. **Ma Capa.** Senhal, probably for a patron. G Faidit 167,55 *Solatz e chantar* 79.
  2. **Ma Bella Capa.** Senhal for an unidentified lady. Blacatz and G de S Gregori 233,5 *Seigner Blacatz* 42.

Capadosi. The Cappadocians. P. Cardenal 335,14 *Sel que fes* 95.

Capairo. Senhal. G Ademar 202,1 *Be for' oimais* 53.

Cap de l'Estan. Unidentified nobleman. R de Miraval (?) 406,10a *Ar aven* 12.

Capduelh. See **Pons.**

Capitani. Unidentified person. Paves 320,1 *Anc de Roland* 3.

Captan. Unidentified person (mentioned with Aguolan and Rei Breiman). G de Cabreira 242a,1 *Cabra joglar* 146.

Caracosa de Cantacabra, na. Daughter of Albert Malaspina, married to marquis Albert of Gavi (Bergert p 87). G de la Tor 236,5a *Pos n'Aimerics* 21.

Carais. Probably Carhaix in Brittany (Côtes-du-Nord). B de Born 80,3 *Anc no·s puoc* 56.

Caramanh (var: *Cabestanh*). Caramanh is Caraman (Haute-Garonne). P Vidal 364,30 *Neus ni gels* 68.

Caranso. Caranzano, near Acqui (Piedmont). R de Vaqueiras Epic Letter II 16.

Charanta. The Charente river. B de Born 80,3 *Anc no·s puoc* 41.

Caraul. The Saracen Caraheu, conquered by Ogier le Danois *(Chevalerie Ogier)*. G de Berguedan 210,15 *Mal o fe* 29.

Carboncle, Belh. Senhal, perhaps a man. A de Mareuil 30,23 *Si·m destreignetz* 41.

Carcasses. The region of Carcassone (Aude). B A de Moncuc 55,1 *Ar quan li rozier* 22. B de Rovenac 66,2 *D'un sirventes* 28. B S de Marvejols 67,1 *Ab greu consire* 28. Count of Foix 182,2 *Mas qui* 7. Monge de Montaudon 305,11 *L'autre jorn* 21; 305,16 *Pois Peire d'Alvernhe* 19. Peter III of Aragon 325,1 *Peire Salvagg'* 7. P Vidal 364,27 *Mos cors* 23; 364,35 *Per pauc de chantar* 48; 364,47 *Tan an ben dig* 12. R de Miraval 406,1 *A Dieu me coman* 17. Uc de S Circ 457,42 *Un sirventes* 30. Anon 461,247 *Vai, Hugonet* 13.

Carcassona. Carcassonne (Aude). G del Luc 245,1 *Ges sitot m'ai* 8 (var: *Tarascona*). R de Miraval 406,1 *A Dieu me coman* 6, 25; 406,12 *Bel m'es* 60. Sifre 435,1 *Mir Bernart* 2. Anon 461,164a *Ma volontatz* 36.

Cardalhac. A joglar. D d'Alvernhe 119,7 *Pois sai etz vengutz, Cardaillac* 1. G de Bornelh 242,27 *Cardalhac, per un sirventes* 1.

Cardenes. Unidentified ("Peire Laroq' es lo quinçes, Us cavalliers de Cardenes"). Monge de Montaudon 305,16 *Pois Peire d'Alvernhe* 92.

Cardo. Since **Cardona** (q.v.) had three thistles on its coat of arms, Cerveri called its rulers *del Cardo, dels Cardos*. C de Girona 434,5 *Cuenda chanso* 36; 434,10 *Pois semblet* 27; 434a,4 *Ara·m luyna* 55; 434a,12 *Quant auch* 13; 434a,16 *Dels lais* 49; 434a,29 *Joglar* 32; 434a,55 *S'agues* 52; 434a,60 *Si nulh temps* 39; 434a,82 *Volgr' aguesson* 43. See also **Cartz**.

Cardolh. Carlisle (Wales), one of King Arthur's residences. B de Born 80,6a *A totz* 33. G de Cabreira 242a,1 *Cabra joglar* 160.

Cardona

1. Cardona (prov Barcelona, 32 km from Manresa). G de Berguedan 210,4a *Be·m volria* 43; 210,11 *Eu no cuidava* 33. G del Luc 245,1 *Ges sitot m'ai* 12 (var). P Vidal 364,38 *Pus ubert ai* 48. C de Girona 434,1a *A la pluja* 21; 434,2 *A vos* 54; 434,9a *Pres d'un jardi* 21; 434a,12 *Quant auch* 16; 434a,19 *Domna* 75; 434a,48 *Princeps* 33; 434a,50 *Pois chan* 73; 434a,54 *Reis castelhans* 42; 434a,55 *S'agues* 81; 434a,58 *Si com l'aiga* 41; 434a,71 *Tot quan cors* 30; 434a,72 *Totz hom fay mal* 31; 434a,74 *Trop m'enuei* 47; 434a,77 *Un bon vers* 26; 434a,83 *Volgra midons* 29.

2. **Vescomte de Cardona.** Guilhem, an enemy of Guilhem de Berguedan. G de Berguedan 210,17a *Sirventes ab razon bona* 5.

3. **Vescomte de Cardona.** Ramón Folch VI (died 1276). B de Rovenac 66,1 *Bel m'es* 33. C de Girona 434a,75 *Tan mal me fai* 11. See also **Raimon** and **Folcon**.

4. **Vescomtessa de Cardona.** Sibila of Ampurias, wife of Ramón Folch VI (also called *don de Cardona*). C de Girona 434,7 *En mal ponh* 50; 434,7c *Entre Lerida* 67; 434a,17 *De Pala* 70; 434a,24 *Estraire* 38; 434a,54 *Reis castelhans* 33; 434a,84 *...vos toylla* 18.

Cardones, lo. The lord of Cardona (Ramón Folch VI). C de Girona 434,7e *Joys ne solatz* 12; 434a,20 *En breu sazo* 41.

Carestia. A joglar. R d'Aurenga 389,32 *Non chant per auzel* 49.

Carlades. The region of Carlat (Cantal). B de Born 80,32 *Pois lo gens* 13.

Carlas. Probably Carlat (Cantal). Torcafol 443,2a *Comunal veill* 39.

Carle, Karle. See also **Carlon.**
   1. Charlemagne. A d'Aorlhac 40,1 *Ai Dieus* 36. B de Born 80,14 *Ieu chan* 70; 80,29 *No puosc mudar* 23; 80,30 *Nostre senher* 21. G Faidit 167,22 *Fortz chauza* 16. G de Berguedan 210,17a *Sirventes ab razon bona* 20. Mainart Ros and Guionet 238,1a *En Maenard Ros* 24. G de Cabreira 242a,1 *Cabra joglar* 117. L Gatelus 290,1 *Cora qu'eu fos* 21, 25. P de la Mula 352,2 *Ja de razo* 21. R de Vaqueiras 392,24 *No m'agrad' iverns* 74. See also **Carlemanhe.**
   2. **Carle Martel.** Charles Martel. P Cardenal 335,40 *Per fols tenc* 33; 335,47 *Qui volra* 61.
   3. **Comte Carle, rei Carle.** Charles of Anjou, brother of Louis IX; king of Naples 1265-1285. A del Fossat 7,1 *Entre dos reis* 7. A de Segret 41,1 *No sai* 13, 23, 43. B Zorzi 74,14 *Si·l monz fondes* 71. B de Castellana 102,3 *Si tot no m'es* 30. C Panzan 107,1 *Ar es sazos* 33, 49. F de Lunel 154,1 *Al bo rei* 44. Granet 189,1 *Comte Karle, ye·us vuelh far entenden* 1. G d'Espanha 244,1a *Be volgra* 44; 244,11 *Qui en pascor* 43; 244,13 *S'ieu en pascor* 64. L Cigala or L Gatelus 282,26a [beginning lost] 25. P de Castelnou 336,1 *Oimais* 13, 46. R de Tors 410,3 *Ar es dreitz* 4. C de Girona 434a,52 *Pus li rey* 12. R Bonomel (Templier) 439,1 *Ir' e dolors* 34. Anon 461,114 *E s'ieu agues* 4. See also **Anjou.**

Charlemanhe, Charlemaing. Charlemagne. G de Bornelh 242,73 *Si per mo Sobre-Totz no fos* 75. L Cigala 282,13 *Lantelm* 57. See also **Carle, Carlon.**

Carlon. Charlemagne. B de Born 80,33 *Puois Ventadorns* 42. G de Cabreira 242a,1 *Cabra joglar* 36. See also **Carle, Carlemanhe.**

Carmenzon, Carmanço. The castle of Carmensó, in Ampurdán (Gerona). G de Berguedan 210,4a *Be·m volria* 39. C de Girona 434,9a *Pres d'un jardi* 13.

Carn-et-ongla. The name of a horse (with whom the poet exchanges a tenso). COUNT OF PROVENCE 184,2 *Carn-et-ongla, de vos no·m voill partir* 1, 17.

Carpentras. Carpentras (Vaucluse). P CARDENAL 335,12 *Be volgra* 13. UC DE S CIRC 457,42 *Un sirventes* 19.

Carret. See also **Contenso.**
  1. Marques del Carret. Otto del Carret (attested in documents 1190-1225; podestà of Genoa in 1194). B DE BONDELHS 59,1 *Tot aissi·m pren* 41. F DE ROMANS 156,3 *Chantar vuelh* 35. See also **Ot**, and **Point** (Ponti, Otto's residence).
  2. Comtessa del Carret. Perhaps Agathe, wife of Henry II del Carret (De Bartholomaeis *PS* II 19). A DE SESTARO 16,13 *En amor trob* 50.
  3. Comtessa del Carret. Perhaps the daughter of Henry II Torraca *Donne* p 21). Or are **2** and **3** the same? A DE BELENOI 9,21 *Tant es d'amor* 50.

Cart. Quarto, near Asti (Piedmont). R DE VAQUEIRAS Epic Letter II 4.

Cartz, los. Since **Cardona** (q.v.) had three thistles on its coat of arms, C DE GIRONA called its rulers *don dels Cartz, la dels Cartz,* etc. Since the expression occurs in most of his poems, exact line references seem unnecessary, and I shall list only the *numbers* of the poems. Under the heading 434, numbers: 1, 3, 4, 4a, 6, 8, 9, 9c, 11, 12, 13, 14, 15, 16. Under the heading 434a, numbers: 1, 1a, 2, 3, 5, 6, 7, 9, 10, 11, 13, 14, 15, 18, 21, 22, 26, 27, 30, 31, 33, 35, 37, 39, 41, 43, 44, 45, 46, 47, 51, 53, 57, 61, 64, 68, 70, 73, 75, 76, 78, 79, 80. See also **Cardo.**

Chartres. Chabaneau suggests Chastres near Cognac (Charente); see Stimming's note on the line. B DE BORN 80,28 *Mout m'es* 36.

Casalot. See **Sufia.**

Casellas, las dompnas de. Ladies from Caselle (prov of Turin). G DE LA TOR 236,5a *Pos n'Aimerics* 27.

Chasiers. Chassiers (Ardèche). TORCAFOL 443,2a *Comunal veill* 39.

Caslutz. Châlus (Haute-Vienne, arr Saint-Yriex), according to Schutz, ed p xx; Caylus (Tarn-et-Garonne, arr Montauban), according to Jeanroy *PL* I 349. D DE PRADAS 124,6 *Ben ay' amors* 51. FALCONET and FAURE 149,1 *En Falconet* 52. G FAIDIT 167,13 *Ben auria* 2.

Cassa. Cassá de la Selva, near Gerona. C de Girona 434,9a *Pres d'un jardi* 14.

Cassius. One of Caesar's murderers. G de Calanso 243,7a *Fadet joglar* 185.

Castaignier. Presumably a place in Italy called Castagnero, but it has not been identified with any certainty. R de Vaqueiras 392,1 *Ara·m digatz* 53.

Castel. See **Azalais, Bruna.**

Castelbon. Castellbó (prov Lérida, 37 km from Cervera). Comte de Foix 182,2 *Mas qui* 24. G de Berguedan 210,4a *Be·m volria* 4 (the viscount is Arnau de Castellbó).

Castelha

1. Castile. A de Belenoi 9,6 *Anc, puois qe jois* 43; 9,17 *Pos Dieus nos a* 17. B de Born 80,25 *Mieg sirventes* 3; 80,35 *Quan vei* 68. B Calvo 101,5 *Enquer cab* 41; 101,14 *Tant auta domna* 34. F de Lunel 154,1 *Al bo rei* 54; 154,6 *Si com* 41. G de S Didier 168,1a *El temps* 36. G de Berguedan 210,13 *Lai on hom* 3. G Riquier 248,85 *Voluntiers faria* 63. Marcabru 293,4 *Al prim comens* 55; 293,22 *Emperaire, per mi mezeis* 53. P Vidal 364,11 *Be·m pac* 67; 364,17 *Dieus en sia grazitz* 70; 364,39 *Quant hom es* 59. C de Girona 434,7c *Entre Lerida* 11; 434a,79 *Un bo vers* 3; 434a,81 *Voletz aver* 18, 21; 434a,83 *Volgra midons* 23. Sordello 437,24 *Planher vuelh* 14. Uc de l'Escura 452,1 *De motz ricos* 18. Anon 461,18a *Amors m'a fach* 18; 461,145 *L'autrier* 6.

2. **Rey de Castelha.** Alfonso VIII (1158-1214). A de Peguilhan 10,21 *Destretz, cochatz* 41. G de Calanso 243,8 *Li mey dezir* 60. See also **Anfos.**

3. **Rey de Castelha.** Ferdinand III (1217-1252). A lo Negre 3,2 *Ara·m vai meills* 37 ("l'enfan de Castella," before his accession to the throne). A Plagues 32,1 *Be volgra* 50.

4. **Rey de Castelha.** Alfonso X (1252-1284). B Calvo 101,17 *Un nou sirventes* 2. F de Lunel 154,1 *Al bo rei* 2 ("reys de Castella e de Leo"). G Riquier 248,22 *D'Astarac venia* 27. R de Tors 410,3 *Ar as dreitz* 13. See also **Anfos.**

5. **Filh del rey de Castelha.** The infante Ferdinand, son of Alfonso VIII (died 1211). G de Calanso 243,6 *Belh senher Dieus* 3.

6. **Rey de Castelha.** No particular king is meant. D de Pradas 124,2 *Amors m'envida* 36.

7. See also **Enric**.

Castelhan

1. A Castilian. E de Barjols 132,2 *Amors, be·m platz* 34. Gavaudan 174,10 *Senhor* 51. G de Berguedan 210,20 *Un sirventes ai* 44. G de Montanhagol 225,10 *Nulhs hom* 55. G de Bornelh 242,32 *De bels dichs* 64. P Bremon Ric Nov 330,14 *Pos partit an* 17; 330,15a *Rics pretz* 34. Anon 461,164a *Ma volontatz* 19; 461,214 *Qui vol conquerer* 19, 21.

2. **Bel Castellan.** Stronski thinks it is a senhal, with no means of identification, but suggests the remote possibility that it might refer to Alfonso VIII. E de Barjols 132,5 *Belhs Guazanhs* 25.

Castelhana. A Castilian woman. P Bremon Ric Nov 330,15a *Rics pretz* 33. P Vidal 364,15 *Car' amiga* 45.

Chastellana. Castellane (Basses-Alpes). Anon 461,27a *Arnaldon, per na Johana* 16.

Castellon. Castellón de Ampurias (prov Gerona). G de Berguedan 210,4a *Be·m volria* 42.

Castellot. Perhaps Castellote (Aragón, prov Teruel). B de Born 80,35 *Quan vei* 19.

Castelnou

1. Probably Châteauneuf-de-Randon (Lozère). B d'Alamanon 76,1 *Amicx Guigo* 16.

2. One of the three towns of this name in Urgel: Castellnou de Bassella, de Carcolse, or de Seana (M de Riquer p 41). C de Girona 434,9a *Pres d'un jardi* 11.

3. One of the towns named Châteauneuf (Castelnau, etc.) in southern France (not necessarily the same for both poems). G de Cavaillon 192,2 *Doas coblas* 3. R de Miraval 406,10 *Aras no m'en* 11.

Castiat (Chastiat). Senhal for Raymond V of Toulouse (1148-1194). P Vidal 364,9 *Bels amics cars* 53; 364,10 *Be m'agrada* 46; 364,31 *Nuls hom non pot* 61; 364,36 *Plus que·l paubres* 57; 364,40 *Quant hom honratz* 56; 364,42 *S'ieu fos en cort* 45; 364,45 *Son ben apoderatz* 21, 75; 364,46 *Tant ai lonjamen* 43, 92; 364,48 *Tant me platz* 50. See **Raimon, Tolosa, Tolzan.**

Castrasoritz. Castrojeriz (prov Burgos). B de Born 80,32 *Pois lo gens* 28.
Catalan. A Catalan. A de Belenoi 9,17 *Pos Dieus nos a* 22. A de Sestaro (?) 16,17 *Monges, cauzetz* 2. B d'Auriac 57,3 *Nostre reys* 9, 25. B de Rovenac 66,1 *Bel m'es* 20, 28. B de Born 80,23 *Lo coms* 27; 80,28 *Mout m'es* 42; 80,35 *Quan vei* 58. Frederick III of Sicily 160,1 *Ges per guerra* 9. G de Berguedan 210,2 *Ara mens* 25. G Rainol d'At 231,1a *A tornar* 41. G de Bornelh 242,79 *Tot suavet* 7. G Riquier 248,65 *Pos astres* 9, 19, 29, 39, 49. G Riquier and J de Pons 261,1a *Guiraut Riquier, digatz me* 13. Peire and Guilhem 322a,1 *En aquel so* 21, 33. P Bremon Ric Nov 330,14 *Pos partit an* 18; 330,15a *Rics pretz* 31. P Vidal 364,8 *Baron, Jhesus* 33. R de Miraval 406,11 *Baiona, per sirventes* 12, 41; 406,30 *Grans mestiers* 19.
Catalana. A Catalan woman. B de Born 80,19 *Ges de disnar* 31. P Bremon Ric Nov 330,15a *Rics pretz* 32. P de la Garda 377,7 *Totz tems* 52. R d'Aurenga 389,33 *Parliers* 17. Anon 461,27a *Arnaldon, per na Johana* 12.
Cataluenha, Catalonha, Cateluyna. Catalonia. B de Born 80,39 *Senher en coms* 6. G Riquier 248,65 *Pos astres* 8, 18, 28, 38, 48. M de Caerci 299,1 *Tan sui* 30. Monge de Montaudon 305,11 *L'autre jorn* 24. P Bremon Ric Nov 330,20 *Un vers voill* 5. P Vidal 364,7 *Baron, de mon dan* 33. C de Girona 434,6b *En may* 90; 434,7e *Joys ne solatz* 17. Tomier e Palazi 442,1 *De chantar* 28.
Cato, Caton. Cato of Utica, reputed author of the *Disticha Catonis*, a collection of moral maxims; cited for his wisdom ("lo sen Cato"). Peire (Cardenal?) and Aimeric 8,1 *Peire del Puei* 12. B de la Fon 62,1 *Leu chansonet' ad entendre* 33. B Carbonel 82,9 *Cor, digatz me* 17; 82,12 *Per espassar* 12. G d'Autpol 206,3 *L'autrier* 82. G de Bornelh 242,80 *Un sonet fatz* 20. G de Cabreira 242a,1 *Cabra joglar* 198. C de Girona 434a,4 *Ara·m luyna* 33.
Cauder. See **Sabata**.
Chaulet. According to the *Vida* of Dalfi, the bishop of Clermont (who is being discussed here) "si era druz d'una fort bela domna, q'era moillier d'En Chantart de Caulec, q'estava a Pescadoiras," which would presumably be Peschadoires (Puy-de-Dôme); Chaulet seems to have been a cousin of Dalfi (Bou-

tière-Schutz *Biog.* p 288). D d'Alvernhe 119,4 *Lo vesques trob'* 2.

Caumus (sic). Caunus, with whom his sister Byblis (*see* **Biblis**) fell in love (Ovid, *Met.* IX). G de Cabreira 242a,1 *Cabra joglar* 165.

Caussada. Probably either the Caussade in Tarn-et-Garonne (arr Montauban) or that in Hautes-Pyrénées (arr Tarbes). Monge de Montaudon 305,16 *Pois Peire d'Alvernhe* 104.

Cava-dens. Made-up name of a locality. P Vidal 364,38 *Pus ubert ai* 70.

Cavalho, Cavaillo. Cavaillon (Vaucluse). P Cardenal 335,12 *Be volgra* 13. Uc de S Circ 457,42 *Un sirventes* 19. See **Cavelc**.

Cavalier, Bel. Senhal for an unidentified lady. R de Vaqueiras 392,2 *Era·m requier* 41; 392,3 *Ara pot hom* 73; 392,4 *Eras quan vey* 41; 392,9 *Kalenda maia* 45; 392,13 *Eissamen* 49; 392,16 *Engles, un novel descort* 37; 392,18 *Gerras ni plaich* 84; 392,20 *Ja non cugei* 10; 392,24 *No m'agrad' iverns* 45; 392,28 *Savis e fols* 41; 392,32 *Truan* 139.

Cavelc. Apparently Cavaillon (Vaucluse). G Rainol d'At 231,1 *Auzir cugei* 24. See **Cavalho**.

Cembeli, Bel. Senhal for an unknown person. B de Born 80,12 *Domna, puois* 22; 80,19 *Ges de disnar* 11. See also **Sembeli**.

Centolh. Centule I, count of Astarac (1175-1230). B de Born 80,21 *Ges no me* 24.

Centurio. The Centurion of Matthew 8:5, Luke 7:1, treated as a proper name. P d'Alvernhe 323,16 *Deus, vera vida* 48.

Cerdaia. According to M de Riquer, this name, reported by earlier editors, does not appear in the poem; there is an illegible erasure at this point. G de Berguedan 210,9 *Consiros chant* 9.

Cerveri. Cerveri de Girona; the poet names himself. C de Girona 434,7b *Entre Caldes* 6, 11; 434,7c *Entre Lerida* 31; 434,15 *Totz homs* 54; 434a,2 *Apres lo vers* 5; 434a,17 *De Pala* 13; 434a,25 *Francs reys* 9; 434a,60 *Si nuyll temps* 27.

Cerveira. Cervera (prov Lérida). P Vidal 364,40 *Quant hom honratz* 43. C de Girona 434,9a *Pres d'un jardi* 23.

Cerveyllo, Cervillon. Cervelló (prov Barcelona). G de Berguedan 210,17a *Sirventes ab razon bona* 42. C de Girona 434,9a *Pres d'un jardi* 20.

Cesar. Julius Caesar. B de Paris 85,1 *Gordotz* 29. Marcabru 293,43 *Seigner n'Audric* 30. See also **Juli Cesar.**

Cesaria. Caesarea, in the Holy Land. R Bonomel (Templier) 439,1 *Ir' e dolors* 9.

Ceva. Ceva (Piedmont). P Vidal 364,38 *Pus ubert ai* 67 (var for *trega*, which is not a proper name).

Cicilia, Cecilia. Sicily. R de Tors 410,2 *Ar es ben dreitz* 32.

Cicilian. A Sicilian. Count of Ampurias 180,1 *A l'onrat rei* 14.

Chino. Chinon (Indre-et-Loire). B de Born 80,29 *No puosc mudar* 29; 80,33 *Puois Ventadorns* 34. Richard I of England 420,1 *Dalfin* 11.

Cipre, Chipre. Cyprus. G Figueira 217,8 *Un nou sirventes* 41. C de Girona 434a,56 *Segons que ditz* 9, 16.

Cistel. Cîteaux (Côte-d'Or). E Cairel 133,9 *Pos cai* 10. G Figueira 217,2 *D'un sirventes far* 153.

Chiva. Possibly Chives (Charente-Maritime, cant Aulnay). B de Born (?) 80,42 *Un sirventes farai* 21.

Clarasvals. A castle of Richard I on the site of the present Scorbé-Clairvaux (Vienne). B de Born 80,33 *Puois Ventadorns* 35.

Clarenz. Clérans (Dordogne). B de Born 80,33 *Puois Ventadorns* 9.

Clar-esguar. Senhal for the poet's lady. G Fabre 216,2 *Pus dels majors* 60.

Clarmon
　1. Clermont (-Ferrand; Puy-de Dôme). Monge de Montaudon 305,16 *Pois Peire d'Alvernhe* 30.
　2. Clarmont (M de Riquer p 107), evidently a town near Cardona. C de Girona 434a,12 *Can aug* 16.

Clavais, Clavai. Chivasso (near Torino). G Faidit 167,54 *Si tot re* 47. P Vidal 364,38 *Pus ubert ai* 47.

Clodomer. Son of Clovis, king of Orléans in 511. G de Calanso 243,7a *Fadet joglar* 169.

Clumnec, Clunhic. Cluny (Saône-et-Loire). E Cairel 133,9 *Pos cai* 9; R de Tors 410,2 *Ar es ben dreitz* 25.

Çoanet. Unidentified. B d'Aurel 79,1 *N'Aimeric* 2.

Cobeitosa. Probably Cobeitosa of Este, who married Isnardo of Malaspina. Rofin 426,1 *Rofin, digatz* 72.

Coberlanda. Cumberland (England). B de Born 80,13 *D'un sirventes* 17.

Cocanha. Cocagne, imaginary land of abundance. B DE BORN 80,14 *Ieu chan que·l reis* 78.
Cofolen. Confolens (Charente). WILLIAM IX OF AQUITAINE 183,3 *Compaigno, farai un vers* 16.
Cogot de Savoga, en. An insulting term for Pere de Berga based on some property named Savoga ("Astado de Savoga" is M de Riquer's translation). G DE BERGUEDAN 210,19 *Trop ai estat* 16.
Coindarel. Probably a joglar. D D'ALVERNHE 119,7 *Pois sai* 17.
Coine, Coino. Probably Conon de Béthune. E CAIREL 133,3 *Estat ai dos ans* 49. R DE VAQUEIRAS 392,9a *Conseil don* 14.
Coissan. See **Vert.**
Col de Croz. Perhaps the Collum de Crucibus mentioned in a document of 1256 as one of the limits of the Urgellet (M de Riquer, ZRP 71, 24). G DE BERGUEDAN 210,18 *Talans m'es pres* 49.
Coliure, Cogliure. Collioure (Pyrénées-Orientales). B DE PRADAS 65,2 *Ai! s'eu pogues* 28. MONTAN SARTRE 307,1 *Coms de Tolsan* 15.
Colmi. "Les *Colmis* sont, sans doute, les *Coremins*, ou *Corasmins*, ou *Kharismins*, qui, chassés de Perse, s'avançaient vers la Syrie, où ils remportèrent, en 1244, une grande victoire sur les chrétiens" (Salverda de Grave p 37). B D'ALAMANON 76,15 *Pueis chanson far* 48.
Colombier. Colombier (Corrèze). B DE BORN 80,36 *Rassa, mes si son* 20.
Colonha. Cologne (Köln, Germany). A DE SESCAS Letter: *A vos, que eu am desamatz* 88. J D'ALBUZO 265,2 *En Nicolet, d'un sognie* 19. MONGE DE MONTAUDON 305,8 *Be m'enojan* 13. TOMIER E PALAZI 442,2 *Si co·l flacs molins* 37.
Colradi. Corradino (see **Conrat, 2**). P DE MARSEILLE 319,1 *Ab marrimen* 27.
Coman. The Cumans, "a primitive, warlike people of apparently Turkish stock who had settled in Moldavia and Macedonia" (Linskill p 231). R DE VAQUEIRAS 392,9a *Conseil don* 36.
Comborn. Comborn (Corrèze), seat of one of the four viscounties of Limousin. B DE BORN 80,33 *Puois Ventadorns e Comborns* 1.
Companho, Belh
  1. Senhal for a lady. B DE PALAZOL 47,2 *Aissi com hom* 29.
  2. Senhal? A DE SESTARO 16,11 *Donna pros e richa* 76.

Compenha. Compiègne (Oise). B DE BORN 80,26 *Mon chan fenisc* 66. P VIDAL 364,38 *Pus ubert ai* 64.

Compostela. Santiago de Compostela. G RIQUIER 248,22 *D'Astarac venia* 24. P DE MARSEILLE 319,1 *Ab marrimen* 13. P CARDENAL 335,68 *Un sirventes trametrai* 12. P VIDAL 364,11 *Be·m pac* 76.

Comunal. A reciprocal senhal for Torcafol and Garin d'Apchier. G D'APCHIER 162,1 *Aissi com hom* 6; 162,3 *L'autrier trobei* 6; 162,8 *Veill Comunal, ma tor* 1. TORCAFOL 443,2a *Comunal veill, flac, plaides* 1; 443,2b *Mals albergiers* 5; 443,4 *Mos Comunals fai ben parer* 1.

Conhac. Cognac (Charente-Maritime). B DE BORN 80,28 *Mout m'es* 35.

Conhat, mon. Unidentified; senhal. G FAIDIT 167,7 *Ara cove* 50.

Conegut (Conogut), en. A joglar. G DES BAUX (?) 209,1 *Be·m meraveill de vos, en Raimbaut* 8. UC DE S CIRC 457,6 *Be·m meraveill s'en Conegutz es sans* 1.

Conort. Senhal for various ladies, none satisfactorily identified.

    1. **Conort, bel Conort, mon Conort.** B DE VENTADORN 70,16 *Conortz, era sai eu be* 1, 9; 70,20 *Gent estera que chantes* 2; 70,45 *Tuit cill* 38.

    2. **Bel Conort, mon bel Conort.** R BERENGUIER 427,8 *Tot enaissi* 41. ANON 461,166 *Mort m'an* 24.

    3. **Mon Conort.** G FAIDIT 167,6 *Anc no·m parti* 41.

Conplit-flor, en. Senhal or nickname for a drunkard. B D'AUREL 79,1 *N'Aimeric* 9.

Conrat, Colrat

    1. Conrad IV, king of the Romans 1237, German emperor 1250, died 1254. B DE CASTELLANA 102,1 *Ara, pos* 30.

    2. Corradino, or Conrad V, son of Conrad IV, died 1268. A DEL FOSSAT 7,1 *Entre dos reis* 5. B ZORZI 74,14 *Si·l monz fondes* 4 (planh for him and duke Frederick of Austria). C PANZAN 107,1 *Ar es sazos* 65, 77. L GATELUS 290,1 *Cora qu'eu fos* 7, 27. See also **Colradi**.

    3. Conrad of Montferrat, king of Jerusalem, died 1192. B DE BORN 80,4 *Ara sai ieu* 4, 8, 15, 22, 29, 36.

    4. **Conrat (Malespina), markes Conrat.** Conrad I of Malaspina, died c. 1250. A DE BELENOI 9,21 *Tant es d'amor* 38. A DE PEGUILHAN 10,25 *En amor trob alques en que·m refraing*

41. A de Sestaro 16,13 *En amor trob tan de mals seignorat-ges* 59; 16,18 *Mout es greus mals* 41. L Cigala 282,26 *Un sirventes* 33. P Raimon 355,16 *Si cum seluy* 47. Anon 461,6 *Ades vei* 33.

5. Corat vis-de-Judeu. Unidentified (see De Bartholomaeis *PS* II 130). G de la Tor 236,3 *De saint Martin* 3.

Conseil, fol. Senhal, unidentified. D de Pradas 124,10 *En un sonet* 65; 124,11 *No cugiey mais* 46.

Constan
1. Probably the Byzantine emperor Constantius II, murdered in Sicily in 668. G de Bornelh 242,62 *Qui chantar sol* 118.
2. Unidentified. Marcabru 293,3 *Al departir* 26; 293,17 *Dirai vos en mon lati* 11; 293,37 *Per savi·l tenc* 53.
3. No specific person, simply a name used at random. R d'Aurenga 389,22 *Cars, dous e fenhz* 38.

Constanti, Costanti. Constantine the Great, Roman emperor 306-337, who transported the seat of the empire to Byzantium, which then became known as Constantinople. B de Bondelhs 59,1 *Tot aissi·m pren* 27. B de Paris 85,1 *Gordotz* 73. G de Cabreira 242a,1 *Cabra joglar* 94. P Cardenal 335,30 *Las amairitz* 20.

Constantinople, Costantinoble. Constantinople, now Istanbul. B de Paris 85,1 *Gordotz* 77. R de Vaqueiras 392,24 *No m'agrad' iverns* 64.

Constanza, Costanza
1. **Costanza d'Est.** Constance, daughter of Azzo VII of Este, born between 1221 and 1223 (Bergert p 94). R Bistortz d'Arles 416,1 *Aissi co·l fortz castels* 56; 416,2 *Aissi com arditz entendenz* 64; 416,5 *Qui vol vezer* 7, 15.
2. **Na Costanza.** Bergert (p 12) thinks this is Constance of Castile, second wife of Louis VII of France; Avalle (p 137) offers other hypotheses. P Vidal 364,15 *Car' amiga* 31.
3. **Damisella Constanza.** Bergert (p 25) thinks this may be the daughter of Alfonso II of Aragon. G Faidit 167,6 *Anc no·m parti* 26.
4. **Constanza.** No specific person; a name chosen to designate a typical unfaithful wife. R d'Aurenga 389,22 *Cars, dous e fenhz* 44.

Contenso, Contesso, Comtenson
1. **Na Comtensons del Carret.** Torraca (see Bergert p 89) thinks this may be the daughter of Henry II of Carret, who married Grottapaglia in 1226. G de la Tor 236,5a *Pos n'Aimerics* 31.
2. **Contenso.** Boni (p 291) calls her Contessina, but adds that it is hard to identify her more specifically. B d'Alamano and Sordello 437,10 *Bertran, lo joy* 47.
3. **Contesso.** Unidentified; she seems to be from Savoy (Linskill p 214). R de Vaqueiras 392,32 *Truan* 57.

Cor. Senhal for various ladies, all unidentified. See **Cor-clar**.
1. **Bel Cor joios.** A de Sestaro 16,15a *Forfagz vas vos* 21.
2. **Bon Cor.** R Jordan 404,13 *Vert son li ram* 39.

Coras. The name of an unidentified town in the domain of the English kings; perhaps the reading is garbled. B de Born 80,3 *Anc no·s puoc* 58.

Corbaran. Corbarant d'Oliferne, king of Persia in the *Chanson d'Antioche*. P Cardenal 335,40 *Per fols tenc* 12.

Cor-clar, mon. Senhal, unidentified. G d'Espanha 244,3 *Ges ancara* 30. See **Cors-car**; same?

Cordin. The Kurds. E Cairel 133,11 *Qui saubes* 18.

Cordoa. Córdoba. Marcabru 293,22 *Emperaire, per mi mezeis* 54.

Cordolors. Name of a town, probably made up. P Vidal 364,38 *Pus ubert ai* 71.

Cornes. See **Bernat**, also **Cornilh**.

Cornilh (var **Cornes**). Cornil (Corrèze, canton of Tulle)? A Daniel 29,15 *Pois en Raimons* 39. R de Durfort 397,1 *Truc Malec* 37.

Corona. A joglar. B de Ventadorn 70,23 *La dousa votz* 57; 70,35 *Per melhs cobrir* 43.

Corrossana, Corrozana. The Persian province of Khorassan. B de Born 80,19 *Ges de disnar* 39. D de Pradas (?) 124,5 *Bela m'es* 21. Marcabru 293,21 *Bel m'es* 39.

Cors-car, na. Senhal. G d'Espanha 244,3 *Ges ancara* 2.

Cors, na Gentil. Senhal. A de Peguilhan 10,12 *Atressi·m pren* 33.

Cortes, mon. Senhal for a patroness. B de Ventadorn 70,31 *Non es meravelha* 57.

Cortezo. Courthezon (Vaucluse). A de Peguilhan 10,40 *Per razo natural* 46. B d'Alamanon 76,1 *Amicx Guigo* 13. Faure and

Falconet 149,1 *En Falconet* 36. G de Cavaillon 192,4 *Senheiras* 4.
Cortzavi. Corsavy (Pyrénées-Orientales). C de Girona 434,9a *Pres d'un jardi* 12.
Cosselh, mon. Senhal, friend or confidant. R d'Aurenga (?) 389,38a *Si de trobar* 44.
Cossezen. Nickname for an Italian joglar or poet. P d'Alvernhe 323,11 *Chantarai d'aquestz trobadors* 78.
Cotellet. A joglar. A de Segret 41,1 *No sai qui·m so* 45.
Cozer. Cazères (Landes)? Marcabru 293,3 *Al departir* 35.
Crau (no article). La Crau, the plain east of Arles. P Vidal 364,14 *Drogoman senher* 30. Sordello 437,28 *Quan qu'ieu chantes* 24.
Crebacor. Place name, probably invented. P Vidal 364,38 *Pus ubert ai* 64.
Cremona. Cremona (Lombardy). B de Born 80,11 *Cortz e guerras* 32. F de Lunel 154,1 *Al bo rei* 38. G Figueira 217,8 *Un nou sirventes* 50. Falconet and Taurel 438,1 *Falconet, de Guillalmona* 12.
Cremones. The people of Cremona. C Panzan 107,1 *Ar es sazos* 12. Count of Provence 184,3 *Bertram, be cre* 6.
Creones. The Craonnais (Mayenne), a region of Anjou. G de Puycibot 173,1 *Amors, s'a vos* 49.
Crespi el Valei. Crépy-en-Valois (Oise). B de Born 80,31 *Puois als baros* 44.
Crestina, santa. Presumably Saint Christine of Bolsena, martyred under Diocletian, patroness of millers, archers, and mariners. G de Berguedan 210,22 *Us trichaire* 42.
Crexel. Creixell (prov Tarragona). C de Girona 434a,17 *De Pala a Torosela* 102.
Crist (nom **Critz**). See also **Jhesu Crist, Jhesu.** A de Belenoi 9,15 *Per Crist! S'ieu crezes amor* 1; 9,17 *Pos Dieus nos a* 10. A de Peguilhan 10,48 *S'ieu anc chantei* 48; 10,52 *Totz hom* 33. A Daniel 29,7 *D'autra guiza* 21; 29,15 *Pois en Raimons* 22. B de Born 80,11 *Cortz e guerras* 51. Bishop of Clermont 95,3 *Per Crist, si·l servens fos meus* 1. Fraire menor 159,1 *Cor ai* 10. G Faidit 167,61 *Tot so que pert* 39. G de Puycibot (?) 173,1a *Era quan l'ivernz* 14. Gavaudan 174,10 *Senhor* 9. G Ademar 202,5 *De ben gran joia* 8. G d'Autpol 206,1 *Esperansa* 60. G de Biars 211,1 *Si quo·l maiestre* 51. G de Cabestanh 213,3

Ar vey 17. G Figueira 217,7 *Totz hom* 30, 38, 43. G de S Didier 234,12a *Lo plus irat* 12. G de Bornelh 242,44 *L'altrer* 32; 242,49 *No·m platz* 50. G Riquier 248,44 *Humils, forfaitz* 5; 248,59 *No posc per re* 56; 248,61 *Ops m'agra* 45; 248,86 *Xristian son* 23, 33, 49. J Bonel 273,1a *Anc mais* 8. M Ermengaud 297,8 *Temps es* 37. P d'Alvernhe 323,7 *Bel m'es quan* 8; 323,16 *Deus, vera vida* 3. P Cardenal 335,15 *Dels quatre caps* 7, 15, 37, 38; 335,65 *Un sirventes ai en cor* 10. P de Capduelh 375,7 *De totz chaitius* 15. R d'Aurenga 389,3 *Aissi mou* 55, 68; 389,10 *Apres mon vers* 45. R Berenguier 427,6 *Si com trobam* 63. Uc Brunenc 450,2 *Ara·m nafron* 23.

Cristalh. Senhals, both unidentified.
 1. **Mon bel Cristalh.** Lunel de Montech 289,1a *Meravilhar* 49; 289,2 *Si com lo jorns* 49; 289,3 *Totz hom* 41.
 2. **Mon Cristalh.** Enveyos and G Riquier 248,14 *Ara s'esfors* 12.

Croissa. Creysse (Lot). B de Born 80,28 *Mout m'es* 26.

Cropa-fort, na. Nickname: "ma domna na Cropa-fort." Marcabru 293,34 *Oimais* 41.

Cruas. Cruas (Ardèche). P Cardenal 335,44 *Qui·s vol* 35.

Cruylas. Cruilles (prov Gerona). C de Girona 434,9a *Pres d'un jardi* 15.

Cumania la gran. Nagi-Kun (in German, Gross-Kumanien), a region in Hungary east of the Theiss. J d'Albuzo 265,3 *Vostra domna* 11. See **Coman.**

Cumenge. Comminges, a county centered around Saint-Bertrand-de-Comminges (Haute-Garonne).
 1. **Comtessa de Cumenge.** Mary of Montpellier, wife of Bernard IV of Comminges (1181-1226). A de Peguilhan 10,14 *Car fui* (extra envoi in *C*). (Bernard IV is mentioned by A de Peguilhan in 10,27 *En greu pantais* 39: *coms cumenges.*)
 2. **Coms de Cumenge.** Bernard V or VII (1241-1294). B de Tot lo Mon 69,2 *Lo plazers* 21. F de Lunel and G Riquier 154,2a *Giraut, pois* 49. G de Montanhagol 225,11 *On mais* 44.

Cunis. Cuneo (Piedmont). B de Castellana 102,2 *Guerr' e* 12.

Cuniza, Cuniça, na. Cunizza da Romano, sister of Ezzelino and Alberico. P Guilhem de Luserna 344,5 *Qui na Cuniça guerreia* 1; (and Uc de S Circ) 457,28 *Peire Guillem de Luserna* 4. Sordello and G de la Tor 437,38 *Us amics et un' amia* 69.

Curban. See **Amieu.**

D

Dagon. Probably the Philistine fish-god (I Samuel 5). G de Calanso 243,7a *Fadet joglar* 191.

Daire, Dári

1. King Darius of Persia *(Roman d'Alexandre)*, reproached by the poets for his niggardliness, which they contrast with the generosity of Alexander. E Cairel 133,9 *Pos cai* 29. G Faidit 167,22 *Fortz chauza* 14. G Augier 205,6 *Sirventes* 9. G Riquier and G de Mur 248,36 *Guillem de Mur, chauzetz* 28. P Vidal 364,4 *Anc no mori* 24; 364,13 *Ben viu* 47. Anon 461,107 *En chantan* 23; 461,214 *Qui vol conquerer* 27; 461,239 *Tres causas son* 12. See **Persa**.

2. **Daire lo ros.** Darius le roux, who surrendered his tower to the Greeks *(Roman de Thèbes)*; since his avarice is also mentioned by Peire de la Mula, it is likely that there was some confusion with the other Darius. G de Cabreira 242a,1 *Cabra joglar* 154. P de la Mula 352,2 *Ja de razo* 18.

Dalest. See **Cales**.

Dalfi

1. **Dalfi (d'Alvernhe).** A prince of the house of Albon; he was not count of Auvergne, because he belonged to the younger branch of the family; and Dalfi was apparently a name, not a title; attested in documents 1167-1235, and a poet (P-C no. 119; see Boutière-Schutz *Biog.* p 285). A de Sestaro and Raembaut 16,4 *Albertet, dui pro* 39. Bishop of Clermont 95,3 *Per Crist* 5. Dalfinet 120,1 *De meg sirventes* 32. E de Barjols 132,5 *Bels Guazanhs* 21. Uc de la Bacalaria and G Faidit 167,44 *N'Uc* 75. G Faidit 167,61 *Tot so que pert* 52. Comte de Rodez 185,2 *N'Ugo, vostre semblan* 79. G lo Ros 240,5 *Aujatz* 43; 240,6a *En*

Guiraldon 55. G de Bornelh 242,27 *Cardailhac* 71; 242,45 *Leu chansonet' e vil* 4; 242,55 *Per solatz revelhar* 83. Peirol 366,1 *Ab gran joi* 48; 366,9 *Coras que·m fezes* 53; 366,12 *Del sieu tort* 46; 366,27 *Pos de mon joi* 61; 366,29 *Quant amors trobet partit* 47. Perdigo and G Faidit 370,12 *Perdigo, vostre sen* 63. Richard I of England 420,1 *Dalfin, ie·us voill deresnier* 1. Uc de S Circ 457,1 *Aissi cum es* 56.

2. **Dalfi.** André, dauphin of Viennois, died 1236. P Cardenal 335,44 *Qui·s vol* 43.

3. **Dalfi.** Guido VII, dauphin of Viennois, attacked by Charles of Anjou in 1257. Granet 189,1 *Comte Karle* 19.

Dalmat, saint. Saint Dalmatius, bishop of Rodez, born there in 491; a contemporary of Gregory of Tours. Monge de Montaudon 305,10 *Fort m'enoja* 32.

Damas. See **Domas.**

Damiata

1. Damietta, in Egypt, captured by Louis IX in 1249. G de Puycibot (?) 173,1a *Era quan l'ivernz* 38. Gormonda 177,1 *Greu m'es* 31. G Figueira 217,2 *D'un sirventes far* 30. Peirol 366,28 *Pus flum Jordan* 29. Tomier e Palazi 442,1 *De chantar* 62.

2. Apparently Damiatte (Tarn). B de Born 80,16 *Foleta, ges* 31.

Damizella. A mother and daughter from Ancisa (near Acqui), both named Damicella (see Linskill p 213, n 35). R de Vaqueiras 392,32 *Truan* 59.

Danedeus (var **Tydeus**). Unidentified ("Ni no sabes caissi pres al jaian Danedeus c'anc li tolc lo castel"). B de Paris 85,1 *Gordotz* 34.

Danes, lo. Perhaps Ogier le Danois. G de Cabreira 242a,1 *Cabra joglar* 173.

Daniel. The Old Testament prophet. P d'Alvernhe 323,16 *Deus, vera vida* 39. P Vidal 364,11 *Be·m pac* 59. Pujol 386,1a *Cel qi salvet Daniel dels leos* 1.

Dardanus. The ancestor of the royal house of Troy. G de Calanso 243,7a *Fadet joglar* 77.

Dardasier, en. Unknown (*Dard d'acier?* See Chabaneau, *RLR* 32, 122). G Riquier and G Rainier 248,34 *Guillem Rainier* 50, 55. P Torat and G Riquier 358,1 *Giraut Riquier* 21.

Darnais. Andrenas, a city given by Aimeri de Narbonne to his son Guibert (Milá p 273, Birch-Hirschfeld p 65). G de Cabreira 242a,1 *Cabra joglar* 112.

Darnelh. A place name, unidentified ("Aquelh de Darnelh carguat [sic] una carreta E mil onsas d'aur"). G Figueira 217,8 *Un nou sirventes* 51.

Daro, lo. Le Daron, a castle "capoluogo di una baronia in Gerusalemme" (Avalle p 42). P Vidal 364,2 *Ajostar e lassar* 83.

Daspol. The poet names himself in a tenso with God. G d'Autpol 206,4 *Seignors, aujatz* 17, 33, 49.

Datan. Dathan (Numbers 16:1; he and his brother Abiram revolted against Moses and were swallowed up by the earth; *see* **Abiro**). M Ermengaud 297,8 *Temps es* 32.

Daucadel. Unidentified, text obscure. Marcabru 293,32 *Lo vers comensa* 76.

Daude, Daurde, Diode

1. Daude de Carlus, poet (P-C no. 123). Falconet and Faure 149,1 *En Falconet* 52. Gui d'Egletons 193,1 *Diode, be sai mercandejar* 1.

2. **Senher Daude.** Unidentified. R Menudet 405,1 *Ab grans dolors* 10 (planh for him).

Daunis, saint. Saint Denis. P Cardenal 335,44 *Qui·s vol* 31. R de Miraval (?) 392,11 *Del rei d'Arragon* 38.

Daurabell. Made-up name of town. P Vidal 364,38 *Pus ubert ai* 39.

Daurel. Hero of the Provençal epic *Daurel e Beton.* G de Cabreira 242a,1 *Cabra joglar* 120. G de Calanso 243,7a *Fadet joglar* 178. C de Girona 434a,57 *Si cel que ditz* 25.

Daurostre. Unidentified man. William IX of Aquitaine 183,6 *Farai chansoneta nueva* 29.

Davi, David, Davit. King David, son of Jesse. G de Berguedan 210,15 *Mal o fe* 25. G de Bornelh 242,15 *Era, can vei* 34. G de Cabreira 242a,1 *Cabra joglar* 91. Enveyos and G Riquier 248,14 *Ara s'esfors* 29. Marcabru and Uc Catola 293,6 *Amic Marcabru* 32. P Vidal 364,2 *Ajostar e lassar* 55. Peirol 366,29 *Quant amors* 39.

De-Cor, mon. The poet's beloved in Vienne. B de Ventadorn 70,22 *Ja mos chantars* 63.

Dedalus. The legendary Greek inventor. B DE PARIS 85,1 *Gordotz* 68. G MAGRET 223,4 *Ma dompna·m ten pres* 9. G DE CALANSO 243,7a *Fadet joglar* 85. R DE BERBEZILH 421,2 *Atressi cum l'orifans* 26 (a curious error on the part of the poet: "Dedalus, Que dis qu'el era Iezus E volc volar al cel outracuidanz").

Demoniada. An unidentified lady. R D'AURENGA (not DE VAQUEIRAS) 392,5 *Ar vei bru* 60.

Dens-de-boial. Nickname (something like "gap-tooth") applied to **Pons de Mataplana** (M de Riquer, ZRP 71, 14). G DE BERGUEDAN 210,18 *Talans m'es pres* 54.

Deport

  1. Belh Deport, mon Belh Deport. A senhal used by Guiraut Riquier to designate an unidentified lady. Since the name occurs in many of Guiraut's poems, it seems sufficient to list the numbers of the poems, without incipits or line references. G RIQUIER 248, numbers 1, 9, 10, 21, 23, 24, 27, 29, 30, 33, 39, 49, 50, 51, 53, 55, 56, 57, 60, 62, 64, 65, 71, 78, 80, 80a, 82, 85, 86, 88, 89. Also mentioned by a friend of Guiraut's, P TORAT 358,1 *Guiraut Riquier* 18.

  2. Don Deport (Mouzat would read *D'on deport*). Senhal? G FAIDIT 167,10 *Ar es lo mons* 50.

Desir, Dezir

  1. Bel Desir. Senhal for a lady, perhaps not a real person, but only imaginary. D DE PRADAS 124,4 *Ben deu esser* 45; 124,9a *El temps* 31. Cf also 124,8 *Del* bel dezir *que Joys Novels m'adutz* 1.

  2. Belh Dezir. Senhal for a lady. P BREMON RIC Nov 330,21 *Us covinens* 15. See also **Dezirier.**

  3. Bel Desir. According to Mouzat (p 95), this is a senhal for an unknown lady, probably the same as **Dezirier** (q.v.); for another interpretation, see the following entry **(Mon Desir).** G FAIDIT 167,51 *Razon* 76.

  4. Mon Desir. Stronski (*Annales du Midi* 25, 293) interprets this and the preceding entry as a kind of reciprocal senhal with which R Jordan addressed G Faidit and vice versa; Mouzat does not accept this idea (see above). R JORDAN 404,2 *Ben es camjatz* 5, 47.

  5. Mon Desir. Senhal, apparently for a lady. CADENET 106,1 *Ab leyal cor* 43.

Desirada, na. Senhal. B MARTI 63,3 *Bel m'es* 35.

Desirat. Senhal, probably designating the poet's beloved (Toja p 383). A DANIEL 29,14 *Lo ferm voler* 39.

Dezirier
1. **Belh Dezirier.** Probably the same person as **Belh Dezir (Desir 2).** P BREMON RIC Nov 330,21 *Us covinens* 41.
2. **Mon Dezirier.** Probably the same as **Bel Desir (Desir 3).** G FAIDIT 167,63 *Trop malamen* 28.

Dia
1. Die (Drôme). P CARDENAL 335,12 *Be volgra* 14.
2. **Ma dona Dia.** Unknown. G FIGUEIRA 217,8 *Un nou sirventes* 11, 63.

Diable, mon. Senhal for a lady. R D'AURENGA (?) 389,38a *Si de trobar* 41.

Diaman
1. **Bel Diaman.** Senhal (possibly not for the same lady). G FAIDIT 167,56 *S'om pogues* 66. G DE CALANSO 243,7 *El mon* 71.
2. **Mon Diaman.** Senhal, possibly the same as one of the two preceding. P RAIMON 355,3 *Ar ai ben* 41.

Dido. The queen of Carthage *(Roman d'Eneas)*. G DE CALANSO 243,7a *Fadet joglar* 144.

Diego, en. Diego López de Haro (Haro is in the province of Logroño), a lord of Vizcaya, soldier and military leader under Alfonso VIII of Castile; died 1238. A DE PEGUILHAN 10,26 *En aquelh temps* 4. P VIDAL 364,15 *Car' amiga* 49.

Dijo. Dijon. B DE BORN 80,21 *Ges no me* 27.

Discordia. The goddess of discord. G DE CALANSO 243,7a *Fadet joglar* 99.

Doais. Douai (Nord). B DE BORN 80,2 *Al doutz nou termini* 13.

Dobra. Dover (England). A DANIEL 29,8 *Dous brais* 39.

Dodoyr (var for **Clodomer**). Unidentified. G DE CALANSO 243,7a *Fadet joglar* 169.

Doec. According to Keller (p. 197), a Jew who kills an ox by magic in an episode of the *Silvestersage;* but one thinks also of Doeg in I Samuel 27:1. G DE CALANSO 243,7a *Fadet joglar* 134.

Dolza Enemia. See **Enemia.**

Doma. Domme (Dordogne). A DANIEL 29,13 *L'aur' amara* 85.

Domas, Damas. Damascus (Syria). CADENET 106,5 *Ai, doussa* 12.

MARCABRU 293,35 *Pax* 36. P VIDAL 364,43 *Si·m laissava* 40. R DE VAQUEIRAS 392,24 *No m'agrad' iverns* 85. ANON 461,35a *Bella domna* 8.

Domein Serena. A joglar. MARCOAT 294,1 *Mentre m'obri* 6, 27.

Domerc. No specific person in either case; simply a name. GAVAUDAN 174,7 *Lo mes* 12. R D'AURENGA 389,22 *Cars, dous e fenhz* 38.

Domerga. Like **Domerc**, not a specific person, but a name taken at random. GAVAUDAN 174,7 *Lo mes* 15. R D'AURENGA 389,22 *Cars, dous e fenhz* 44.

Donat, san. A pun on the word *donat* "given." B CARBONEL 82,94 *Vers es* 8.

Donella, na (or **n'Adonella**), **de Breissana.** A lady from the region of Brescia (Lombardy), about whom nothing is known. G DE LA TOR 236,5a *Pos n'Aimerics* 12. N DE TURIN 310,3 *N'Uc de Sain Circ* 22. UC DE S CIRC 457,22 *Na Maria de Mons* 17; 457,36 *Si madompna* 7.

Dorc. Unidentified; read *Borc* = Bourg (Dordogne)? GAVAUDAN 174,7 *Lo mes* 13.

Dordonha. The Dordogne river. B DE BORN 80,3 *Anc no·s puoc* 41; 80,39 *Senher en coms* 22.

Dous Esgart. *See* **Esgart.**

Dovon. Doon de la Roche, in *Doon de Nantueil* (Paul Meyer, *Rom.* 7, 450), mentioned with **Oliva** (q.v.). G DE CABREIRA 242a,1 *Cabra joglar* 102.

Dragonet. Eldest son of Dragonet, lord of Mondragon (Vaucluse), fl 1176-1227. R DE VAQUEIRAS 392,14 *El so* 33; 392,22 *Leus sonetz* 89.

Dreit-n'avetz. Senhal, unidentified; but cf Peire's familiar **Tort-n'avetz.** P ROGIER 356,4 *Ges no posc* 60.

Drogoiz. The Drogobites, "a people inhabiting Macedonia to the west of Salonika" (Linskill p 250). R DE VAQUEIRAS 392,24 *No m'agrad' iverns* 57.

Drogoman. William VII of Montpellier (Avalle p 42). P VIDAL 364,2 *Ajostar e lassar* 89; 364,18 *Drogoman senher, s'agues bo destrier* 1.

Drogon. There is a count Draugon in the *Aigar et Maurin* fragment (Paul Meyer, *Rom.* 7, 450). G DE CABREIRA 242a,1 *Cabra joglar* 99.

Dromo. The donjon at Vienne (Isère). P Cardenal 335,12 *Be volgra* 15.
Duran. The rival of Robin in a pastourelle. G d'Ussel 194,14 *L'autre jorn per aventura* 37.
Duratz. Durazzo, now Durrës (Albania). E Cairel 133,13 *So que·m sol* 62.
Durban
 1. Perhaps Peire de Durban, the poet (P-C no. 340); see **2**. P Pelizier 353,2 *Seigner Blancaz* 3.
 2. See **Per.**
Durensa, Durença, Durenza. The Durance river. A de Belenoi 9,17 *Pos Dieus nos a* 38. B d'Alamanon 76,15 *Pueis chanson far* 17. Blacatz 97,2 *En Falquet* 13. Falconet and Faure 149,1 *En Falconet* 53. P de Castelnou 336,1 *Oimais* 4. P Vidal 364,1 *Ab l'alen* 10; 364,28 *Mout es bona* 39. R de Berbezilh 421,6 *Lo nous mes* 37. Trobaire de Villarnaut 446,2 *Un sirventes* 19.
Durfort, en. Probably the poet Guilhem de Durfort (P-C no. 214). P Vidal 364,39 *Quant hom es* 62.
Dur-os. One of the many fanciful town names invented by the poet. P Vidal 364,38 *Pus ubert ai* 62.

E

Eble, Eblon (nom **Ebles**)
   1. En Eble (de Clarmon). "Seigneur d'Olliergues, sur la Dore (au nord d'Ambert), attesté en 1210" (quoted by Lavaud p 503 from Fabre). P Cardenal 335,53 *Senh' en Ebles vostre vezi* 1; 335,57 *Tostemps azir* 56.
   2. N'Eble (de Saignas). A poet (P-C no. 128). Garin lo Brun 163,1 *Nueg e jorn* 52. G de Bornelh 242,45 *Leu chansonet' e vil* 6. P. d'Alvernhe 323,11 *Chantarai d'aquestz trobadors* 61.
   3. N'Eble (d'Ussel). A poet (P-C no. 129). G Faidit 167,3a *A juzamen* 4.
   4. N'Eblo. Eble II, viscount of Ventadorn, mentioned as one of the earliest Provençal poets (P-C no. 130), although none of his poems have been preserved; contemporary and vassal of William IX of Aquitaine. B Marti 63,1 *Quan l'erb'* 57. B de Ventadorn 70,30 *Lo tems vai* 22. Cercamon 112,2a *Lo planh comens* 50. G de Cabreira 242a,1 *Cabra joglar* 30. Marcabru 293,31 *L'iverns vai* 74.
   5. En Eblo. Eble V of Ventadorn, grandson of the poet Eble II. E de Barjols 132,5 *Bels Guazanhs* 27.
   6. Mo senher n'Ebles. Uncertain. Esteve and Jutge 145,1 *Duy cavayer* 49,54.
   7. N'Ebble. De Bartholomaeis (in the list of proper names for *PS*) wonders if this is a joglar. Frederick III of Sicily 160,1 *Ges per guerra* 17.

Ebre. The Ebro river. A Daniel 29,3 *Ans que·l cim* 28, 45.

Ebreu. A Hebrew. Aicart and Girart 6a,1 *Si paradis* 30.

Ector. Hector *(Roman de Troie)*. A de Peguilhan 10,44 *Can que·m fezes* 38. B de Paris 85,1 *Gordotz* 23. B de Castellana 102,1

Ara, pos 11. P de Marseille 319,6 *L'autrier* 84. R Jordan 404,8 *Quan la neus chai* 28. Anon 461,14 *Alexandres fon* 5.

Edastre. See **Adastre.**

Edepode. Oedipus (*Roman de Thèbes*). B de Paris 85,1 *Gordotz* 25.

Egipte. Egypt. P d'Alvernhe 323,16 *Deus, vera vida* 75. P d'Alvernhe (?) 323,22 *Lo senher* 40.

Egoill. Unidentified ("Plus etz enics d'un en Egoill"); is the text garbled? Lantelm 283,1 *Lanfranc* 7.

Eyssi, n'. "Aicio, identity unknown" (Linskill, p 347; but on p 340 he suggests that it might be a marquis of Ceva). R de Vaqueiras Epic Letter III 67.

Elena

1. **Elena.** Helen of Troy. A Daniel 29,16 *Quan cai* 48. A de Maruelh 30,10 *Bel m'es quan* 17. Guionet and Raembaut 238,2 *En Raïmbaut* 42. G de Bornelh 242,38 *Car non ai* 30. R Buvalelli (?) 281,7 *Pois vei* 65. R Jordan 404,8 *Quan la neus chai.* 27. C de Girona 434,6b *En may* 14.

2. **Madompna n'Elena.** Unidentified lady chosen to judge two partimens; may be two different ladies. Arnaut, Guillem, and Folco 150a,1 *Seigner Arnaut* 53, 57. G P de Cazals and Bernat 227,7 *Bernat* 82.

Elia. The prophet Elijah. G Augier 205,4a *Per vos* 18. Marcabru 293,25 *Estornel* 48.

Elias

1. **N'Elias.** Probably the poet Elias Cairel. R Buvelelli 281,10 *Totz m'era* 62.

2. **N'Elias l'Entremes.** Jeanroy (p 161) says "grand faiseur d'embarras" (*l'entremes*), but does not identify him. Pujol (?) 386,3 *En aquest sonet* 4, 19.

3. **Elias Perbost.** Unidentified. D d'Alvernhe 119,7 *Pois sai* 7.

4. **N'Elian Rudel.** Elias Rudel of Bergerac, mentioned in the *razo* of 432,2 (Savaric de Mauléon; see Boutière-Schutz *Biog* p 227). D d'Alvernhe 119,7 *Pois sai* 3.

5. **Elias.** Elias de Saint-Gille, according to Paul Meyer, *Rom.* 7, 450 (*Elie de S. Gille*). G de Cabreira 242a,1 *Cabra joglar* 99.

6. **N'Elias.** Elias d'Ussel, the poet. G Faidit 167,3a *A juzamen* 3.

Elionor, Elienor

   1. (La reina) Elionor. Eleanor of Aragon, wife of Raymond VI of Toulouse, called *reina* because of her royal birth. A DE BELENOI 9,14 *Nuls hom no pot* 41. A DE PEGUILHAN 10,46 *Qui sofrir* 72 (var for *reina de Tolosa*, which refers to the same person). CADENET 106,18 *Oimais* 59; 106,22 *S'ieu pogues* 67. E DE BARJOLS 132,12 *Si.l belha* 38.

   2. Perhaps the wife of Alfonso VIII of Castile, daughter of Henry II of England and Eleanor of Aquitaine. G DE BERGUEDAN 210,17 *Reis, s'anc nuill temps* 36.

   3. Daughter of Alfonso VIII of Castile, first wife of James I of Aragon, who repudiated her in 1229. G DE PUYCIBOT 173,11 *S'ieu anc jorn* 7.

   4. Probably the wife of the marquis of Canilhac, daughter of Garin III d'Apchier. G RIQUIER and G DE MUR 248,36 *Guillem de Mur, chauzetz* 56.

   5. Unidentified ("Belha Elionor, guirensa Trob ab vos..."). A CATALAN 27,4a *Ben es razos* 41.

Elis

   1. Elis de Montfort, one of the three daughters of the viscount of Turenne (the other two being Maria de Ventadorn and Maheut de Montinhac); she married Guilhem de Gourdon, then Bernard de Montfort. B DE BORN 80,12 *Domna, puois* 27. G FAIDIT 167,9 *Ara nos sia guitz* 85. MONGE DE MONTAUDON 305,7 *Autra vetz* 70.

   2. Midons na Helis. Unidentified. ANON 70,11 *Belh Monruel* 6.

Eloitz, n'. An unidentified lady. R DE VAQUEIRAS 392,32 *Truan* 49.

Emanuel. The Lord, God. P D'ALVERNHE 323,21 *Lauzatz si' Emanuel* 1.

Embiers. The isle of Embiés, near Toulon. ANON 461,177 *Non posc mudar* 11.

Emenadus (ms readings uncertain with numerous variants). "In the *Roman d'Alexandre*... this lieutenant of Alexander (= Eumenes) appears as the principal hero of the siege and capture of Tyre" (Linskill p 151). R DE VAQUEIRAS 392,2 *Era.m requier* 28.

Emilla, Esmilla
  1. **N'Esmilla de Ponçon.** Wife of marquis Ponzio di Ponzone; both she and her husband died before 1231. G de la Tor 236,5a *Pos n'Aimerics* 19.
  2. **N'Emilla de Ravena.** The second wife of count Peter Traversara, who lived in Ravenna. A de Sestaro and A de Peguilhan 10,3 *N'Albertz, chauzetz* 50. A de Peguilhan 10,47 *Ses mon apleich* 42. G Augier 205,5 *Ses alegratge* 104. G de la Tor 236,5a *Pos n'Aimerics* 9.

Ena, Enan, Aima. Unidentified. A Daniel 29,15 *Pois Raimons* 2. R de Durfort 397,1 *Truc Malec, a vos* 2, 14; 397,1a *Ben es malastrucs* 39. See also **Aima**.

Enas. See **Eneas**.

Enavanza. One of the soldiers Rostanh will choose. Rostanh (Anon) 461,43 *Bel segner Deus* 38, 43.

Encantarel (or **En Cantarel**). A joglar? The two references may not be to the same person. A de Peguilhan 10,32 *Li fol e·il put* 25. A dau Luc 22,1 *En Chantarel* 1.

Eneas. Aeneas *(Roman d'Eneas)*. B de Paris 85,1 *Gordotz* 20. G de Calanso 243,7a *Fadet joglar* 110.

Enemia, dolza (douc'). Senhal designating a lady; unidentified. Sordello 437,4a *Er encontra·l temps* 41; 437,7 *Bel m'es* 33.

Enenda. Esnendes (Charente-Maritime, arr La Rochelle). Uc de S Circ 457,34 *Servit aurai* 50.

Englaterra
  1. *England.* B de Born 80,14 *Ieu chan* 21. D d'Alvernhe 119,9 *Vergoign' aura* 24, 25. J d'Albuzo 265,3 *Vostra domna* 4. J Bonel 273,1b *Non estaray* 35. Peirol 366,28 *Pus flum Jordan* 15. R de Vaqueiras 392,2 *Era·m requier* 37.
  2. **Rei d'Englaterra.** King John (1199-1216). G Figueira 217,2 *D'un sirventes far* 13.

Engles, Angles
  1. An Englishman. B de Rovenac 66,2 *D'un sirventes* 10. B de Born 80,13 *D'un sirventes* 18; 80,18 *Gen part* 3; 80,22 *Guerr' e pantais* 24. Engles 138,1 *A la cort* 15, 16. G Faidit 167,22 *Fortz chauza* 6. Gavaudan 174,10 *Senhor* 57. G de Montanhagol 225,3 *Bel m'es* 46. G de S Didier 234,17 *S'eu tot me soi* 34. G de Calanso 243,6 *Belh senher Dieus* 35. P d'Alvernhe 323,8 *Bel m'es qui a* 34 ("Engles coütz," referring to the

legend that Englishmen had tails). P Bremon Ric Nov 330,14 *Pos partit an* 12. P Vidal 364,14 *Bon' aventura* 19; 364,35 *Per pauc de chantar* 32. P del Vilar 365,1 *Sendatz* 12. P Doria 371,1 *Felon cor* 37. R de Tors 410,3 *As es dreitz* 32. Richard I of England 420,2 *Ja nuls hom pres* 8. Uc de S Circ 457,42 *Un sirventes* 26. Anon 461,141 *Ja non cugei* 8.

2. Rei dels Angles. Edward I (1272-1307). Anon 461,234 *Totas honors* 25.

3. (Mon) Engles. Senhal for Boniface I of Montferrat. R de Vaqueiras 392,2 *Era·m requier* 33; 392,9 *Kalenda maia* 84; 392,16 *Engles, un novel descort* 1; 392,24 *No m'agrad' iverns* 40, 93.

4. Engles. Senhal for an unidentified lady. R de Vaqueiras 392,32 *Truan* 46.

5. Engles. Senhal for an unidentified person, whom some have thought to be Guillaume des Baux. R de Vaqueiras 392,15a *Engles, ben tost* 1. R de Vaqueiras (?) 392,31 *Tuich me pregon, Engles* 1.

6. Angles. Perhaps the town of this name near Castres (Tarn). R de Miraval (?) 392,11 *Del rei d'Arragon* 36.

Engolesme. Angoulême (Charente). B de Born 80,33 *Puois Ventadorns* 12, 44; 80,40 *S'ieu fos aissi* 20. Monge de Montaudon 305,4 *Aissi com cel qu'om men'* 56. A de Sestaro and G Faidit 16,16 *Gaucelm Faidit, eu vos deman* 51 (the *comtessa* is probably Mathilde, daughter of Wulgrin III, who married Hugues IX of Lusignan).

Engolmes. Angoumois, the region of Angoulême. A dau Luc 22,1 *En Chantarel* 10. B de Born 80,14 *Ieu chan* 10. Cadenet 106,23 *S'ie·us essai* 51. Cercamon 112,2a *Lo planh comens* 44. D d'Alvernhe 119,8 *Reis, pos vos* 44. Monge de Montaudon 305,1 *Aissi com cel qu'a estat* 75. Uc de S Circ 457,42 *Un sirventes* 28. See also **Porta-joia.**

Enida. Heroine of *Erec et Enide.* G Raimon de Gironela 230,1 *Gen m'apareill* 48. R de Vaqueiras 392,9 *Kalenda maia* 81. Anon 461,92 *Donna* 9.

Enoc. Enoch, the patriarch who did not die, but was taken to Heaven alive (Genesis 5:24). G Ademar 202,1 *Ben for' oimais* 12 ("E s'era tant blancs cum Enocs"). G Augier 205,4a *Per vos* 18.

Enpagna. *See* **Espanha.**

Enric, Anric, Aenric

1. Emperor Henry VI (1190-1197). A de Peguilhan 10,26 *En aquelh temps* 34. B de Born 80,8 *Be·m platz car* 51. P Vidal 364,13 *Ben viu* 33.

2. Henry II of England (1154-1189). B de Born 80,31 *Puois als baros* 19.

3. Henry, the "Young King"; crowned during the lifetime of his father, Henry II, he died before him, in 1183. B de Born 80,13 *D'un sirventes* 7.

4. Henry I of Hainaut, emperor of Constantinople. E Cairel 133,9 *Pos cai* 28.

5. Henry III of England (1216-1272). A de Segret 41,1 *No sai qui·m so* 25. P del Vilar 365,1 *Sendatz* 21.

6. Henry, eldest son of Richard of Cornwall, called Henry the German; assassinated at Viterbo in 1271. Marcabru II 293a,1 *Ben for' ab lui* 3.

7. **Don Enric, n'Enric.** The infante don Enrique of Castile, brother of Alfonso X; he fell into the hands of Charles d'Anjou in 1268 at the battle of Tagliacozzo and was kept in prison for twenty-five years. Many troubadours protested. B Zorzi 74,14 *Si·l monz fondes* 72. C Panzan 107,1 *Ar es sazos* 49, 73. F de Lunel 154,1 *Al bo rei* 45. P de Marseille 319,1 *Ab marrimen* 6, 12, 15, 18, 21, 24, 26, 30, 35, 40. R de Tors 410,6 *Per l'avinen* 9, 13, 43, 63. C de Girona 434a,52 *Pus li rey* 8, 24, 32, 40, 44, 62.

8. **N'Anric.** Perhaps Enrico del Carretto, but this has been seriously questioned (De Bartholomaeis *PS* II 132). L Cigala 282,15 *N'Anric* 1, 23. Palais 315,2 *Be·m plai* 6.

9. **Coms Enrics.** Henry of Flanders, brother of Baldwin I; he succeeded his brother as the second Latin Emperor of the East in 1205. R de Vaqueiras 392,24 *No m'agrad' iverns* 62.

10. **Comt' Enric.** Count Henry Pescatore of Malta. P Vidal 364,30 *Neus ni gels* 59; 364,38 *Pus ubert ai* 8.

11. **Comt' Enric, mo senh' en Enric.** Count Henry II of Rodez (1274-1302). B de Tot lo Mon 69,2 *Lo plazers* 34; 69,3 *Mals fregz* 44 (or Henry I, 1214-1227?). G Riquier 248,57 *No cugei mais* 25. G Riquier and G de Mur 226,8 *Guiraut Riquier,*

segon 52; 248,36 Guillem de Mur, *chauzetz* 52, 55. See also **Rodes.**

Ensenhat, n'. Senhal; patron? A DE MARUELH 30,12 *En mon cor ai* 53.

Entensa. Unidentified. C DE GIRONA 434,9a *Pres d'un jardi* 22.

Entrebeschaire, l'; l'Entrebesquiu. A friend of the poet. B MARTI 63,8 *Quan l'erb'* 63, 64 ("De dos amicx d'un vejaire, N'Aimes e·n l'Entrebesquiu. N'Aimes e·n l'Entrebeschaire Son dui amic d'un vejaire.").

Envejatz, n'. Senhal; man. G DE CABESTANH 213,1a *Al plus leu* 60.

Envejos, mon. Senhal; unidentified. G ADEMAR 202,2 *Ben agr' ops* 54.

Eralh de Polinhac. Heraclius III of Polignac, married Marquesa, the sister of Dalfi d'Alvernhe. PEIROL 366,27a *Pos entremes me suy* 42. TORCAFOL 443,4 *Mos Comunals fai* 35.

Eranberg. See **Ranberg.**

Erec. Hero of *Erec et Enide.* G RAIMON DE GIRONELA 230,1 *Gen m'apareill* 49. G DE CABREIRA 242a,1 *Cabra joglar* 73. LANTELM 283,1 *Lanfranc* 23. R DE VAQUEIRAS 392,9 *Kalenda maia* 81. ANON 461,92 *Donna* 9.

Ereill. Erill (Gerona). G DE BERGUEDAN 210,6 *Bernartz diz de Baseill* 14.

Ereubut, mon. Seems to designate a joglar. P RAIMON 355,7 *Enquera·m vai* 50; 355,9 *No·m posc sofrir* 2.

Ermenia. Armenia. P CARDENAL 335,14 *Sel que fes* 97.

Ermessen. Woman, unidentified. WILLIAM IX OF AQUITAINE 183,12 *Farai un vers, pos mi* 31, 73.

Ermita, n'. Unidentified. G D'USSEL 194,7 *Estat aurai* 46.

Ero, Hero

1. Hero, the beloved of Leander in classical mythology. R JORDAN 404,8 *Quan la neus chai* 30.

2. Herod, king of Judaea (Matthew 2:1, etc.). P D'ALVERNHE 323,16 *Deus, vera vida* 41. ANON 461,226 *Sui e no sui* 36.

Errer (var *punh de tir*). Unidentified. G DE CALANSO 243,7a *Fadet joglar* 170.

Erseler (var **Argileu**). Unidentified. B DE PARIS 85,1 *Gordotz* 58 ("Ne d'Erseler lo bon encantador Consi bastic lo palais en la tor").

Ertz. A river; "il s'agit soit de l'Hers, petite rivière qui se jette dans la Garonne au-dessus de Toulouse, rive droite, soit de l'Hers, autre rivière du même nom, mais plus importante, affluent de la rive droite de l'Ariège" (Anglade *Onomastique* p 113). G d'Espanha 244,13 *S'ieu en pascor* 41.

Esael. See **Azael.**

Esc(h)alona, Ascalona. Askalon, modern Ashqelon (Israel); a barony in the Holy Land. G Figueira 217,8 *Un nou sirventes* 38. G de Bornelh 242,57 *Can brancha* 63. G del Luc 245,1 *Ges sitot m'ai* 16.

Escaneus. Ascanius, the son of Aeneas *(Roman d'Eneas).* G de Calanso 243,7a *Fadet joglar* 112.

Escharonha, n'. A Gascon lady, probably the lady whom Guiraut loved. G de Bornelh 242,44 *L'altrer* 71.

Esclarmonda, n'. Identity not clear; see Ricketts p 78-79. G de Montanhagol 225,5 *Ges per malvestat* 40; 225,6 *Leu chansoneta* 36; 225,7 *Non an tan dig* 61; 225,9 *No sap* 51.

Escola, l'. An unidentified place near Orange. R d'Aurenga (?) 389,24 *Compainho* 18.

Escoralha. Unidentified place. G de Bornelh 242,62 *Qui chantar sol* 125.

Escot. A Scotchman. P d'Alvernhe 323,15 *Dejosta·ls breus jorns* 21. P Cardenal 335,5 *Anc no vi* 2. P del Vilar 365,1 *Sendatz* 12.

Escudier, mon
  1. Senhal for a lady. A Malaspina 15,1 *Ara·m digatz* 55.
  2. Senhal for a friend (poet?). B de Ventadorn 70,36 *Pois prejatz me* 55.

Es-fotan, en. Nickname, unidentified. Anon 461,241 *U fotaires* 6, 15.

Esgart. See also **Belesgar, Clar-Esguar.**
  1. Mon bel Esgart. Senhal. A de Maruelh 30,16 *La grans beutatz* 41.
  2. Bel dos Esgart. Senhal for a lady. P Espanhol 342,2 *Com selh* 41; 342,3 *Entre que·m pas* 49.
  3. Na dous Esgar. Senhal for a lady. B de Ventadorn 70,19 *Estat ai com om* 50.

Esmai, na. Senhal for an unidentified lady. G d'Ussel 194,7 *Estat aurai* 47.

Esmenda
   1. Esmenda. Senhal. B d'Alamanon 76,12 *Mout m'es greu* 43.
   2. Bona Esmenda. Senhal. I Rizol 257,1 *Ailas, tan sui* 41, 50.
Espan. A Spaniard. Gavaudan 174,10 *Senhor* 60. G de Bornelh 242,19 *Be for' oimais* 89; 242,79 *Tot suavet* 16.
Espanha. Spain. Ademar and R de Miraval 1,1 *Miraval, tenzon* 24. A de Sestaro 16,7a *Bel m'es oimais* 70; 16,11 *Donna pros* 14. B de Ventadorn 70,17 *En cossirer* 22. B de Venzac 71,3 *Pos vei* 42. B de Born 80,14 *Ieu chan* 69. B de Paris 85,1 *Gordotz* 62. B Calvo 102,2 *Ai Dieus* 47. Cercamon 112,2a *Lo planh comens* 52. D de Pradas (?) 124,5 *Bela m'es* 32. F de Marseille 155,12 *Ja non volgra* 21; 155,15 *Hueimais* 7. Gavaudan 174,10 *Senhor* 31. Count of Ampurias 180,1 *A l'onrat rei* 4. Count of Provence 184,2 *Carn-et-ongla* 12. Count of Rodez 185,2a *Vos eus sabetz* 8. G de Berguedan 210,20 *Un sirventes ai* 2; 210,21 *Un sirventes nou* 3. G Magret 223,1 *Aigua pueja* 34; 223,4 *Ma dompna* 2. G de Bornelh 242,70 *Si.l cor* 28; 242,79 *Tot suavet* 15. G de Bornelh (?) 242,52 *No sai rei* 59. G de Cabreira 242a,1 *Cabra joglar* 39. G de Calanso 243,6 *Belh senher Dieus* 38. G Riquier, Henry of Rodez, and a Lord of Alest 248,76 *Senh' en Enric* 52. I d'Entrevennes 254,1 *Del sonet* 18. J d'Albuzo 265,3 *Vostra domna* 7. L Gatelus 290,1 *Cora qu'eu fos* 18. Marcabru 293,22 *Emperaire, per mi mezeis* 14; 293,35 *Pax* 55. M de Caerci 299,1 *Tan sui* 19. Monge de Montaudon 305,12 *L'autrier* 32. Palais 315,2 *Be.m plai* 21. P Lanfranchi 317,1 *Valenz senher* 13. P de Marseille 319,1 *Ab marrimen* 7. P Bremon Ric Nov 330,6 *En la mar major* 16, 23. P Vidal 364,24 *Ges pel temps* 74; 364,28 *Mout es bona terr' Espanha* 1; 364,35 *Per pauc de chantar* 33; 364,36 *Plus que.l paubres* 49, 56. Peirol 366,28 *Pus flum Jordan* 18. P Doria 371,1 *Felon cor* 40. R de Vaqueiras 392,3 *Ara pot hom* 63; 392,14 *El so* 108.
Espanhol
   1. A Spaniard. B Zorzi 74,14 *Si.l monz fondes* 76. Gavaudan 174,5 *Eu non suy pars* 67. L Cigala 282,23 *Si mos chans fos* 43. P de Marseille 319,1 *Ab marrimen* 13, 37. R de Vaqueiras Epic Letter II 49. R de Tors 410,3 *Ar es dreitz* 15.
   2. N'Espanhol. The name of a knight in Aragon, lord of the castle Castellot. B de Born 80,35 *Quan vei* 20.

Esparro. *See* **Aramon Luc.**

Espaza, n'. Unidentified. I d'Entrevennes 254,2 *Trop respont* 32.

Esper

1. **Bel Esper, Bon Esper.** According to the *vida*, Jordana of Ebrun (Hautes-Alpes). G Faidit 167,33 *L'onratz* 3; 167,12 *Be·m platz* 61; 167,40 *Mout m'enoget* 8; 167,55 *Solatz* 35.

2. **Bel Esper, Bon Esper.** Senhal for a lady. Perdigo 370,13 *Tot l'an* 46; 370,14 *Trop ai estat mon Bon Esper no vi* 1.

3. **Bon Esper.** Senhal for a lady. R Jordan 404,2 *Ben es camjatz* 29.

4. **Bon Esper.** Senhal for a lady. R de Miraval 406,35 *Qui bona chanso* 11.

5. **Bon Esper.** Senhal? G de Berguedan 210,2a *Arondeta* 6.

Espital. (Knights of the) Hospital of St. John. G d'Autpol 206,4 *Seignor, aujatz* 49. Peirol 366,28 *Pus flum Jordan* 13. R d'Aurenga 389,6 *Amics, en gran cossirier* 35. R Berenguier 427,4 *Pois de sai mar* 16; 427,6 *Si com trobam* 54, 73. Sordello 437,34 *Sol que m'afi* 12.

Esquieu, gent. Esquieu, or Gentesquieu, viscount of Minerve (Hérault, arr Saint-Pons). R de Miraval 406,1 *A dieu me coman* 34.

Esquileta, n'. A poet-joglar (P-C no. 143). G de Cabanas 197,2 *N'Esquileta* 1. G de Montanhagol 225,5 *Ges per malvastat* 39.

Esquiva-mendics. Made-up name of a town. P Vidal 364,38 *Pus ubert ai* 45.

Essaudu. Issoudun (Indre). B de Born 80,31 *Puois als baros* 18.

Essidol, Eissiduelh. Excideuil (Dordogne). G de Bornelh 242,37 *Ges de sobrevoler* 46. P Vidal 364,36 *Plus que·l paubres* 46. Pistoleta 372,6 *Plus gais sui* 33.

Est

1. The Este family or its place of residence. R Buvalelli 281,4 *Eu sai la flor* 51; 281,5 *Ges de chantar* 42 (a conjectural reading); 281,10 *Totz m'era* 64. Anon 461,27a *Arnaldon, per na Johana* 2 (461,147).

2. **Marques d'Est.** Azzo VI (1196-1212). A de Peguilhan 10,26 *En aquelh temps* 5; 10,30 *Ja no cugey* 7 (planh for him); 10,48 *S'ieu anc chantei* 8 (another planh for him).

3. **Marques d'Est.** Azzo VII (1212-1264). F de Romans 156,6 *Far vuelh* 44. G de la Tor 236,3 *De saint Martin* 8; 236,5a *Pos n'Aimerics* 8. Anon 461,180 *Nuls hom non deu* 21.

4. **Marques d'Est.** Date and reference uncertain. Cavaire and Folco 111,2 *Cavaire, pos bos joglars est* 9. R Guillem and F da Ferrara 229,1a *Amics Ferrari* 2, 54.

5. See **Beatritz, Joana.**

Estampa. Etampes (Seine-et-Oise). A Daniel 29,8 *Dous brais* 58.

Estan. See **Cap de l'Estan.**

Estefania, midons n'. Estefanía, wife of Pere de Berga, addressed by the senhal **Ma Sogra.** G de Berguedan 210,11 *Eu no cuidava* 20. See also **Berga, Sogra.**

Estel, l'. Estella, 27 km SW of Pamplona. A Daniel 29,8 *Dous brais* 40. R de Vaqueiras (?) 392,31 *Tuich me pregon* 7.

Esterric. Austria. Anon 461,141 *Ja non cugei* 23. See **Austorica.**

Esteve

1. **Esteve de Belmon.** Etienne de Beaumont (the château of Beaumont-sur-Dore, Haute-Loire, canton of La Chaise-Dieu). P Cardenal 335,19 *D'Esteve de Belmon m'enoja* (named repeatedly); 335,65 *Un sirventes ai en cor* (named repeatedly); 335,68 *Un sirventes trametrai* 3, 19.

2. **Mon Esteve.** Senhal, unidentified. William IX of Aquitaine 183,11 *Pos vezem* 47.

3. **Amics n'Esteve.** Unidentified. Anon 461,3 *Ab la gensor* 25.

4. **N'Esteve.** Used as a typical name ("Tom, Dick, and Harry"). Marcabru 293,3 *Al departir* 26.

Estiu, mon. Senhal: "récolte, été." (Compare **Estui, Estrieu, Estreup.**) R de Miraval 406,13 *Be m'agrada* 23.

Estornel. Play on the name Perdigo (*Perdigo*, partridge; *Estornel*, starling)? R de Vaqueiras, Perdigo, and Ademar 370,12a *Seigner n'Aimar, cauzetz* 51 ("E·n Perdigo viule descortz o dansa Que contrafa n'Estornel ab sa lansa").

Estout, Estol

1. **Estout de Langres,** who figures in various chansons de geste, including the *Roncevaux*. B de Born 80,6a *A totz* 22. G de Cabreira 242a,1 *Cabra joglar* 87.

2. **Estout de Vertfoill,** the adversary of the hero in *Jaufre*.

LANTELM 283,1 *Lanfranc* 41. (Branciforti, p 191, identifies him as an epic hero; but he was apparently thinking of the other Estout, above.)

Estranh. Unidentified. P VIDAL 364,30 *Neus ni gels* 17 (var of *Galvanh*).

Estreup, Estrieu. *See also* **Estiu, Estui.**

    1. Mon Estreup. A Spanish king. R D'AURENGA (not DE VAQUEIRAS) 392,5 *Ar vei bru* 50.

    2. Senher n'Estrieu. Unidentified; same as the preceding? P D'ALVERNHE 323,3 *Al dessebrar* 49.

Estui, mon. Senhal: "étui." G FAIDIT 167,48 *Per l'esgar* 49. *See* **Estiu.**

Eteon. *See* **Ateon.**

Etobía. Ethiopia? R DE MIRAVAL (?) 392,11 *Del rei d'Arragon* 7 ("Mais volc guerra filz del rei d'Etobia Lo jorn que venc cavalar a Peria").

Eva, (na, n'). Eve, the first woman. A DE BELENOI 9,21 *Tant es d'amor* 18. A DE SESTARO 16,13 *En amor trob* 18. B CARBONEL 82,37 *Dieus fe Adam et Eva carnalmens* 1. GAVAUDAN 174,6 *L'autre di* 49. L CIGALA 282,2 *En chantan* 34, 53.

Evellin. *See* **Vellin.**

Ezelgarda, n'. The poet's lady. P DE VALERIA 362,3 *Vezer volgra n'Ezelgarda* 1.

F

Fachura, en. Unidentified, and reading somewhat doubtful ("Mos Bels Vezers e·n Fachura, mos drutz, E·n Alvernhatz, lo senher de Belcaire"). B DE VENTADORN 70,12 *Be m'an perdut* 41.

Faciol. Unidentified (see De Bartholomaeis *PS* II 130). G DE LA TOR 236,3 *De saint Martin* 4.

Fadet. A joglar, to whom the ensenhamen is addressed. G DE CALANSO 243,7a *Fadet joglar* 1, 145.

Faensa. Faenza, near Ravenna. G DE BORNELH 242,79 *Tot suavet* 38 (a conjectural reading for ms *fazenda* and *fransa*, which do not rime). UC DE S CIRC 457,42 *Un sirventes* 2.

Faidida, na. Senhal for an unknown lady. B DE BORN 80,12 *Domna, puois* 51.

Faidit. A joglar (not Gaucelm Faidit, who was older). P CARDENAL 335,57 *Tostemps azir* 53.

Falcona, na. An unidentified lady. G DES BAUX (?) 209,1 *Be·m meraveill* 8.

Falec. Unidentified; perhaps the reading is garbled. G DE CALANSO 243,7a *Fadet joglar* 133.

Falhensa. Made-up name to contrast with Proensa (*falhir* "faire défaut, manquer"; *pro* "profit, avantage"). G DE MONTANHAGOL 225,5 *Ges per malvastat* 11.

Fanjau. Fanjeaux (Aude). B DE BORN 80,19 *Ges de disnar* 32. P VIDAL 364,27 *Mos cors* 3; 364,49 *Tart mi veiran* 2 (var for *lo Pueg*).

Faqele(ni). Unknown; perhaps the reading is garbled. G DE CABREIRA 242a,1 *Cabra joglar* 108.

Far, lo. According to Lavaud (*Peire Cardenal*, p 29), "le Phare de Messine." E CAIREL 133,13 *So que·m sol* 53. ANON (P CAR-

DENAL?) 461,96 *Domna que va* 9 (I suspect that there is a pun intended here on the use of the infinitive *lo far* meaning to engage in sexual intercourse).

Farao. Pharaoh. MARCABRU 293,22 *Emperaire, per mi mezeis* 8. P D'ALVERNHE 323,16 *Deus, vera vida* 60. P D'ALVERNHE (?) 323,22 *Lo senher* 20. C DE GIRONA 434a,28 *Hom no pot far* 19. ANON 461,226 *Sui e no sui* 35.

Faraut, en. Unidentified. R DE TORS 410,4 *A totz maritz* 39.

Fariseu. Pharisee. G DE LA TOR 236,3 *De saint Martin* 13.

Fastic-fai. Made-up name of town ("make-disgust"). P VIDAL 364,38 *Pus ubert ai* 71.

Fe, sainta. Saint Faith. MONGE DE MONTAUDON 305,9a *Cel qui quier* 31.

Felip, Filip, Phelip
1. Philip of Macedon. G DE CALANSO 243,7a *Fadet joglar* 96. See also **Filipon**.
2. Philippe II, Auguste, king of France (1180-1223). A DE BELENOI 9,11 *Ja no creirai* 24. B DE BORN 80,11 *Cortz e guerras* 61; 80,33 *Puois Ventadorns* 41. B DE BORN LO FILS 81,1 *Quan vei* 12. BISHOP OF CLERMONT 95,2 *Peire de Maensac* 31. P D'ALVERNHE (?) 323,22 *Lo senher* 33.
3. Philippe III, king of France (1270-1285). A DE SEGRET 41,1 *No sai qui·m so* 12. G D'AUTPOL 206,2 *Fortz tristors* 56. P CARDENAL 335,62 *Totz lo mons* 50. R GAUCELM 401,1 *Ab grans trebalhs* 43.
4. Unexplained: "S'eu agues qe metr' el cip, Eu e tu foram Felip," which seems to mean "we would be intimate friends." P DORIA 371,2 *Per aqest cors* 3.

Felipa, na
1. The wife of Ferdinand III of Castile (Jeanroy *PL* I 212). ADEMAR LO NEGRE 3,2 *Ara·m vai meills* 29. A PLAGUES 32,1 *Be volgra* 46.
2. **Na Felipa de Narbona.** Felipa d'Anduza, wife of Amalric, viscount of Narbonne (1239-1270). TROBAIRE DE VILLARNAUT 446,1 *Mal mon grat* 41.

Felis. Named among the great lovers, but unknown. G DE CALANSO 243,7a *Fadet joglar* 149 (Felis—or Feris—and Ditis or Teris were killed by love). P CARDENAL 355,14 *Sel que fes* 85 (named with Plariés as a famous pair of lovers).

Fenics
> **1. Lo Fenics.** The Phoenix. G de Calanso 243,7a *Fadet joglar* 226. P Vidal 364,38 *Pus ubert ai* 92.
> **2. Bel Fenics.** Senhal. R Bistortz d'Arles 416,1 *Aissi co·l fortz castels* 58.

Fermo. Unidentified ("qu'un plu vegro Non è de ca a Fermo"). Anon 461,195a *Poi che neve* 76.

Ferragut. A Saracen, Roland's adversary in the Pseudo-Turpin. R de Vaqueiras 392,10 *D'amor no·m lau* 11.

Ferran
> **1. Rey Ferran.** Ferdinand II of León (1157-1188). A Daniel 29,8 *Dous brais* 55. G de Bornelh 242,37 *Ges de sobrevoler* 66.
> **2. Rey Ferran.** Ferdinand III, el Santo, of Castile and León (1295-1312). G Ademar 202,12 *S'ieu conogues* 43.
> **3. Ferran.** The infante Ferdinand, son of Alfonso VIII of Castile (died 1211). G de Calanso 243,6 *Belh senher Dieus* 21.
> **4. Don Ferran.** The infante Ferdinand, son of Alfonso X of Castile, known as Fernando de la Cerda; he died before his father. F de Lunel 154,1 *Al bo rei* 54.
> **5. Ferran.** A joglar. B de Ventadorn 70,4 *Amors e que·us es vejaire* 61.
> **6. Ferrás.** Corruption of Cerdás (Jeanroy: "ceux de Cerdagne?")? Gavaudan 174,10 *Senhor* 52.

Feton. See **Ateon.**

Figera, Figueira. The poet Guillem Figueira, though the identification is certain only for Guillem's own poem. A de Peguilhan 10,13 *Bertram d'Aurel, s'aucizia* 2. G Figueira 217,8 *Un nou sirventes* 53. Sordello 437,33 *Si tot m'asaill de sirventes Figeira* 1.

Filhol. A joglar. J Rudel 262,5 *Quan lo rius* 32. Perdigo 370,5 *Entr' amor e pensamen* 61.

Filipon. Philip of Macedon. G de Cabreira 242a,1 *Cabra joglar* 150. See also **Felip.**

Filopat. The Philopatrion, an imperial summer residence outside of Constantinople. R de Vaqueiras Epic Letter I 36.

Finar. Finale, on the Gulf of Genoa. R de Vaqueiras Epic Letter III 46.

Finibus-Terra. Finisterre, in Brittany. B de Born 80,14 *Ieu chan* 12.

Fin-Joi. See **Joi.**

Flamenc. A Fleming. E Cairel 133,9 *Pos cai* 39. See also **Flandrés.**

Flándres. Flanders. A Daniel 29,4 *Ar vei* 35. C Panzan 107,1 *Ar es sazos* 52. R de Vaqueiras 392,3 *Ara pot hom* 59; Epic Letter II 47. Sordello 437,6 *Del cavalier me plai* 2. Uc de S Circ 457,42 *Un sirventes* 41.

Flandrés. A Fleming. B de Born 80,26 *Mon chan fenisc* 68. See also **Flamenc.**

Flavis. Unidentified. G de Calanso 243,7a *Fadet joglar* 100.

Flor

1. **Na Flor.** A shepherdess in a pastourelle. J Esteve 266,5 *El dous temps* 26, 32, 57, 63.

2. **Flor de Lis.** Senhal for the poet's beloved. B de Born lo fils 81,1a *Un sirventes* 41.

3. **Na Flor de Lis.** Unidentified. S Doria and L Cigala 436,4 *Seign'en Lafranc, car etz* 65; 436,1 *Car es tant conoissenz* 55, 61.

4. **Na Flor Vermelha.** Senhal for a lady. B Zorzi 74,17 *Si tot m'estauc* 85.

Florensa, Florença. Florence (Firenze). G Riquier 248,81 *Tant m'es l'onratz* 15. Paves 320,1 *Anc de Roland* 4. R de Tors 410,1 *Amics Gauselm* 3.

Florenti. A Florentine. R de Tors 410,1 *Amics Gauselm* 3. Anon 461,70a *Cor qu'om trobes Florentis orgulhos* 1, 7, 12.

Flori

1. Floire, hero of the Old French romance *Floire et Blanchefleur*. A de Belenoi 9,20 *S'a midons plazia* 51. B de Dia 46,4 *Estat ai* 14. Blacasset 96,10a *Si·l mals d'amor* 35. Folc 150a,1 *Seigner Arnaut* 27. F de Romans 156,3 *Chantar vuelh* 18; 156,8 *Ma bella domna* 7; 156,14 *Una chanso sirventes* 18. G Faidit 167,29 *Ges no·m tuelh* 65. G d'Anduza 203,1 *Sens ditz* 24. G Evesque 215,1 *Valors* 33. G de Cabreira 242a,1 *Cabra joglar* 170. I d'Entrevennes 254,1 *Del sonet* 29. P Cardenal 335,14 *Sel que fes* 88. Pistoleta and Blacatz 372,6a *Segner Blacatz* 36. R de Vaqueiras 392,23 *Leu pot hom* 58. C de Girona 434,6b *En may* 13; 434,20 *En breu sazo* 17. Uc de la Bacalaria 449,3 *Per grazir* 14.

2. A senhal (cf. 46, 4 above). B de Dia 46,1 *Ab joi* 33 (Hamlin *Introd.* 140).

Florisen. Birch-Hirschfeld, p 63, emends to **Floriven** (q.v.); but M de Riquer, p 393, points out that in a love letter of Arnaut de Mareuil (Bec III, 168, note p 160-161) Florissen is the beloved of Absalom. G de Cabreira 242a, 1 *Cabra joglar* 67 ("De Florisen Non sabs nien").

Floriven. Floovant, the hero of an Old French epic? B de Paris 85,1 *Gordotz* 21.

Fois. Foix.

1. The region (now in the dép. of the Ariège). G de Montanhagol 225,3 *Bel m'es* 19. G Uc d'Albi 237,1 *Quan lo braus* 50, 51. G Riquier 248,81 *Tant m'es l'onratz* 24. P Raimon 355,4 *Ara pos l'iverns* 36. P Vidal 364,38 *Pus ubert ai* 49.

2. **Comte de Fois.** Roger Bernard I (1149-1188). B de Born 80,23 *Lo coms* 41.

3. **Comte de Fois.** Raymond Roger (1188-1223). A de Peguilhan 10,28 *Gaucelm Faiditz* 49. Tomier e Palazi 442,2 *Si co·l flacs molins* 21. See **Raimon Drut**.

4. **Comte de Fois.** Probably Roger IV (1241-1265). Trobaire de Villarnaut 446,1 *Mal mon grat* 34.

5. **Comte de Fois.** Roger Bernard III (1265-1302), a Provençal poet (P-C no. 182). G Riquier 248,12 *Anc mais* 56. P Cardenal 335,56 *Tendas e traps* 27. C de Girona 434a,28 *Hom no pot far* 42 (reading "E·l coms de Foix e·n Raymon e·n Gastos", as I proposed in *Modern Language Notes* 82 (May 1967), 367-369, and not "E·l coms de Foix en Raymon Gastos", as in M de Riquer's edition, p 101).

6. **Comte de Foys.** Uncertain. Uc de Murel 455,1 *Ges, si tot* 49.

7. **Madompna de Fois.** Ermengarde de Narbonne, who married Roger Bernard II in 1232. Sordello 437,19 *Lai a·n Peire Guillem* 8.

Fol

1. The senhal of **Joglar**'s husband. R d'Aurenga 389,39 *Si·l cors es pres* 6, 11, 16, 21, 26.

2. See **Gallian**.

Folcau. Foucaud d'Archiac (a castle in Charente-Maritime). B de Born 80,34 *Quan la novela flors* 37.

Fol Conseil. *See* **Conseil.**
Folcueis. Unidentified. G de Cabreira 242a,1 *Cabra joglar* 105.
Folco
   1. **Folcon d'Angieus.** Foulque V, count of Anjou (1109-1142). William IX of Aquitaine 183,10 *Pos de chantar* 11, 13.
   2. The poet Folquet de Marseille. P Vidal 364,2 *Ajostar e lassar* 91. *See* **Folquet.**
   3. **Folc Ramon.** Ramón Folch de Cardona. G de Berguedan 210,8a *Cantarai* 28, 38.
   4. **Folco de Viralet.** "Lo maïstre noble de l'Espital, Monsen Folco de Viralet." R Berenguier 427,6 *Si com trobam* 55, 74.
Folhan, mon. Unidentified. G de Bornelh 242,53 *Nulha res* 77; 242,58 *Can creis* 83.
Folheta. A joglar. B de Born 80,16 *Folheta, ges autres vergiers* 1, 15; 80,17 *Folheta, vos mi pregatz que eu chan* 1.
Folquet
   1. **Folquet (de Marseilha).** The poet Folquet de Marseille. A de Belenoi (?) 9,19 *Can mi perpens* 46. Monge de Montaudon 305,16 *Pois Peire d'Alvernhe* 73. R de Vaqueiras 392,25 *No puesc saber* 20. *See also* **Folco.**
   2. **Folquet.** Unidentified. Porcier 382,1 *Seigner* 2.
Folquier, Folcher
   1. **Folquier.** Unidentified. G de Cabreira 242a,1 *Cabra joglar* 141, 194.
   2. **Folcher.** Unidentified. Anon 461,108a *En greu pantais, Folcher, vos vey estar* 1; 461,123a *Folcher, considrer* 1.
   3. **Lo mar Folquier.** Evidently a pond near Maguelone (Hérault), but not identified: "(lo coms de Barselona) ... cazec sotz lo pon de Nerbona el mar Folquier can moc de Magalona." G del Luc 245,1 *Ges sitot m'ai* 11.
Fonchauda. The abbey of Fonchauda or Fontcaude, in the diocese of Saint-Pons (Hérault); but the text is not entirely sure. P Vidal 364,45 *Son ben apoderatz* 52.
Fonsalada, Fons Salada
   1. **Fons Salada.** A joglar or messenger. B de Ventadorn 70,21 *Ges de chantar* 49.
   2. **Fonsalada.** A poet? Uc de l'Escura 452,1 *De mots ricos* 6.
Fons-Ebraus. The cloister of Fontevrault, near Chinon (Maine-et-Loire). B de Born 80,35 *Quan vei* 43.

Foras. See **Baut-de-Foras.**

Forcalquier, Foncalquier

   1. Forcalquier (Basses-Alpes). Faure and Falconet 149,1 *En Falconet* 35. R de Vaqueiras 392,17 *Ges si tot* 37.

   2. **En Forcalquier.** The lord of Forcalquier at this time was William IV (1150-1206 or 1209); but it is not clear that Guillem de Berguedan is referring to him. G de Berguedan 210,8a *Cantarai* 5 (pun on the name in line 19: "Forca-l-quer," "the gallows wants him"). P Vidal 364,45 *Son ben apoderatz* 55.

Forés. Le Forez, a region in the dép. of the Loire. Uc de S Circ 457,41 *Una danseta* 27.

Formanés. Read **Normanes?** G de Cabreira 242a,1 *Cabra joglar* 172.

Formus. Unidentified. G de Cabreira 242a,1 *Cabra joglar* 203.

Fornier. A joglar. R de Miraval 406,29 *Forniers, per mos enseignamens* 1.

Fors. Read **Fois?** ("Chanso, al major senhor De Fors...") B Carbonel 82,7 *Amors* 67.

Fraga. Locality near Lérida. G del Luc 245,1 *Ges sitot m'ai* 19.

Fraire

   1. A senhal, apparently (in some cases at least) designating Guillem de Berguedan. A de Belenoi (?) 9,19 *Can mi perpens* 15. P Vidal 364,24 *Ges pel temps* 75; 364,40 *Quant hom honratz* 53; 364,47 *Tant an ben dig* 49. P de Capduelh 375,16 *Miels c'om no pot* 45. R de Vaqueiras (?) 392,26a *Nuils hom tan* 36. Anon 461,123b *Fraire, tuit li sen e·l saber* 1.

   2. **Belh Fraire.** A joglar. R de Miraval 406,27 *Enquer non a* 37.

Franc. A Frenchman. Gavaudan 174,10 *Senhor* 23. P d'Alvernhe 323,3 *Al dessebrar* 18. P Cardenal 335,14 *Sel que fes* 100. R Gaucelm 401,1 *Ab grans trebalhs* 21. R Bonomel (Templier) 439,1 *Ir' e dolors* 20.

Frances, Franses (nom pl sometimes **Francey**)

   1. A Frenchman. A de Sestaro (?) and Monge 16,17 *Monges, cauzetz* 2, 22, 33. A Daniel 29,7 *D'autra guiza* 18. B Arnaut de Moncuc 55,1 *Ar quan li rozier* 24, 81. B d'Auriac 57,3 *Nostre reys* 8. B de la Barta 58,4 *Foilla ni flors* 7. B Sicart de Marvejols 67,1 *Ab greu consire* 22, 23. B d'Alamanon 76,15 *Pueis chanson far* 4. B de Born 80,14 *Ieu chan* 55; 80,18 *Gen*

part 6; 80,22 *Guerr' e pantais* 33; 80,28 *Mout m'es* 29; 80,31 *Puois als baros* 39; 80,40 *S'ieu fos aissi* 31; 80,45 *Volontiers* 41. B Folco d'Avignon 83,2 *Ja no creirai* 2, 5, 15. B de Castellana 102,2 *Guerr' e trebalhs* 17; 102,3 *Si tot no m'es* 6. C Panzan 107,1 *Ar es sazos* 8, 16, 39, 74, 79. Cercamon 112,2a *Lo planh comens* 37. Duran sartor 126,1 *En talent ai* 18, 34. E Cairel 133,9 *Pos cai* 39. Gavaudan 174,10 *Senhor* 56. Count of Ampurias 180,1 *A l'onrat rei* 11. Count of Foix 182,1 *Frances qu'al mon de gran cor non a par* 1; 182,2 *Mas qui a flor* 4, 20. William IX of Aquitaine 183,7 *Farai un vers de dreit nien* 29. G de Cavaillon 192,2 *Doas coblas* 4, 15; 192,4 *Senheiras* 5. G Anelier de Tolosa 204,1 *Ara farai* 32, 42; 202,2 *Ar farai, sitot* 13; 204,3 *El nom de Dieu* 9. G Figueira 217,2 *D'un sirventes far* 78. G de Montanhagol 225,3 *Bel m'es* 42; 225,5 *Ges per malvastat* 16, 18, 28. G Rainol d'At 231,1a *A tornar* 29, 38. G de Calanso 243,6 *Belh senher Dieus* 34. G Riquier 248,12 *Anc mais* 43. J d'Albuzo 265,3 *Vostra domna* 17. L Cigala (or L Gatelus?) 282,1d *Be·m meraveill* 4. L Cigala 282,21 *Raimon robin* 19. Marcabru 293,15 *Cortesamen* 39; 293,35 *Pax* 64. Montan sartre 307,1 *Coms de Tolsan* 7, 11, 17. P de Marseille 319,6 *L'autrier* 52. Peire and Guillem 322a,1 *En aquel so* 21, 33. P Bremon Ric Nov 330,14 *Pos partit an* 9. P Bremon Ric Nov (?) 330,1a *Ab marrimenz* 47. P Cardenal 335,1 *Ab votz d'angel* 14; 335,12 *Be volgra* 47; 335,40 *Per fols* 3; 335,55 *Tatarassa ni voutor* 9. P Vidal 364,35 *Per pauc de chantar* 24. R de Vaqueiras Epic Letter II 47. R de Vaqueiras (?) 392,31 *Tuich me pregon* 6. R de Miraval 406,12 *Bel m'es* 63. Richard I of England 420,1 *Dalfin* 32. R Bonomel (Templier) 439,1 *Ir' e dolors* 34, 41. Uc de S Circ 457,42 *Un sirventes* 25. Anon 461,114 *E s'ieu agues* 6; 461,141 *Ja non cugei* 9; 461,247 *Vai, Hugonet* 6, 14, 26.

2. Rei dels Frances. Philippe Auguste (1180-1223). P de Capduelh 375,8 *En honor* 49. See **Felip**.

3. Rei dels Frances. Louis IX (1226-1270). L Cigala 282,20 *Quan vei* 18. See **Loic**.

4. Frances. Senhal (man). A de Mareuil 30,3 *Aissi com cel qu'am'* 39; 30,13 *Franquez' e noirimens* 51; 30,19 *Mout eron* 56; 30,22 *Si com li peis* 44.

5. **Mon Frances.** A friend or patron. B de Ventadorn 70,10 *Bel m'es qu'eu chan* 50; 70,16 *Conortz* 50.

Fransa. France (often northern France as opposed to the Midi). A de Peguilhan 10,29 *Hom ditz que gaugz* 19. A de Sestaro and G Faidit 16,16 *Gaucelm Faidit* 56. A de Sestaro (?) and Monge 16,17 *Monges, cauzetz* 20. B de Dia 46,5 *Fis jois* 8. B Arnaut d'Armanhac 54,1 *Lombartz* 10 ("Frans' e Piteus, Normandi' e Bertagna"). B de Ventadorn 70,44 *Tant ai mo cor* 36; 70,45 *Tuit cil* 41. B Zorzi 74,11 *No laissarai* 10. B d'Alamanon and Sordello 76,2 *Bertrans, lo joy* 56. B d'Alamanon 76,8 *D'un sirventes* 42; 76,9 *Ja de chantar* 26; 76,15 *Pueis chanso far* 45. B de Born 80,2 *Al doutz nou termini* 36; 80,14 *Ieu chan* 39, 50; 80,25 *Mieg sirventes* 23; 80,26 *Mon chan fenisc* 66; 80,31 *Puois als baros* 25; 80,40 *S'ieu fos aissi* 7. B Carbonel 82,2 *Aissi com cel qu'atrob'* 16, 51; 82,12 *Per espassar* 25; 82,14 *Si anc* 15; 82,53 *En aiso* 7. B de Paris 85,1 *Gordotz* 22. Cercamon and Guilhalmi 112,1 *Car ve fenir* 33. Engles 138,1 *A la cort* 16. G Faidit 167,6 *Anc no·m parti* 25; 167,17 *Cora que·m des* 41; 167,31 *Jauzens* 64; 167,53 *Si tot ai tarzat* 35. G de S Didier 168,1a *El temps* 29. Gavaudan 174,10 *Senhor* 29. Gormonda 177,1 *Greu m'es* 37, 93. G Augier and Bertran 205,1 *Bertran* 26. G Augier and Guillem 205,4 *Guillem* 44. G d'Autpol 206,2 *Fortz tristors* 4, 10. G de Berguedan 210,1 *Amics marques* 43; 210,9 *Consiros chant* 38. G Figueira 217,2 *D'un sirventes far* 38, 69. G de la Tor 236,1 *Bon' aventura* 26. Guiraudo lo Ros and Comte 240,6a *En Guiraldos* 33. G de Bornelh 242,56 *Planc e sospir* 20. G Riquier, Henry II of Rodez, and a Lord of Alest 248,76 *Senh' en Enric, us reis* 60. I d'Entrevennes 254,1 *Del sonet* 19. J d'Albuzo 265,3 *Vostra domna* 4. J Esteve 266,1 *Aissi co·l malanans* 24. L Cigala and Rubaut 282,1a *Amics Rubaut* 48. L Cigala and S Doria 282,1b *Amics Simon* 14. L Cigala (or L Gatelus) 282,26a [beginning lost] 15. L Gatelus 290,1 *Cora qu'eu fos* 23. Lanza marques 285,1 *Emperador avem* 8. Marcabru 293,13 *Bel m'es quan son li fruich* 48; 293,22 *Emperaire, per mi mezeis* 55; 293,36 *Per l'aura freida* 36; 293,39 *Pois l'iverns* 18. Motet 308,1 *Si tot d'amors* 30. P Lanfranchi 317,1 *Valenz senher* 4. P d'Alvernhe 323,8 *Bel m'es, qui a* 30; 323,15 *Dejosta·ls breus jorns* 52. P Bremon Ric Nov (?) 330,1a *Ab mar-*

rimenz 37. P Cardenal 335,24 *Eu trazi pieigz* 14; 335,25 *Falsedatz e desmezura* 25; 335,44 *Qui·s vol* 34; 335,56 *Tendas e traps* 30. P Vidal 364,11 *Be·m pac* 51; 364,15 *Car' amiga* 8; 364,35 *Per pauc de chantar* 17; 364,40 *Quant hom honratz* 32; 364,46 *Tant ai lonjamen* 40; 364,50 *Una chanso* 22. Peirol 366,27 *Pos de mon joi* 49; 366,28 *Pus flum Jordan* 16. Perdigo, R de Vaqueiras, and Ademar 370,12a *Seigner n'Aimar* 23, 55. R de Vaqueiras 392,2 *Era·m requier* 37; 392,3 *Ara pot hom* 5; 392,8 *Ben sai* 50. R Jordan 404,5 *No posc mudar* 19; 404,11 *Vert son li ram* 23. R de Tors 410,1 *Amics Gaucelm* 23. R Bistortz 416,5 *Qui vol vezer* 17. C de Girona 434,7c *Entre Lerida e Belvis* 11; 434a,81 *Voletz aver be lau* 24; 434a,83 *Volgra midons* 23. Sordello and B d'Alamanon 437,10 *Bertrans, lo joy* 39. Sordello 437,24 *Planher vuelh* 20 (the king is Louis IX). Tomier e Palazi 442,1 *De chantar* 12; 442,2 *Si co·l flacs molins* 39, 45. Torcafol 443,1 *Comtor d'Apchier* 40. Uc de S Circ 457,42 *Un sirventes* 31, 35. Rostanh (Anon) 461,43 *Bel segner Deus* 14. Anon 461,104 *En aquest son* 26; 461,141 *Ja non cugei* 14.

Frederic, Fredric, Federic

1. Emperor Frederick I Barbarossa (1153-1190). B de Born 80,8 *Be·m platz car* 49. P Vidal 364,38 *Pus ubert ai* 57. R de Vaqueiras 392,18 *Guerras ni plaich* 77.

2. Emperor Frederick II (1220-1250). A de Peguilhan 10,26 *En aquelh temps* 35, 41, 43. Albert and S Doria 13,1 *N'Albert, cauzetz* 40. E Cairel 133,11 *Qui saubes* 41. F de Romans 156,6 *Far vuelh* 21; 156,14 *Una chanso sirventes* 34. G de Puycibot 173,11 *S'ieu anc jorn* 57. G Figueira 217,7 *Totz hom* 34, 49. G de Montanhagol 225,9 *No sap* 26. P Cardenal 335,31 *Clergue si fan pastor* 57. P Guilhem de Luserna 344,3 *En aquest gai sonet* 28. Tomier e Palazi 442,1 *De chantar* 33. Uc de S Circ 457,42 *Un sirventes* 26.

3. Frederick III of Aragon, king of Sicily (1296-1338), and a Provençal poet (P-C no. 160). Count of Ampurias 180,1 *A l'onrat rei Frederic Terz vai dir* 1. Anon 461,219 *Senher n'enfans* 31.

4. Frederick of Austria, condemned to death with Corradino in 1268. B Zorzi 74,14 *Si·l monz fondes* 7 ("E d'Austorica l'auz ducs Federics").

5. Marques monsegnor Frederic. Either Frederick Malaspina or Federico Lancia. Anon 461,180 *Nuls hom non deu* 25.

6. En Frederic. Probably Frederick duke of Thuringia, son of Frederick II's daughter Maria (or Margarita) (M de Riquer p 105). C de Girona 434a,52 *Pus li rey* 42.

7. See **Rogier Frederic.**

Friolan. An inhabitant of Friuli, in northern Italy. Anon 461,107 *En chantan* 22.

Friza. Friesland (mostly mentioned simply as being a far-off place). Marcabru 293,11 *Bel m'es quan la rana* 40. P Bremon Ric Nov 330,14 *Pos partit an* 5. P Vidal 364,14 *Bon' aventura* 13. Peirol 366,18 *La gran alegransa* 27. See also **Piza.**

Frizon. Apparently the name of an individual, rather than "Frisian"; but unidentified. G de Cabreira 242a,1 *Cabra joglar* 174. See **Guondalbon lo Frizon.**

Fulcran, san. Saint Fulcrand, bishop of Lodève (Hérault); died 1066. R Gaucelm 401,7 *Quascus planh* 49.

Fuxa. Foixá, on the right bank of the Ter, 18 km from Gerona. C de Girona 434,9a *Pres d'un jardi* 15.

G

Gabriel, l'angel (or **sant**). The angel Gabriel. L CIGALA 282,2 *En chantar* 47. P VIDAL 364,11 *Be·m pac* 20. ANON 461,192a *Per vos m'esjau* 7.
Gai d'Amors. Senhal. D D'ALVERNHE 119,7 *Pois sai* 36.
Gayéta. Gaeta (between Rome and Naples). B CARBONEL 82,18 *Un sirventes* 36. G FIGUEIRA 217,8 *Un nou sirventes* 15.
Guajetá. M de Riquer p 396 thinks of Gaiete in the *Anseïs de Cartage*, but this should be Gaiéta, not Gaietá. G DE CABREIRA 242a,1 *Cabra joglar* 103.
Gaifier. Unidentified. MARCABRU 293,19 *Doas cuidas ai* 20. See also **Poisson**.
Gairaudu. See **Garandon**.
Galaubet. Mentioned with various poets as one who can "viular coyndamen." UC DE L'ESCURA 452,1 *De mots ricos* 8.
Galborga, na. Stronski mentions a Galburge Porceleta in connection with Folquet de Marseille (p 167). G DE CAVAILLON 192,3 *Mantel vil* 13.
Galés. A Welshman. P CARDENAL 335,5 *Anc no vi* 2. P DEL VILAR 365,1 *Sendatz* 13.
Galhac. Galhac (Tarn). P VIDAL 364,27 *Mos cors* 17.
Galian, Fol de. A joglar. TAUREL and FALCONET 438,1 *Falconet, de Guillalmona* 39.
Gualiana. Unidentified (a Galiana is mentioned in the *vida* of Uc Brunenc, Boutière-Schutz *Biog.* p 199). MARCABRU 293,21 *Bel m'es quan la fuelh' ufana* 31.
Galias. The *Donatz proensals* (ed Marshall p 199) glosses *Galias* as *Galienus*, and it would be natural to name together the two great physicians Galen and Hippocrates ("E d'Ipocras Com Galias li saup mentir"), though I cannot explain "li saup mentir." G DE CALANSO 243,7a *Fadet joglar* 138. See also **Golias**.

Galic, Galec. A Galician. A Daniel 29,8 *Dous brais* 51. Gavaudan 174,10 *Senhor* 51. G de Bornelh 242,72 *Si·m sentis* 67 (a Welshman?). P d'Alvernhe 323,15 *Dejosta·ls breus jorns* 21.

Gualopin. Name of a thief, the squire of Elie in *Elie de S. Gille*. G de Cabreira 242a,1 *Cabra joglar* 97.

Galpert. See **Guigo**.

Galur, juge de. Nino Visconti, the judge of Gallura in Sardinia (mentioned by Dante, *Purgatorio* VIII 53). Anon 461,246 *Va cobla* 1 (may be part of 461,193 or 461,126 instead of a separate poem).

Galvanh, Galvan, Galvaing. Gawain. A de Peguilhan 10,10 *Era par ben* 14; 10,44 *Can qe·m fezes* 38 (var for *Ector*). B de Born 80,6a *A totz* 38. B de Born lo fils 81,1 *Quan vei* 21. G de Bornelh 242,35 *Tot gen* 26. G de Cabreira 242a,1 *Cabra joglar* 187. L Cigala 282,13 *Lantelm* 58. P Vidal 364,30 *Neus ni gels* 17, 49. R de Vaqueiras 392,20 *Ja non cugei* 43. C de Girona 434a,30 *Li cavalier* 23. Uc de S Circ 457,3 *Anc enemics* 35. Anon (P Cardenal?) 461,14 *Alexandres fon* 7. Anon 461,154 *Lo sen volgra* 6.

Gamenon. Perhaps Agamemnon ("D'Agamenon" rather than "De Gamenon"). G de Calanso 243,7a *Fadet joglar* 190.

Gan. Ghent. B de Born 80,26 *Mon chan fenisc* 68. C de Girona 434a,56 *Segons que ditz* 6.

Ganelo, Gainelo, Ganeilho. Ganelon, the traitor in the *Chanson de Roland*. G de Cabreira 242a,1 *Cabra joglar* 45. L de l'Aguilho 284,1 *Er ai ieu tendut* 20. P Cardenal 335,9 *Atressi com* 10; 335,65 *Un sirventes ai en cor* 8. R de Castelnou 396,1 *Ar a ben* 30.

Gap. Gap (Hautes-Alpes). P Bremon Ric Nov 330,6 *En la mar major* 15. P Cardenal 335,44 *Qui·s vol* 34, 44 (pun on the noun *gap* "boast").

Gapenses, Gabenses. Gapençais, the region of Gap. B d'Alamanon 76,15 *Pueis chanson far* 18. P Cardenal 335,8 *A totas partz* 24, 41. R de Vaqueiras 392,10 *D'amor no·m lau* 39. Trobaire de Villarnaut 446,2 *Un serventes nou* 7.

Garandon (var **Gairaudu**). Unidentified. B de Paris 85,1 *Gordotz* 43.

Guarcen. Unidentified. R Berenguier 427,1 *Ab dous dezir* 7.

Garda, Guarda
   1. The lake or district of Garda, but used as a pun ("prudence"). A de Peguilhan 10,40 *Per razo natural* 49.
   2. **Bella Guarda.** Aston wonders if this is a senhal for Marqueza de Polinhac (she is named with Heralh de Polinhac). Peirol 366,27a *Pos entremes me suy* 45.

Gardacor
   1. According to Chaytor S *de M* p 70, this is a senhal for Guilhelma de Benauges, the wife of Peire de Gavaret, viscount of Benauges and a poet (P-C no. 343). Mouzat G *Faidit* p 430-431 thinks Gardacor is another lady. S de Mauleon, G Faidit, and Uc de la Bacalaria 432,2 *Gaucelm, tres jocs* 71. Uc de S Circ 457,3 *Anc enemics* 62. See **Guilhelma**.
   2. Senhal, unidentified. B d'Alamanon 76,16 *Qui que s'esmai* 37.

Gardon. The river Gard (used for a pun; see **Garda**, above). Anon (P Cardenal?) 461,96 *Domna que va* 2.

Garin
   1. **Garin d'Anjers.** A French baron in *Anseis de Cartage*. Anon (Rostanh) 461,43 *Bel segner Deus* 53.
   2. **Guarin.** A conspirator in *Elie de S Gille* (M de Riquer). G de Cabreira 242a,1 *Cabra joglar* 98.
   3. **Guari.** Unidentified. William IX of Aquitaine 183,12 *Farai un vers pos mi* 15.
   4. **Gari.** A joglar? R Jordan 404,6 *Per qual forfait* 49; 404,7 *Per solatz* 67; 404,8 *Quan la neus chai* 31; 404,10 *S'eu fos encolpatz* 61; 404,11 *Vas vos soplei, domna* 49; 404,13 *Vert son li ram* 37.

Garlanda. A French barony. B de Born 80,13 *D'un sirventes* 31.

Garonda. According to Bertoni, the Garonne. G de Berguedan 210,2a *Arondeta* 28.

Garsenda. Unidentified. R de Vaqueiras 392,32 *Truan* 46.

Garsia Ramitz. García Ramírez, chosen king in Navarre at the death of the childless Alfonso I of Aragon and Navarre; ruled 1134-1150. B de Born 80,32 *Pois lo gens* 37.

Garsio. A joglar. B de Ventadorn 70,6 *Era·m cosselhatz, senhor* 61.

Gasc
1. A Gascon. Peirol 366,28 *Pus flum Jordan* 28. See also **Gasco**.
2. A joglar. G de Puycibot 173,4 *Gasc, pecs, laitz* 1, 25, 47.

Gasco. A Gascon. A Daniel 29,7 *D'autra guiza* 18. B de Born 80,13 *D'un sirventes* 23; 80,22 *Guerr' e pantais* 24; 80,23 *Lo coms* 11; 80,26 *Mon chan* 63; 80,33 *Puois Ventadorns* 17. B Calvo 101,9 *Mout a* 27. Cercamon 112,2a *Lo planh comens* 31 (the reference is to William X of Aquitaine). Gavaudan 174,10 *Senhor* 58. Comte de Foix 182,2 *Mas qui* 9. G de Berguedan 210,2 *Ara mens* 25. G de Bornelh 242,62 *Qui chantar sol* 131; 242,74 *Si sotils sens* 86. G de Cabreira 242a,1 *Cabra joglar* 18. J d'Albuzo 265,3 *Vostra domna* 17. Monge de Montaudon 305,11 *L'autre jorn* 44. Peter III of Aragon 325,1 *Peire Salvagg'* 9. P Bremon Ric Nov 330,14 *Pos partit an* 18. P Cardenal 335,56 *Tendas e traps* 26. R de Vaqueiras Epic Letter II 49. Richard I of England 420,2 *Ja nuls hom pres* 8.

Gasconha, Gascuenha, Gascoingna. Gascony. A de Peguilhan 10,42 *Puois descubrir* 46. A de Sestaro (?) and Monge 16,17 *Monges, cauzetz* 3. B de Born 80,39 *Senher en coms* 39, 50. B de Tot lo Mon 69,2 *Lo plazers* 17. B Calvo 101,9 *Mout a* 7. Marcabru 293,4 *Al prim comens* 61.

Guasmar. Unidentified. G de Cabreira 242a,1 *Cabra joglar* 107.

Gaspar. One of the Three Wise Men, P del Vilar 365,1 *Sendatz* 35. R de Vaqueiras 392,3 *Ara pot hom* 26.

Gasquet. A joglar. Fortunier 158,1 *S'en Aimerics te demanda* 2. Anon 461,123c *Gasquet, vai t'en en Proensa* 1.

Gastines. The Gâtinais, region around Montargis and Moret. P Cardenal 335,6 *Aquesta gens* 36.

Gasto
1. Gaston VI, viscount of Béarn (1173-1215). A de Peguilhan 10,42 *Puois descubrir* 46; 10,49 *S'ieu tan ben* 61. B de Born 80,21 *Ges no me* 24; 80,35 *Quan vei pels vergiers* 27; 80,40 *S'ieu fos aissi* 38. B de Gordo 84,1a *Se·m dises mal* 11.
2. Gaston VII (de Moncada), viscount of Béarn (1229-1290). P Cardenal 335,56 *Tendas e traps* 25. C de Girona 434a,5 *La razos ses jai* 25; 434a,11 *Can era paucs* 28; 434a,28 *Hom no pot far* 42. (See **Raimon Gaston** for this last poem.)

Gaucelm, Gauselm
1. **Gaucelm Faidit.** The poet. MONGE DE MONTAUDON 305,16 *Pois Peire* 31. PERDIGO and D D'ALVERNHE 370,11 *Perdigo, ses vassalatge* 55.
2. **Gauselm.** A joglar. R DE TORS 410,1 *Amics Gauselm, si annatz en Toscana* 1.

Gaucelma, na. Unidentified. TOSTEMPS and F DE MARSEILLE 155,24 *Tostemps, si vos* 69.

Gaudairenca (Caudairenga), na. The estranged wife of Raimon de Miraval. UC DE MATAPLANA 454,1 *D'un sirventes* 46.

Gaug de Cor, na. Senhal, unidentified. B ZORZI 74,2 *Atressi com lo camel* 116.

Gaujos Palaytz. Unidentified friend of the poet ("Gaujos Palaytz, si prendem La crotz, e poys que layshem Las rictatz, nos passarem De la ses far gran demor"). P LUNEL (DE MONTEG) 289,1 *Mal veg* 57.

Gaume. James I of Aragon (1213-1276). B D'ALAMANON 76,8 *D'un sirventes* 44. See **Jacme.**

Gauseran Durtz. Unknown, except that he was the brother of **Raimon Durtz,** equally unknown. G de Berguedan mentions a **Raimon Gauseran;** could there be any connection? B DE BORN 80,34 *Quan la novela flors* 57.

Gauseranda (Jauseranda) de Lunel. Unidentified (Ricketts p 52). G DE MONTANHAGOL 225,1 *A Lunel lutz una luna luzens* 11 (she is the "luna luzens"). See also **Lunel.**

Gauzeri. Unidentified, but he was an *escudier* who, like André de France, died for love. For a discussion of this squire and attempts to connect him with references in other poets, see Avalle *P Vidal* p 202. (Incidentally, while it is true, as Avalle says, that the single ms of the present poem reads *Gauzens,* not *Gauzeris,* the emendation is justified by the necessity of riming with *Paris.*) PISTOLETA and BLACATZ 372,6a *Segner Blacatz, pos d'amor* 35.

Gavardan. The Gavardan, a region (Landes) belonging to the viscounts of Béarn. B DE BORN 80,33 *Puois Ventadorns* 18.

Gavaret. Peire de Gavaret, the poet. P DE DURBAN 340,1 *Peironet* 3. See also **Peire.**

Gavaudan

1. The Gévaudan (Lozère). P Cardenal 335,53 *Senh' en Eble* 8. Monge de Montaudon 305,11 *L'autre jorn* 31.

2. The poet Gavaudan. Gavaudan 174,3 *Crezens, fis* 60; 174,10 *Senhor* 64.

3. Not clear whether the region (Gévaudan) or a man is meant; probably not the poet, who was a little earlier. B d'Alamanon and Guigo 76,24 *Vist hai, Bertran* 2.

Guazanh, Belh. Senhal for an unknown lady. E de Barjols 132,5 *Belhs Guazanhs, s'a vos plazia* 1. G Faidit 167,59 *Tant ai sofert* 59 (var).

Gazanhat, mon. Avalle (p 237) thinks this is probably Uc de Baus, rather than Alfonso II of Aragon, as Chabaneau believed. P Vidal 364,40 *Quant hom honratz* 59; 364,42 *S'ieu fos en cort* 47; 364,45 *Son ben apoderatz* 57.

Gedeon. Gideon (Judges 6:11 ff). P de Corbiac 338,1 *Domna* 38.

Gelida. Gelida (prov Barcelona). G de Berguedan 210,17a *Sirventes ab razon bona* 41. O del Temple 312,1 *Estat aurai* 44.

Gen Conquis, mon. Senhal, unidentified. A de Mareuil 30,1 *A grant onor* 36; 30,6 *Aissi com mos cors es* 61; 30,8 *Anc vas amor* 45; 30,22 *Si com li peis* 44.

Genis, san. Saint Genest, martyred c. 300. C de Girona 434a,57 *Si cel que ditz* 7.

Genoa. Genoa. B de Castellana 102,2 *Guerr' e trebalhs* 33. G Figueira 217,8 *Un nou sirventes* 29. G del Luc 245,1 *Ges sitot m'ai* 12. Anon 461,204 *Quan Proensa* 9.

Genoes

1. Inhabitant of Genoa. B Zorzi 74,10 *Mout fort* 10, 28, 45, 57, 64; 74,12 *On hom plus* 9. B de Born 80,22 *Guerr' e pantais* 48. B Calvo 101,17 *Ges no m'es greu* 9, 42. B de Castellana 102,2 *Guerr' e trebalhs* 29. F de Lunel 154,1 *Al bo rei* 38. L Cigala (or L Gatelus?) 282,1d *Be·m meravill* 4. P Vidal 364,14 *Bon' aventura* 3; 364,30 *Neus ni gels* 62, 73; 364,39 *Quant hom es* 21, 65. Pujol 386,1 *Ad un nostre Genoes* 1. R de Vaqueiras 392,1 *Ara·m digatz* 17; 392,7 *Domna, tant* 14. Anon 461,204 *Quan Proensa* 4, 16.

2. (Senher en) Genoes. Senhal, unidentified (patron). A de Mareuil 30,13 *Franquez' e noirimens* 54; 30,15 *La franca captenensa* 51; 30,19 *Mout eron dous* 51.

PROPER NAMES IN THE LYRICS OF THE TROUBADOURS 141

Genoesa. A Genoese lady (presumably not the same for the two poets). A DE SESTARO 16,11 *Donna pros e richa* 76. R DE VAQUEIRAS 392,7 *Domna, tant* 9.
Gent Esquieu *or* **Gentesquieu.** *See* **Esquieu.**
Gentil Cors. *See* **Cors.**
Gibel. A joglar? MARCOAT 294,1 *Mentre m'obri* 3.
Gibeli. A Ghibelline. C PANZAN 107,1 *Ar es sazos* 78.
Gimel. Gimel (Corrèze, arr Tulle). WILLIAM IX OF AQUITAINE 183,3 *Compaigno, farai* 25.
Girart
  1. **Girart de Rossillon.** Girart de Roussillon, the epic hero. A D'AORLHAC 40,1 *Ai Dieus* 37. G DE CABREIRA 242a,1 *Cabra joglar* 90. P CARDENAL 335,40 *Per fols tenc* 33.
  2. **En Girart.** Probably Girart de Roussillon, ruler of Perpignan (1163-1172). R D'AURENGA 389,5 *Als durs* 60.
  3. **Girart Carcifas.** Unknown. ANON 461,133a *Girart Carcifas coitos* 1 (Pillet-Carstens take *carcifas* for an adjective, not a name).
Giraut, Giraudet. *See* **Guiraut, Guiraudet.**
Girbert. Unidentified ("l'adreit barataire, Girbert"). P GUILHEM DE TOLOSA 345,2 *Ieu chantera* 50.
Gire, sant. Saint Gilles. P CARDENAL 335,28 *L'afar del comte Guió* 64.
Girmana. Name of a girl (not necessarily real). C DE GIRONA 434,4a *Com es ta mal* 2.
Girona. Gerona. G DEL LUC 245,1 *Ges sitot m'ai* 15.
Gironda. This would seem most naturally to mean the Gironde estuary; but Bertoni (*Annales* 25, 63) takes G de Berguedan's reference ("pos qe passei Gironda") to mean the town of Gerona, and the other references are not entirely clear. G DE BERGUEDAN 210,2a *Arondeta* 4. MARCABRU 293,12a *Bel m'es quan s'esclarzis* 46. SORDELLO 437,21 *Non pueis mudar* 12.
Girones. The region of Gerona. R DE MIRAVAL 406,11 *Baiona, per sirventes* 12. C DE GIRONA 434,13 *Si tot s'es braus* 36; 434a,25 *Francs reys humils* 5.
Girvays, san. Saint Gervais, martyred under Nero. THOMAS and BERNARDO 441,1 *Bernardo* 37.
Guisortz, Guizort, Gisors. Gisors (Eure). B ZORZI 74,1 *Aissi co·l focs* 38. B DE BORN 80,2 *Al doutz nou termini* 38; 80,14 *Ieu*

chan 40; 80,29 *No puosc mudar* 18; 80,31 *Puois als baros* 12; 80,45 *Volontiers* 43. D d'Alvernhe 119,8 *Reis, pos vos* 16. G de Berguedan 210,17a *Sirventes ab razon bona* 24.

Glorieta
1. The former palace of the princes of Orange. A de Porcairagues 43,1 *Ar em al freg* 43.
2. An unidentified lady. Uc Brunenc 450,4 *Cortezamen* 56.

Godofre, comte. Goffredo da Biandrate. N de Turin and F de Romans 256,9 *Nicolet, gran malanansa* 18. See **Ubert.**

Golfier de las Tors (*or* **de la Tor**). The son of Olivier de las Tors (Rilhac-Lastours, Haute-Vienne), whom he succeeded in 1180. B de Born 80,37 *Rassa, tan creis* 59. G Faidit 167,15 *Chant e deport* 49. G Magret 223,7 *Trop miels m'a pres qu'a·n Golfier de las Tors* 1. Uc de Pena 456,1 *Cora* 33.

Golias. Goliath. *See also* **Galias,** which is the reading of one of the two mss *(R),* as in line 138. G de Calanso 243,7a *Fadet joglar* 136.

Golmon. *See* **Gormon.**

Gomberz. *See* **Baus.**

Guondalbon lo Frizon. Gondebeuf le Frison, a vassal of Charlemagne, who figures in the Provençal *Ronsasvals.* G de Cabreira 242a,1 *Cabra joglar* 84.

Gonzalgo (Guossalbo) Roitz. Gonzalo Ruiz de la Bureba, standard-bearer of the king of Castile and cousin of king García Ramírez of Navarre; he appears in documents from 1122 to 1180 (Del Monte p 133, W. T. Pattison in *Mod. Phil.* 31, 19). P d'Alvernhe 323,11 *Chantarai d'aquestz trobadors* 67.

Gorda. Gordes (Vaucluse). R d'Aurenga 389,33 *Parliers* 44.

Gordo, Gordon. A castle in Quercy, on the site of the present Gourdon (Lot). B de Born 80,33 *Puois Ventadorns* 2. Matheu 298,1 *Seigner Bertran* 6. P Cardenal 335,10 *Bel m'es* 18. Uc de S Circ 457,42 *Un sirventes* 21.

Gordot, Guordo. A joglar, to whom the ensenhamen-sirventes is sent. B de Paris 85,1 *Gordotz, e·us fatz un sol sirventes l'an* 1, 84.

Gormai, var for **Bretmar** in 242,78, line 49. Unidentified.

Gormon, Golmon. Gormont, of the epic *Gormont et Isembart.* B de Paris 85,1 *Gordotz* 39. G de Cabreira 242a,1 *Cabra joglar*

PROPER NAMES IN THE LYRICS OF THE TROUBADOURS   143

142 ("Ni de Guormon Qui tot lo mon Cuidava conqerre per son"). P Cardenal 335,40 *Per fols tenc* 35.

Got. A Goth, used vaguely to designate one of the enemies of Christianity. Gavaudan 174,10 *Senhor* 11.

Granada. Granada. G Riquier 248,22 *D'Astarac venia* 26; 248,79 *S'ieu ja trobat* 36. P Doria 371,1 *Felon cor* 42.

Granhol. Grignols (Dordogne). B de Born 80,33 *Puois Ventadorns* 9.

Graignolet. Unidentified ("Q'a Graignolet auzi comtar Aiso q'es greu a retraire"). R de Miraval 406,10 *Aras no m'en* 8.

Granmon. Grandmont (Haute-Vienne, arr Limoges), site of a monastery. G Faidit 167,56 *S'om pogues* 57.

Grec. A Greek. B de Born 80,32 *Pois lo gens* 63. C Panzan 107,1 *Ar es sazos* 57. G Figueira 217,2 *D'un sirventes far* 21, 44. G de S Gregori 233,4 *Razon e dreg* 27. P Cardenal 335,5 *Anc no vi* 2; 335,14 *Sel que fes* 95. Anon 461,164a *Ma volontatz* 52. See also **Grezeis, Grifo, Griu.**

Gregor (de Montlonc). Gregorio da Montelongo, patriarch of Aquileia in Italy from 1252 to 1269, the year of his death. Anon 461,107 *En chantan* 18, 56 (planh for him).

Gregori, sanh. Presumably Saint Gregory of Tours. William IX of Aquitaine 183,6 *Farai chansoneta nueva* 17. G de S Gregori 233,4 *Razon e dreg* 46.

Grezes, Grezeis. A Greek. E Cairel 133,11 *Qui saubes* 35. R de Vaqueiras 392,24 *No m'agrad' iverns* 55. See **Grec, Grifo, Griu.**

Gribert. M de Riquer suggests that this may be the epic hero Girbert de Metz. G de Cabreira 242a,1 *Cabra joglar* 80.

Grifo. A Greek. R de Vaqueiras 392,9a *Conseil don* 38; Epic Letter II 31. R de Miraval 406,21 *Chansoneta farai* 12. See **Grec, Grezes, Griu.**

Gril. See **Jacme.**

Grima, na. An unidentified lady. Gavaudan 174,8 *Lo vers* 41.

Grimoart, en. Grimoart Gausmar, the poet. G Gausmar 190,1 *Lanquan* 60. P d'Alvernhe 323,11 *Chantarai d'aquestz trobadors* 37.

Griu. A Greek, or perhaps a griffin. P Vidal 364,11 *Be·m pac* 21; 364,22 *Ges quar estius* 27.

Gronh, lo. Logroño, in Castile. B DE BORN LO FILS 81,1 *Quan vei* 24. G AMIEL 172,1 *Breu vers* 25. P DE MARSEILLE 319,1 *Ab marrimen* 13. C DE GIRONA 434a,43 *Obra sobtil* 25.

Guerics lo sors. Guerry le saur ("blond"), uncle of Raoul de Cambrai in the epic. B DE BORN 80,31 *Puois als baros* 29.

Guerrier, mon. Senhal, unidentified. A DE ROCAFICHA 5,3 *Si amors* 58.

Gui

1. Gui Burgundion, brother of William VIII of Montpellier. P VIDAL 364,18 *Drogoman senher* 8.

2. **Gui Cap-de-porc.** Unidentified, but apparently not meant to be insulting. G DE DURFORT 214,1 *Quar soy petit* 7, 39.

3. **Gui de Cavaillon.** The poet. B FOLCO D'AVIGNON 83,2 *Ja no creirai d'en Gui de Cavaillo* 1, 8, 9, 10, 18. FALCONET and FAURE 149,1 *En Falconet* 12. G DE CAVAILLON (in a feigned tenso with his cloak) 192,3 *Mantel vil de croi fil* 14, 23 ("Guigo"), 29. G DEL BAUS 209,2 *En Gui, a tort me menassatz* 1, 12, 22, 29. P BREMON RIC NOV 330,20 *Un vers voill comenzar el son de meser Gui* 1, 2. UC DE S CIRC 457,42 *Un sirventes voill far en aquest son d'en Gui* 1. (The "son de meser Gui, son d'en Gui" of the last two poems seems to be the tune of Gui's poem 192,3 *Mantel vil*, taken as Alexandrines and disregarding the internal rimes.) ANON 461,123c *Gasquet, vai t'en* 2.

4. **Lo coms Guis de Combralha.** Combrailles is a region between Auvergne and La Marche; but the reading is not entirely certain. G DE BORNELH 242,62 *Qui chantar sol* 126.

5. **Gui d'Esiduoill.** Gui d'Excideuil (Dordogne, arr Périgueux), apparently the hero of a lost romance. R DE VAQUEIRAS 392,20 *Ja non cugei* 102.

6. **Gui d'Egletons** *or* **de Glotos.** A poet (P-C no. 193), addressed in this cobla. D DE CARLUS 123,1 *En re* 2.

7. **Gui Guerra.** Count Guido Guerra, grandson of Guido Guerra and the "buona Gualdrada" celebrated by Dante (*Inferno* 16, 37). The later Gui sided with the church against Frederick II and attacked Frederick while he was besieging Faenza in 1240. UC DE S CIRC 457,42 *Un sirventes* 3.

8. **Gui de Guibelhet.** Lord of Giblet, the ancient Byblos, now Jubayl in Lebanon, N of Beirut); he was at the siege of Damietta in 1218. P BREMON RIC NOV 330,14 *Pos partit an* 37.

9. **Gui Marques.** Guido Marchesopulo, of the Pallavicini family of Parma (De Bartholomaeis *PS* I 178). E Cairel 133,9 *Pos cai* 38.
10. **Gui de Massa** (var **Guido de Mayensa**). Unidentified. B de Paris 85,1 *Gordotz* 54.
11. **Gui de Montelh-Azemar.** An unidentified member of the Ademar family, lords of Montélimar (Drôme). R de Vaqueiras Epic Letter III 79.
12. **Gui de Nantuelh.** Hero of the Old French chanson de geste *Gui de Nanteuil*. A de Peguilhan 10,33 *Lonjamen m'a* 47. G de Berguedan 210,17a *Sirventes ab razon bona* 18. L Cigala 282,13 *Lantelm* 5. R de Vaqueiras 392,25 *Leus sonetz* 13. See also **Nantuelh**.
13. **Gui d'Ussel.** The poet. D de Pradas 124,10 *En un sonet* 63.
14. **En Gui.** Probably the son of viscount Ademar V of Limoges. B de Born 80,8 *Be·m platz car* 39, 46.
15. A patron of the poet. Uc de Pena 456,1 *Cora* 49.
16. A shepherd in a pastourelle. J Esteve 266,5 *El dous temps* 21, 25, 29, 38, 58.
17. **Coms Guis.** Audiau-Lavaud suggest Gui d'Alvernhe, Turenne's father-in-law, or Gui de Montfort (brother or son of Simon) (*Nouv. Anthol.* p 359). Viscount of Turenne (Raymond VIII) and Uc de S Circ 460,1 *En vostr' ais* 16.

Guiá. An Aquitanian. B de Born 80,14 *Ieu chan* 25; 80,26 *Mon chan fenisc* 63.

Guiana. Guyenne. B Arnaut de Moncuc 55,1 *Ar quan li rozier* 64. B de Born lo fils 81,1 *Quan vei* 13. G de Berguedan 210,22 *Us trichaire* 52. J Rudel 262,5 *Quan lo rius* 34. Marcabru 293,8 *Assatz m'es bel* 55; 293,35 *Pax* 68; 293,36 *Per l'aura* 36. Uc de S Circ 457,42 *Un sirventes* 29.

Guianés. Guyenne. P del Vilar 365,1 *Sendatz* 22.

Guibert. The son of Henry I of Rodez (Audiau-Lavaud *Nouv. Anthol.* p 359). Uc de S Circ and Viscount of Turenne 460,1 *En vostr' ais* 43.

Guiborc, Giborg. Guiborc de Montausier, wife of a lord of Chalais (Charente). J Bonel 273,1 *S'ira d'amor* 47. See **Chalais**.

Guicart d'Anton. Cavaliere thinks this may have been a musician to whom Peire Raimon sent his poem (for criticism?). P Raimon 355,12 *Pos lo prims* 44.

Guida de Rodes, na. Daughter of count Henry of Rodez (1214-1227) and sister of Hugo IV (1227-1274); wife of Pons, lord of Montlaur in Vivarais. B d'Alamanon 76,12 *Mout m'es greu* 25. See **Rodes.**

Guigo

  1. Guigo or Guio II, count of Auvergne (1194-1224), cousin of Dalfin d'Alvernhe. P Cardenal 335,57 *Tostemps azir* 54.
  2. Guigo de Cabanas, the poet (P-C no. 197). Esquileta 143,1 *Guigo, donan sai que conquier* 1. Raimon 424,1 *Ar chauçes* 63 (identification not certain here; this is Kolsen's guess).
  3. **Guigo Gui Alamans.** "La famiglia Alamans era del Delfinato: un Guigo Alamans è ricordato in documenti del 1201-2" (De Bartholomaeis *PS* II 97). G Augier Novella 205,7 *Totz temps* 44.
  4. **Gigo, comte dalfin.** Guigues VII of Vienne (1237-1269). Trobaire de Villarnaut 446,2 *Un sirventes* 12.
  5. **Guigo de Galpert.** Unknown, cited as an example of great age ("mais voill vivatz qe Gigo de Galpert"). Count of Provence 184,2 *Carn-et-ongla* 20.

Guilha. An unidentified lady. R de Vaqueiras 392,32 *Truan* 33.

Guillamona, Guillalmona

  1. **Na Guillamona.** Unidentified. P Vidal 364,15 *Car' amiga* 26.
  2. **Guillalmona.** Unidentified. Falconet and Taurel 438,1 *Falconet, de Guillalmona* 1.
  3. **Guyllamona de Palau.** Perhaps the lady of Palau chosen by Guilhem Raimon de Gironela and Poncet to judge their partimen (230,1a). C de Girona 434a,17 *De Pala a Torosela* 98. See **Palau.**

Guilhelma

  1. **Guilhelma de Benauges.** The wife of Peire de Gavaret, viscount of Benauges; her husband was a poet (P-C no. 343). She was apparently addressed by Savaric de Mauleon under the senhal **Gardacors** (q.v.). G Faidit, S de Mauleon, and Uc de la Bacalaria 432,2 *Gaucelm* 87.
  2. **Guillelma de Rogier** (perhaps **de Roziers**). A poetess (P-C no. 200). Anon 461,204 *Quan Proensa* 10.
  3. **Guilhelma de Ventamilha.** An unidentified lady. R de Vaqueiras: 392,32 *Truan* 40.

4. Guillelma. The wife of Gaucelm Faidit. E D'USSEL 136,2 *Gauselms, eu mezeis* 5 ("S'ieu sui paubres, vos avez pro argen E Guillelma, la pro e la valen").

5. Na Guillelma. A countess, otherwise unidentified. R DE MIRAVAL 406,42 *Tals vai* 42.

6. Guilielma. Sister of a countess. VAQUIER and CATALAN 459,1 *De las serors d'en Guiran* 33.

7. Na Guillelma (de Miramons). Unknown. A DE MAREUIL (?) 30,14 *La cortezi'* 58. See **Miramons**.

Guilhem

1. William of Orange, the epic hero. A DE PEGUILHAN 10,10 *Era par ben* 14 (var for *Galvains*). A DANIEL 29,8 *Dous brais* 13 ("sain Guillem"; he is called "saint" in some Old French poems too; see the references in Langlois). A D'AORLHAC 40,1 *Ai Dieus* 37. B DE BORN 80,6a *A totz* 23; 80,13 *D'un sirventes* 13. B DE BORN LO FILS 81,1 *Quan vei* 26. UC DE S CIRC 457,3 *Qui vol terr'* 9.

2. Guilhem Ademar. The poet. G ADEMAR 202,1 *Ben for' oimais* 51; 202,3 *Chantan dissera* 62; 202,4 *Comensamen comensarai* 41; 202,12 *S'ieu conogues* 52. MONGE DE MONTAUDON 305,16 *Pois Peire d'Alvernhe* 37.

3. Guilhem d'Anduza. Brother-in-law of Amalric de Narbonne, son-in-law of Bernat d'Olargue, and a poet himself (P-C no 203). G RIQUIER 248,13 *Anc non segui* 44.

4. Guillem Arnaut. Guillaume Arnaud, lord of Die, who appears in the *Chanson de la croisade contre les Albigeois*. R DE VAQUEIRAS 392,22 *Leus sonetz* 100.

5. Guilhem Augier. Perhaps the poet G A DE GRASSA (P-C no. 204a; Schultz-Gora, ZRP 9, 119). B DEL POJET 87,2 *De sirventes* 33.

6. Guillem de Barreira. Uncertain; see Soltau, ZRP 24, 44. BONAFE and BLACATZ 98,2 *Seign'en Blacatz, talant ai* 4.

7. Guilhem del Baus. Guillaume IV des Baux, prince of Orange (1182-1218). R DE VAQUEIRAS 392,14 *El so* 28. TOMIER E PALAZI 442,2 *Si co·l flacs molins* 36. See **Baus**.

8. Guilhelme Bertran. Presumably a relative of the poet. B DE BORN 80,10 *Cel que chamja* 41, 51.

9. Guillem de Castras. The abbot of Saint-Pons de Géménos, in whose convent two girls are going to become nuns. BLACASSET 96,10a *Si.l mals d'amor* 44.

10. Guillem de Clarmon. Guillén de Claramunt, a follower of Alfonso II and friend of Pons de Mataplana. G DE BERGUEDAN 210,1 *Amics marques* 22; 210,5 *Ben ai auzit* 2; 210,12 *Joglars* 16.

11. Guillelm del Dui-Fraire. Unknown. G FIGUEIRA and A DE PEGUILHAN 10,36 *N'Aimeric, que·us par* 4, 5, 12.

12. Guillem d'Esparnon. Unidentified. B FOLCO 83,2 *Ja non creirai* 6.

13. Guillem Fabre. The poet (P-C no. 216). B D'AURIAC 57,2 *En Guillems Fabres sap fargar* 1, 20, 27. UC DE S CIRC 457,17 *Guillems Fabres nos fai en brau lengage* 1.

14. Guillelm Gauta-segnada. Unidentified. A DE PEGUILHAN 10,9 *Anc tan bella* 4.

15. Guilhem de Gordo. Gordo is Gourdon (Lot). B DE BORN 80,44 *Un sirventes on motz no falh* 15. See **Gordo**.

16. Guillem de Lodeva. Lodeva is Lodève (Hérault). Guillem, the patron of the poet, was captured in Aragon during the expedition of Philip the Bold. J ESTEVE 266,2 *Aissi com cel* 42; 266,3 *Ara podem* 46; 266,5 *El dous temps* 76; 266,6 *Francs reis* 6, 21, 35; 266,7 *L'autrier* 83; 266,9 *Ogan* 72; 266,10 *Plaignen* 7 (a planh for him); 266,11 *Si·m vai* 61.

17. Guillelm Longa-Espia, en. Unidentified. P BREMON LO TORT 331,1 *En abril* 47.

18. Guillem Malaspina. Marquis of Malaspina and Massa (1194-1220). A DE PEGUILHAN 10,10 *Era par ben* 8; 10,11 *Ara parra* 41; 10,12 *Atressi·m pren* 41; 10,33 *Lonjamen m'a* 45; 10,34 *Mangtas vetz* 58; 10,41 *Per solatz d'autrui* 41. A DE SESTARO 16,1 *Ab joi comensi* 49; 16,15 *En Peire* 66. P RAIMON 355,13 *Pos vei parer* 49. P VIDAL 364,30a *Non es savis* 41. ANON 461,200 *Quant escavalcai* 47 (ms *guillem ma sina;* emendation only Chabaneau's conjecture).

19. Guillem Moyses (or **G. lo marques**). A cousin of the author, and a poet. MONGE DE MONTAUDON 305,16 *Pois Peire d'Alvernhe* 80.

20. Guillen de Moncada. A Guilhem de Moncada was viscount of Béarn, but this may be another member of the Catalonian

family. G de Montanhagol 225,5 *Ges per malvastat* 36. See **Moncada, Béarn.**
21. Guilhem de Monmaurel. A general of William IX of Aquitaine. B de Born 80,28 *Mout m'es* 18. See also **Monmaurel.**
22. Marques Guillem. William IV of Montferrat. E Cairel 133,11 *Qui saubes* 49. See also **Monferrat.**
23. Guilhem de Monpeslier. William VIII of Montpellier (1172-1202). F de Marseille 155,8 *En chantan* 57. G de Calanso 243,2 *Celeis cui am* 57. P de Bragairac 329,1 *Belh m'es* 32. R de Vaqueiras 392,22 *Leus sonetz* 73.
24. Guillem de Montanhagol. The poet. Blacasset 96,1 *Amics Guillem, lauzan etz maldizens* 1, 8, 11, 18.
25. Guillem de Mur. The poet (P-C no. 226). G Riquier, A del Boy, and Count Henry II of Rodez 248,74 *Seign' en Austorc* 6, 9, 17, 28, 35, 42, 49, 54, 58.
26. Guillem Pajes. Unidentified. G de Berguedan 210,6a *Cavalier* 3, 16, 22.
27. Guillem Raimon d'Auzona. "Guillem Ramón de Montcada, o Ausona" (M de Riquer *El trov G de B* p 23). G de Berguedan 210,17a *Sirventes ab razon bona* 9, 15. See also **Guillem de Moncada** (no. 20).
28. Guillem Rentis. A nickname for William IV of Montferrat (De Bartholomaeis)? Falconet and Taurel 438,1 *Falconet, de Guillalmona* 29.
29. Guillem de Ribas. Unknown. P d'Alvernhe 323,11 *Chantarai d'aquestz trobadors* 31.
30. Guilhem de Rodes. Count William IV of Rodez (1196-1208). Uc Brunenc 450,7 *Pos l'adreitz temps* 57.
31. Guillem de San Disdier (or **San Leidier**). The poet. Monge de Montaudon 305,16 *Pois Peire d'Alvernhe* 7.
32. Guillem de Savasona. Sabasona, 5 km NE of Vich. G de Berguedan 210,1 *Amics marques* 12.
33. Guillem de Tarascon. Unknown. G de Berguedan 210,15 *Mal o fe* 21.
34. Guillelm Testa-pelada. Unidentified. G Figueira 217,1a *Anc tan bel* 4.
35. Guilhem. An Aragonese nobleman (the *razo* mentions Guilhem de Alcalá and Guilhem Raimon de Moncada in connection with this poem). P Vidal 364,16 *De chantar* 7.

36. Guillem. Unknown. PAVES 320,1 *Anc de Roland* 4.

37. Guillem. A joglar. R DE FORCALQUIER 418,1 *En aquest son* 5, 31, 41.

38. Guilleme. William of Orange? G DE CABREIRA 242a,1 *Cabra joglar* 66.

Guillemi, en. Possibly Guglielmo di Camposampiero, who had fled from Venice, fearing the wrath of Ezzelino and the followers of Frederick II (Zingarelli, p 5). Uc DE S CIRC 457,42 *Un sirventes* 2.

Guimerra. The Chimaera (but the text is corrupt here: the mss have *gornilla, gouella, gunella, uimerra*). MARCABRU 293,44 *Soudadier* 17.

Guio

1. **Comte Guio, Guion mon cosin.** Gui II, count of Auvergne (1194-1224), cousin of Dalfin d'Alvernhe. D D'ALVERNE 119,8 *Reis, pos vos* 21. P CARDENAL 335,28 *L'afar del comte Guio* 1. RICHARD I OF ENGLAND 420,1 *Dalfin* 2. See also **Guigo**.

2. **En Guio.** The son of viscount Ademar V of Limoges. B DE BORN 80,43 *Un sirventes fatz* 10. See also **Gui**.

3. **Guio de Mayensa.** See **Gui de Massa**.

4. **Guion.** Unidentified. G DE CABREIRA 242a,1 *Cabra joglar* 103, 141, 162.

Guionet. A joglar. R de Miraval (?) 392,11 *Del rei d'Arragon* 33.

Guiot. Unidentified. R DE VAQUEIRAS Epic Letter III 33.

Guiran. Pillet-Carstens (p 417, no. 459) suggest *Enguerrand* instead of *en Guiran;* unidentified in any case. VAQUIER and CATALAN 459,1 *De las serors d'en Guiran* 1.

G(u)iraudet. See also **Guiraut**.

1. **Giraudet Amic.** Lord of Thor (near Avignon, fl 1170-1222). R DE VAQUEIRAS 392,22 *Leus sonetz* 29. See **Guiraut**.

2. **Guiraudet lo Ros.** The poet (P-C no. 240). G LO Ros 240,5 *Aujatz* 46. G RIQUIER, P DE MARSEILLE, and JORDAN 248,77 *Senh' en Jorda* 19.

G(u)iraut. See also **Guiraudet**.

1. **Giraut Ademar.** Géraut Adémar II, lord of Montélimar, fl 1180-1210. R DE VAQUEIRAS 392,22 *Leus sonetz* 29.

2. **Giraut Amic.** Same as **Giraudet Amic**, above. G DE MONTANHAGOL 225,1 *A Lunel lutz* 17.

3. **Comte Gueraut.** Guéraud V, count of Armagnac (the reading is an expansion of ms *Gr.*). P Cardenal 335,56 *Tendas e traps* 4.

4. **Giraut (de Bornelh).** The poet. D d'Alvernhe 119,7 *Pois sai* 46. G de Bornelh 242,72 *Si·m sentis* 77. P d'Alvernhe 323,11 *Chantarai d'aquestz trobadors* 13, 20 ("Bornelh" alone in line 20). Trobaire de Villarnaut 446,1 *Mal mon grat* 27 (the reading is actually "Giraut de Borneira," but many names are similarly deformed in this poem).

5. **En Giraut.** Guiraut de Cabreira, whose poem *Cabra joglar* (242a,1) Guiraut de Calanso imitated. G de Calanso 243,7a *Fadet joglar* 9.

6. **Giraut de Jorba.** Guerau de Jorba, counselor of Alfonso II of Aragon. G de Berguedan 210,7 *Chanson* 29.

7. **Guiraut de Linhá.** "Planch ne fes Raimon Gaucelm en l'an que hom contava M.CC.LXII per un borzes de Bezers lo qual avia nom Guirautz de Linhan" (heading of the poem in the ms). R Gaucelm 401,7 *Quascus planh lo sieu dampnatge* 25.

8. **Guiraut de Papion.** Unknown. A de Sarlat 11,3 *Quan si cargo* 46.

9. **Guiraut Riquier.** The poet. G Riquier 248,1 *Ab lo temps* 42; 248,22 *D'Astarac venia* 36; 248,32 *Gaya pastorela* 66; 248,49 *L'autre jorn m'anava* 76; 248,50 *L'autrier trobei la bergeira* 29, 31; 248,51 *L'autrier trobei la bergeira d'antan* 53.

10. **Giraut lo Ros.** The poet (same as **Guiraudet lo Ros**, above). Monge de Montaudon 305,16 *Pois Peire d'Alvernhe* 67.

11. **Giraut de Viviana.** According to M de Riquer, these words should not be taken together as one name (as Birch-Hirschfeld understands them, p 65), but "Giraut; De Viviana..." See **Giraut 12**, and **Viviana**.

12. **Giraut.** Uncertain which Giraut is meant. G de Cabreira 242a,1 *Cabra joglar* 137.

Guiren, Bon. Senhal, unidentified. J Rudel 262,6 *Quan lo rossinhols* 33.

Guisan. Wissant (Pas-de-Calais), a well-known port in the Middle Ages. B de Born 80,26 *Mon chan fenisc* 69.

Guiscarda. Viscountess of Comborn, wife of **Archambaut** (q.v.). B de Born 80,1 *Ai, Lemozis* 14. B Arnaut d'Armagnac 54,1

Lombartz 2 (very possibly not the same person as the first, but otherwise unidentified).

Guisot, Gisot. Unidentified. R de Miraval (?) 406,10a *Ar aven* 4.

Guiza (Guia), na. For possible identifications, see Ricketts p 73. G de Montanhagol 225,7 *Non an tan dig* 61; 225,11 *On mais* 50.

I

Iau. Unidentified. P d'Ortafas 379,2 *Si ai perdut* 9 ("A per pauc no·m desesper O no·m ren monge d'Iau").

Ibeli. The fief of Ibelin between Jaffa and Ascalon. P Vidal 364,2 *Ajostar e lassar* 85.

Ybres. Ypres (Belgium). C de Girona 434a,56 *Segons que ditz* 6.

Icarus. The rash flyer of antiquity who fell into the sea. G de Calanso 243,7a *Fadet joglar* 86.

Icelis. See **Aicelis**.

Ylaire, saint. Saint Hilary. Marcabru 293,5 *Al son desviat* 19.

Ilha, la. L'Isle-Jourdain (Gers). G Riquier 248,15 *A Saint Pos* 63; 248,20 *Coms d'Astarac* 65; 248,22 *D'Astarac venia* 2.

Imo. See **Aimon**.

India. "Indie, soeur naturelle de Raimond VI de Toulouse, mariée d'abord à Guillabert de Lautrec; après la mort de celui-ci, elle épousa Bernard-Jourdain II, seigneur de l'Isle-Jourdain (1206)" (Dumitrescu, p 182). A de Belenoi 9,20 *S'a midons plazia* 79.

Ines, mi donz n'. Unidentified. P Bremon Ric Nov 330,20 *Un vers voill* 8.

Inhaure, Isnaure. See **Linhaure**.

Innocen. Pope Innocent III (1198-1216). A de Peguilhan 10,11 *Ara parra* 10.

Yolen, l'emperairitz. Yolanda, regent of Constantinople 1217-1219. E Cairel 133,11 *Qui saubes* 39.

Ipocras Hippocrates, the Greek physician. P Raimon 355,7 *Enquera·m vai* 19. G de Calanso 243,7a *Fadet joglar* 137.

Ypolite. Hippolytus ("Ypolite, que visquet castamen"). G d'Anduza 203,1 *Sens ditz* 23.

Iris, Hyris, Ytis. Unidentified; mentioned with **Biblis** (q.v.), who in Ovid loves her brother Caunus, while neither Iris nor Ithys figures in her story (*Metamorphoses* IX). The form *Iris* seems preferable, since it occurs in two of the three references (the *Itis* in the printed texts of A de Mareuil is an emendation based on the mistaken assumption that this was the reading of the other two poems). A de Belenoi 9,20 *S'a midons plazia* 46 ("Que anc Hyris Jorn de Biblis No fo tan enveyos"). G de Cabreira 242a,1 *Cabra joglar* 163 ("Ni sabs d'Ytis Ni de Biblis Ni de Caumus nuilla fasson"). The other Provençal allusion is in a love letter of A de Mareuil (Bec III, 169: "Ni anc Iris, ço cre, No amet Biblis re, Avers so q'eu am vos").

Yrlan. An Irishman. B de Born 80,26 *Mon chan fenisc* 63. P del Vilar 365,1 *Sendatz* 13.

Irlanda. Ireland. A de Mareuil 30,5 *Aissi cum selh que tem* 31. B Zorzi 74,2 *Atressi com lo camel* 53. B de Born 80,13 *D'un sirventes* 18. G Uc d'Albi 237,1 *Quan lo braus* 22. P Cardenal 335,61 *Tot farai una demanda* 8. Also as a var for **Islanda** in D de Pradas 124,24 *Puois amors vol* 20.

Irop. See **Jop.**

Isabel, Yzabel

1. **Madona Ysabel, domn' Isabel.** The poetess (P-C no. 252). The daughter of Guido Marchesopulo? E Cairel 133,3 *Estat ai* 60; 133,6 *Mout mi platz* 50; 133,9 *Pos cai* 46.

2. **Izabel.** A Catalan lady? R d'Aurenga 389,33 *Parliers* 14.

Isabela, na. Unidentified. Anon 461,18a *Amors m'a fach* 32.

Ysach. Isaac, son of Abraham. P d'Alvernhe 323,13 *Cui bo vers* 54.

Isart, n'. Unidentified. B de Venzac (?) 323,6 *Bel m'es dous chans* 52.

Isembart, Esimbart, Izembart

1. Isembart of *Gormont et Isembart*. B de Paris 85,1 *Gordotz* 40. G de Cabreira 242a,1 *Cabra joglar* 133. P Cardenal 335,40 *Per fols tenc* 35.

2. **Mon Isembart.** Unidentified. B de Born 80,4 *Ara sai ieu* 50; 80,31 *Puois als baros* 45.

Isengri, Isingri, Aengri, Sengri. Isengrin, the wolf in the Reynard poems. I d'Entrevennes 254,1 *Del sonet* 28. P de Bussinhac 332,1 *Quan lo dous temps* 61. P Cardenal 335,30 *Las amairitz* 2; 335,31 *Clergue si fan pastor* 6; 335,43 *Quals aventura* 53; 335,53 *Senh' en Eble* 22. Richard I of England 420,1

Dalfin 7. R de Tarascon and G de Cavaillon 422,2 *Cabrit, al mieu vejaire* 51. Falconet and Taurel 438,1 *Falconet, de Guillalmona* 46.

Iseut, Isolt, Yzeut

1. Iseut, the beloved of Tristan. B de Ventadorn 70,44 *Tant ai mo cor* 47. B Zorzi 74,2 *Atressi com lo camel* 52. B de Born 80,12 *Domna, puois* 38. F de Marseille (?) 155,13 *Meravill me* 44. F de Romans 156,2 *Aucel no trop* 26. G de Cabreira 242a,1 *Cabra joglar* 186. P Cardenal 335,14 *Sel que fes* 90. Peirol and D d'Alvernhe 366,10 *Dalfi, sabriatz* 32. P de Capduelh 375,3 *Astrucs es cel* 15. R d'Aurenga 389,32 *Non chant per auzel* 29, 35, 43. R de Vaqueiras 392,16 *Engles* 56. C de Girona 434a,64 *Si tot no say* 2. Anon 461,92 *Donna* 10.

2. Iseut de Capio, the poetess (P-C no. 253). A de Castelnou 20,2 *Dompna n'Iseus, s'ieu saubes* 1.

Isla-Bochart, la. L'Isle-Bouchard (Indre-et-Loire). B de Born 80,33 *Puois Ventadorns* 33.

Islanda. Iceland; but both references are somewhat doubtful. D de Pradas 124,14 *Puois amors vol* 20 (var *Irlanda*). G de Calanso 243,7a *Fadet joglar* 147 (read *Genlanda, la Landa*?).

Ismael. Ishmael, son of Abraham and Hagar (Genesis 16:15). G de Calanso 243,7a *Fadet joglar* 118.

Isnart, n'. Isnart d'Entrevennes, the poet (P-C no. 254), son of Raimon d'Agoult. E de Barjols 132,11 *Pos vei* 45.

Israel. The name given to Jacob after he had wrestled with God (Genesis 32:28); also his descendants. The three references are to the "sons of Israel" and the "tribes of Israel." Marcabru 293,42 *Quan l'aura doussana* 23. P d'Alvernhe 323,16 *Deus, vera vida* 61. P Vidal 364,11 *Be·m pac* 39. See **Jacob**.

Itis, Ytis

1. **Donz Itis.** Probably a senhal for some unknown person (Mouzat p 599). G Faidit 167,7 *Ara cove* 71.

2. **Ytis.** See **Iris (Hyris)**.

Ivan. Yvain, Chrestien's hero. A de Peguilhan 10,10 *Era par ben* 15. B de Paris 85,1 *Gordotz* 41 ("Ni re non crei qe sapiatz d'Ivan, Qe fo·l premiers q'adomeschet auzel"; does this refer to Yvain's adventure with the birds at the fountain, where Kay had actually preceded him?). G de Bornelh 242,35 *Tot gen* 30.

J

Jaca. A town in Spain (prov of Huesca, in Aragon). R d'Aurenga (not de Vaqueiras) 392,5 *Ar vei bru* 50.

Jacme

1. Sant Jacme. Saint James (of Compostela). Cercamon 112,2a *Lo planh comens* 53. M de Caerci 299,1 *Tan sui* 80. P Vidal 364,11 *Be·m pac* 76.

2. Rey Jacme. James I of Aragon, the Conqueror (1213-1276). B de Rovenac 66,3 *Ja no vuelh* 19. B de Born (?) 80,42 *Un sirventes farai* 16. Duran sartor 126,1 *En talant ai* 10. F de Lunel 154,5 *Quan beutatz* 41. G de Montanhagol 225,3 *Bel m'es* 37. M de Caerci 299,1 *Tan sui* 70, 79, 82, 83 (who plays with the names of the king, the saint, and the town Santiago; the poem is a planh for James I). O del Temple 312,1 *Estat aurai* 25. P Basc 327,1 *Ab greu cossire* 20. P Cardenal 335,62 *Totz lo mons* 54. C de Girona 434,12 *S'ieu fos* 33; 434a,20 *En breu sazo* 5; 434a,32 *Meig vers* 19; 434a,62 *Si per tristor* 7 (planh for him); 434a,77 *Un bon vers* 29.

3. Rey Jacme. James II of Majorca, who in 1276 succeeded his father (James I of Aragon) as king of the Balearic Isles, while his brother Peter III became king of Aragon. P de Marseille 319,2 *Ara qu'es* 53 ("nobl' efan en Jacme," before the death of his father). C de Girona 434a,79 *Un bo vers* 5.

4. Jacme Gril. The poet (P-C no. 258). L Cigala and S Doria 282,1b *Amics Simon* 73; 436,1 *Car etz* 58, 62.

5. Maistre Jacme. A joglar. R de Tors 410,4 *A totz maritz* 34.

Jacobina. Jacobina of Ventimiglia, daughter of Guido Guerra, count of Ventimiglia. R de Vaqueiras Epic Letter III 23, 73, 76.

PROPER NAMES IN THE LYRICS OF THE TROUBADOURS 157

Jacop, Jacob. Jacob, the son of Isaac. P d'Alvernhe 323,13 *Cui bo vers* 54. P Vidal 364,11 *Be·m pac* 50. See also **Israel**.

Jacopi, Jacobi. A Jacobin monk? Presumably the two references are not to the same person, in any case. G Figueira 217,1a *Anc tan bel* 3. Anon 461,200 *Quant escavalcai* 3. The word is used in the plural by P Cardenal 335,1 *Az votz d'angel* 27; here the reference is pretty clearly to Jacobin monks.

Jana. Name of a girl (not necessarily a real person). C de Girona 434a,34 *No·l prenatz* 2.

Jason. The conqueror of the Golden Fleece. G de Calanso 243,7a *Fadet joglar* 80.

Jaufre, Gaufre, Jofre
  1. **Comte Jaufre.** Geoffrey of Brittany, third son of Henry II of England (1158-1186). B de Born 80,13 *D'un sirventes* 33; 80,39 *Senher en coms* 49; 80,32 *Puois lo gens terminis* 23 (or Arnaut-Geoffroi de Roussillon?). G Faidit 167,22 *Fortz chauza* 51; 167,40 *Mout m'enojet* 37. G de Calanso 243,6 *Belh senher Dieus* 27. P Vidal 364,36 *Plus que·l paubres* 48. See also **Rassa**.
  2. **Comte Jaufre.** (Arnaut) Geoffroi III of Roussillon (1113-1163). B de Palazol 47,10 *S'ieu sabi' aver* 38. B de Born 80,32 *Puois lo gens terminis* 23 (or Geoffrey of Brittany?).
  3. **Comte Jaufre.** Geoffroi de Lusignan, brother of Hugues IX? B de Born 80,34 *Quan la novela flors* 45.
  4. **Jofre.** Geoffrey, brother of Henry III of England. P del Vilar *Sendatz* 21.
  5. **Jaufre Reforsat.** The poet Reforsat de Tres (P-C no. 419). Blacatz and G de S Gregori 233,5 *Senher Blacatz* 41.
  6. **Jaufre Rodell.** "Lo vescomte valen Jaufre Rodell, qe moric al passage... E qar muric en Jaufres voluntos per sa domna..." Can this refer to Jaufre Rudel, who lived much earlier than the poets involved in this tenso? Rofian and Izarn 255,1 *Vos que amatz* 23, 30, 36.
  7. **Jaufre Rudel.** The poet. G de Salignac and Peironet 249,2 *D'una razo* 40. Marcabru 293,15 *Cortesamen* 38 ("A·n Jaufre Rudel outra mar"). See also **Rudel**.
  8. **Jaufre.** Probably some notorious contemporary of the poet (Kolsen, ed.) G de Bornelh 242,80 *Un sonet fatz* 15.

Jausbert
1. Possibly Jobert, companion of Aiol in the poem of that name (M de Riquer p 399). G de Cabreira 242a,1 *Cabra joglar* 139.
2. The poet Gausbert de Puycibot? B de Saissac (?) 88,1 *Aras, quan plou* 12.

Jauzida, na. Unidentified. R de Castelnou 396,2 *Aras, pus* 41; 396,3 *De servir* 41.

Jerusalem, Jherusalem. Jerusalem. A Daniel 98,8 *Dous brais* 45. E Cairel 133,11 *Qui saubes* 16. F de Romans 156,15 *Vers Dieus* 3. G de S Didier 168,1a *El temps* 11, 19. Gavaudan 174,10 *Senhor* 3. G Figueira 217,8 *Un nou sirventes* 38. L Cigala 282,23 *Si mos chans fos* 11, 13 ("C'aitan vol dir, per drech' alegoria, Jerusalem com vizios de patz"). P d'Alvernhe 323,16 *Deus, vera vida* 76. P Bremon Ric Nov 330,14 *Pos partit an* 34. R de Vaqueiras 392,24 *No m'agrad' iverns* 86. R Berenguier 427,4 *Pois de sai mar* 18. Anon 461,122 *Finamen* 127.

Jesu, Jhesu, Jezu. Jesus. A de Belenoi (?) 9,10 *Consiros, com partitz* 22. A de Peguilhan 10,48 *S'hieu anc chantei* 45. A de Peguilhan (?) 10,31 *Lanquan chanton* 44. A Daniel 29,5 *Autet* 42. B Alanhan 53,1 *No posc mudar* 11. B de Bondelhs 59,1 *Tot aissi·m pren* 27. B de Born 80,4 *Ara sai ieu* 8. F de Romans 156,11 *Quan cug chantar* 69. Fraire menor 159,1 *Cor ai* 9. G Faidit 167,2 *Ab consirier* 53. G de S Didier 168,1a *El temps* 11. Gavaudan 174,3 *Crezens, fis* 57. Gormonda 177,1 *Greu m'es* 59. William IX of Aquitaine 183,10 *Pos de chantar* 23. G Anelier 204,3 *El nom de Dieu* 12. G de Berguedan 210,19 *Trop ai estat* 15, 34. G Figueira 217,7 *Totz hom* 41. J Rudel 262,6 *Quan lo rossignols* 41. Marcabru 293,1 *A la fontana del vergier* 17; 293,12a *Bel m'es quan s'esclarzis* 49. M de Caerci 299,1 *Tan sui* 72. J de Foixá 304,1 *Ben m'a* 16. Palais 315,2 *Be·m plai* 25. P d'Alvernhe 323,16 *Deus, vera vida* 78; 323,21 *Lauzatz si' Emanuel* 61. P Vidal 364,8 *Baron, Jhesus, qu'en crotz fo mes* 1. Peirol 366,29 *Quant amors* 30. P de Capduelh 375,2 *Ar nos sia* 11; 375,7 *De totz chaitius* 13. R de Vaqueiras 392,3 *Ara pot hom* 8. R de Berbezilh 421,2 *Atressi cum l'orifans* 27. C de Girona 434,15 *Totz homs* 35. Sifre 435,1 *Mir Bernart* 19. Anon 461,74a *De gran dolor* 73;

461,123 *Flors de paradis* 219; 461,124 *Gen me nais* 78, 156, 193. See also **Jhesu Crist**.

Jhesu Crist, Jesu Crist (nom **Jesucritz, Jesus Critz**). Jesus Christ. A DE BELENOI 9,9 *Domna, flor* 14. A CATALAN 27,4b *Dieus verais* 9. B ZORZI 74,6 *Jesus Critz per sa merce* 1. B CARBONEL 82,15 *S'ieu anc* 33. CADENET 106,10 *Be volgra* 31; 106,24 *S'ieu trobava* 8. D DE PRADAS 124,4 *Ben deu esser* 25. F DE LUNEL 154,1 *Al bo rei* 48. G FAIDIT 167,9 *Ara nos sia guitz / Lo vers Deus, Jesu Critz* 2; 167,14 *Cascus hom* 27. GAVAUDAN 174,9 *Patz passien* 59; 174,10 *Senhor* 27. G ANELIER 204,1 *Ara farai* 33. G D'AUTPOL 206,2 *Fortz tristors* 79. G DE MUR 226,2 *D'un sirventes* 7. G DE BORNELH 242,77 *Tals gen* 41. G RIQUIER 248,16 *Auzit ai dir* 24; 248,44 *Humils, forfaitz* 22; 248,46 *Jhesus Cristz, fills de Deu viu* 1; 248,48 *Karitatz* 42; 248,73 *Sancta verges* 2; 248,84 *Vertatz* 37; 248,86 *Xristian son per Jhesu Crist nomnat* 1. P LUNEL (DE MONTECH) 289,1 *Mal veg* 10, 34. MARCABRU II 293a,1 *Ben for' ab lui* 4. M DE CAERCI 299,1 *Tan sui* 29, 66, 68. P CARDENAL 335,1 *Ab votz d'angel* 6; 335,27 *Jhesus Cristz, nostre salvaire* 1, 316; 335,51 *Sitot non ai* 50, 54; 335,60 *Tot enaissi com fortuna* 34; 335,62 *Totz lo mons* 47; 335,69 *Un sirventes voill far* 18. P DE CORBIAC 338,1 *Domna* 29. R GAUCELM 401,1 *Ab grans trebalhs* 5; 401,5 *Dieus m'a dada* 13, 28, 41; 401,8 *Qui vol aver* 2, 36. R BERENGUIER 327,6 *Si com trobam* 35. SORDELLO 437,34 *Sol que m'afi* 37. R BONOMEL (TEMPLIER) 439,1 *Ir' e dolors* 18, 27. ANON 461,74a *De gran dolor* 7, 25, 61, 65 ("Jhesu Xrist"); 461-107 *En chantan* 58; 461,123 *Flors de paradis* 51; 461,177 *Non posc mudar* 30.

Johan, Joan

1. **Sant Johan.** Saint John. A DE PEGUILHAN 10,40 *Per razo natural* 50. A DE SESTARO 16,11 *Donna pros e richa* 10. A CATALAN 27,4b *Dieus verais* 21. B DE BORN 80,26 *Mon chan fenisc* 14. B DE BORN (?) 80,42 *Un sirventes farai* 31. CERCAMON 112,1c *Assatz es* 16. GAVAUDAN 174,3 *Crezens, fis* 52. G FIGUEIRA 217,4a *Ja de far* 61. G DE S DIDIER 234,12a *Lo plus iratz* 33. G RIQUIER 248,48 *Karitatz* 60. I D'ENTREVENNES 254,1 *Del sonet* 23 ("l'herba saint Johan"). P CARDENAL 335,64 *Un estribot farai* 9; 335,67 *Un sirventes novel* 48. P DE CAPDUELH 375,7 *De totz chaitius* 16; 375,22 *So c'om plus vol* 31. R D'AURENGA 389,12

Ara non siscla 40. R de Vaqueiras 392,4a *Ar pren comgat* 28. R Gaucelm 401,7 *Quascus planh* 27. C de Girona 434a,4 *Ara·m luyna* 35; 434a,75 *Tan mal me fai* 51. Anon 461,74a *De gran dolor* 70, 72, 74; 461,237 *Tut lo mon* 9.

2. Rei Johan. King John of England (1199-1216). B de Born 80,11 *Cortz e guerras* 62; 80,14 *Ieu chan* 24 ("Johan ses terra"). B de Born lo fils 81,1 *Quan vei* 7, 31. Monge de Montaudon 305,17 *Seigner* 8. P d'Alvernhe (?) 323,22 *Lo senher* 34.

3. Pestre Joan, Prestre Joan. Prester John, a fabulous personage of the Middle Ages who served the troubadours mostly as an example of great wealth and luxury. Jutge and Esteve 145,1 *Duy cavayer* 48. G Faidit 167,6 *Anc no·m parti* 29 ("Qar miels me vai qe al prestre Ioan Cant me membra de lieis qe m'a conques"). C de Girona 434a,82 *Volgr' aguesson* 2 ("Volgr' aguesson li rey aytal usatge Com li rics reys Pestre Joan avia, C'un vaxel d'aur mirava cascun dia Plen de terra, pensan dins son coratge Que l'aurs era vil e·l terra prezans").

4. Rey Johan. Jean de Brienne, king of Jerusalem (1210-1225)? Peirol 366,28 *Pus flum Jordan* 13.

5. Joan Fabre. Unidentified. B Carbonel 82,10 *Joan Fabre, eu ai fag un deman* 1, 15, 20, 28, 35.

6. Johan Ymbert. Unidentified. Peire and Guilhem 322a,1 *En aquel so* 58.

7. Johan de Valleri. Mentioned by Joinville as treasurer for Louis IX. B d'Alamanon and Sordello 76,2 *Bertrans, lo joy* 54. Granet 189,4 *Pos al comte* 21.

8. Fraire Johans. Quoted as a preacher by a shepherdess in a pastourelle. G d'Autpol 206,3 *L'autrier* 77.

9. Johan ses terra. Possibly a poet; in any case not king John of England. R de Vaqueiras 392,23 *Leu pot hom* 61.

10. Johan, en Johan. Several references, all unidentified. Jutge and Esteve 145,1 *Duy cavayer* 55. G de S Didier 234,7 *Domna, ieu vos* (in the apocryphal tornada in ms V). Maistre and Fraire Berta 292,1 *Fraire Berta* 59. Peirol 366,28 *Pus flum Jordan* 7 ("Quar s'ieu era en Proensa, d'un an No·m clamarian Sarrazis Johan"; meaning?). R de Miraval (?) 392,11 *Del rei d'Arragon* 25; 406,10a *Ar aven* 3.

Johana d'Est. The wife of Azzo VII of Este; she died in 1233. A de Peguilhan 10,17 *De so dont hom* 46. G de la Tor 236,2 *Chanson* 101. P Guilhem de Luserna 344,3 *En aquest gai sonet* 46. Anon 461,147 *L'altrer fui a Calaon* 10; 461,27a *Arnaldon, per na Johana* 1 (once listed under 461,147).

Joanet d'Albusson. A poet (P-C no. 265). P Bremon Ric Nov 330,6 *En la mar major* 27.

Joanni. Unidentified. G de Cavaillon 192,1 *Ben avetz auzit* 4.

Joglar
 1. Senhal for a lady, the confidante of the poet. R d'Aurenga 389,1 *Ab nou cor* 58, 59; 389,5 *Als durs* 67; 389,11 *Ara·m so* 67; 389,12 *Ara non siscla* 45; 389,16 *Ar resplan* 51; 389,18 *Assatz sai* 57; 389,19 *Ben sai* 67; 389,20 *Ben s'eschai* 48; 389,27 *Entre gel e vent* 60; 389,30 *Joglar, fe qed eu dei* 1; 389,33 *Parliers* 49; 389,39 *Si·l cors es pres* [passim].
 2. Senhal, unidentified. B Zorzi 74,15 *S'ieu trobes* 64.

Joi
 1. **Fin Joi.** Senhal for a patroness or patron. B de Ventadorn 70,19 *Estat ai com om* 52.
 2. **Fin Joi.** Senhal for Sail-de-Claustra de Mercoeur. Peirol 366,7 *Car m'era* 19, 37.
 3. **Fin Joi.** Senhal? Perdigo 370,5 *Entr' amor e pensamen* 41.
 4. **Mon Joi.** Senhal for a friend of the poet. G de Bornelh 242,4 *Aital chansoneta* 53; 242,65 *S'anc jorn* 15.
 5. **Mon Joi.** Senhal, unidentified. Anon 70,11 *Belh Monruel* 37.
 6. **Joi Novel.** Senhal for a lady, probably imaginary. D de Pradas 124,6 *Ben ay' amors* 45; 124,8 *Del bel dezir que Joys Novels m'adutz* 1; 124,9a *El temps* 29; 124,10 *En un sonet* 7, 8; 124,11 *No cugiey mas* 48; 124,13 *Pois merces* 41.

Joios, Joyos
 1. A joglar. G de Bornelh 242,17 *Er' auziretz* 65; 242,18 *Be deu* 68; 242,37 *Ges de sobrevoler* 65; 242,40 *Jois e chans* 121 (in this poem, Kolsen thinks it may perhaps be a senhal for the poet's beloved); 242,48 *M'amia* 78.
 2. Joyos de Tolosa, a poet; he names himself. J de Tolosa 270,1 *L'autrier* 79.

Jolivet. Unidentified. J de Pons 261,1a *Guiraut Riquier* 35.

Jonas. Jonah. P d'Alvernhe 323,16 *Deus, vera vida* 40. P d'Alverne (?) 323,22 *Lo senher* 28 ("Jonas qu'eisit del peiso").

Jonqera. A wealthy citizen of Arles, who (according to the poet) was killed for his money by the archbishop of that city, Jean Baussan. B d'Alamanon 76,4 *De l'arcivesque* 23.

Jop. Job. Enveyos and G Riquier 248,14 *Ara s'esfors* 30 (the edition has *Irops*, which does not fit the meter, while *Jop* does; he is listed with those deceived in love, which is somewhat surprising for Job, but they are all Biblical: David, Samson, Solomon). P d'Alvernhe 323,13 *Cui bo vers* 42; 323,16 *Deus, vera vida* 19. R Berenguier 427,6 *Si com trobam* 9, 58.

Jordan

  1. **Flum Jordan.** The river Jordan. G de Calanso 243,6 *Belh senher Dieus* 32. Peirol 366,28 *Pus flum Jordan ai vist e·l monimen* 1. R d'Aurenga 389,8 *Amors, cum er* 44. R de Vaqueiras 392,3 *Ara pot hom* 33. C de Girona 434,15 *Totz homs* 24. Anon 461,122 *Finamen* 107.
  2. **Jordan.** Jordan IV, lord of l'Isle-Jourdain (1240-1288), a poet (P-C no. 272). Comte d'Astarac and G Riquier 248,20 *Coms d'Astarac* 70. See **Ilha**.
  3. **Seigner Jordan.** Apparently earlier than Jordan IV, but otherwise unidentified. B Arnaut d'Armagnac 54,1 *Lombartz* 9.
  4. **Mon Jordan.** Apparently a senhal, unidentified. G de Berguedan 210,2a *Arondeta* 27.

Jordana. The river Jordan. Marcabru 293,21 *Bel m'es quan la fuelh' ufana* 41 ("Que·l baptismes de Jordana Lur notz e·ls perilha").

Jorgi, sant. Saint George. A de Belenoi (?) 9,10 *Consiros, com partitz* 40.

Josaphas. The valley of Jehoshaphat (Joel 3:2), thought of as the scene of the Last Judgment (*see* A. H. Schutz in *Romance Notes*, Nov. 1959). Marcabru 293,35 *Pax* 8. P d'Alvernhe 323,21 *Lauzatz si' Emanuel* 44.

Josep, Juseph. Saint Joseph, husband of the Virgin Mary. P d'Alvernhe 323,16 *Deus, vera vida* 74. B de Paris 85,1 *Gordotz* 14 (it is not certain here which Joseph is meant).

Jove Rey, lo. The Young King, son of Henry II of England (died 1183). G Faidit 167,22 *Fortz chausa* 51. G de Calanso 243,6 *Belh senher Dieus* 26. See also **Enric**.

Judas. The disciple who betrayed Jesus; usually named as a typical traitor. B Marti 63,2 *A, senhor* 56; 63,7a *Qant la pluei'*

53. C de Béthune and R de Vaqueiras 116,1 *Seigner Coines* 14.
Eble and Gui d'Ussel 129,3 *Gui, e·us part* 24. G Augier
Novella 205,7 *Totz temps* 20. G Godi 219,1 *Si·l gens cors* 20.
G de Bornelh (?) 242,38 *Honratz es hom* 44. J Esteve 266,6
Francs reis 15. L Cigala and Rubaut 282,1a *Amics Rubaut*
13. L Cigala 282,8 *Ges eu non vei* 26. P Cardenal 335,55
Tartarassa ni voutor 32; 335,65 *Un sirventes ai en cor* 8.
P Milon 349,9 *Si com* 24.

Juli Cezar. Julius Caesar. A de Mareuil 30,5 *Aissi cum selh que tem* 29. See also **Cesar.**

Julia (Jolia), saint. Saint Julian the Hospitaler, patron of hospitality. William IX of Aquitaine 183,2 *Be voill* 29. G de Bornelh 242,79 *Tot suavet* 57. Marcabru 293,43 *Seigner n'Audric* 18. Monge de Montaudon 305,11 *L'autre jorn* 6. P Vidal 364,14 *Bon' aventura* 25 ("Ara m'alberc Dieus e sains Julias"); 364,49 *Tart mi veiran* 25. R d'Aurenga 389,37 *Pos trobars plans* 41.

Julius (or **Uilius**?). Julius Caesar? G de Calanso 243,7a *Fadet joglar* 177. See also **Juli Cezar.**

Juzet. Judith, the Jewish heroine; Holofernes, whom she killed, is **Lorfenes.** (The mss actually have *iuzei* and *iudas,* but the emendation to *Juzet* seems justified.) G de Calanso 243,7a *Fadet joglar* 174.

Juziana, na, Probably Jusiana d'Entença, wife of Count Uc III of Ampurias (1154-1173) and mother of Pons Uc III (1173-1200), the poet (P-C no. 180). G de Berguedan 210,5 *Ben ai auzit* 20.

Juzieu, Judeu. A Jew. Aicart and Girart 6a,1 *Si paradis* 21. A de Belenoi (?) 9,11 *Ja non creirai* 55. A de Peguilhan 10,11 *Ara parra* 14. A Catalan 27,4b *Dieus verais* 36. B Alanhan 53,1 *No puesc mudar* 12. B Zorzi 74,12 *On hom plus* 12, 13. B d'Alamanon 76,16 *Qui que s'esmai* 35. B de Born 80,35 *Quan vei* 40. G Augier Novella 205,7 *Totz temps* 20. G de Berguedan 210,10a *E fetz una mespreiso* 8. J Esteve 266,8 *Lo seigner* 8. Monge de Montaudon 305,2 *Aissi com cel qu'a plag* 47. P d'Alvernhe (?) 323,22 *Lo senher* 64. P Vidal 364,4 *Anc no mori* 45; 364,16 *De chantar* 24. R de Vaqueiras 392,3 *Ara pot hom* 36. R de Trets 419,1 *Dui cavalier* 6. Uc de l'Escura 452,1 *De mots ricos* 38.

Juzeva. A Jewess. J Rudel 262,5 *Quan lo rius* 19.

L

Labadol. Zenker identifies this as Badajoz. P D'ALVERNHE 323,7 *Bel m'es quan* 19.

Lamais. Unidentified. G DE BORNELH 242,32 *De bels dichs* 40 ("de Bordel tro Lamais").

Lambert. The poet (P-C no. 280). B D'AUREL 79,1 *N'Aimeric* 8.

Lamorat. The chief hero of the prose *Tristan* after Tristan himself (Bertoni, *Trov. d'Ital.* p 587). B ZORZI 74,14 *Si·l monz fondes* 36.

Lana, na. Apparently a distortion (for the sake of the rime) of **Lena** or **Elena**, i.e. Helen of Troy. B DE BORN 80,19 *Ges de disnar* 7.

Landa. The landes, south of Bordeaux. B DE BORN 80,13 *D'un sirventes* 23.

Landric. Named as the lover of **Aja** (q.v.), apparently from some lost romance. P DE MARSEILLE 319,4 *Bela domna* 4. P RAIMON 355,3 *Ar ai ben* 32. P DE CAPDUELH 375,10 *Humils e francs* 42.

Laneri. A place name, which has been the subject of much discussion (see Avalle pp 176-177); incidentally, the proper text reading is uncertain. P VIDAL 364,14 *Bon' aventura* 28.

Lanfranco da Mar. A member of a noble Genoese family (died 1241). R DE VAQUEIRAS 392,1 *Ara·m digatz* 35. See also **Nicolo**.

Lanselot, Lansolet. Lancelot, the Arthurian hero. G DE CALANSO 243,7a *Fadet joglar* 146. UC DE PENA 456,2 *Si anc* 25. See also **Anselot**.

Lanz' aguda. Probably a nickname for Marquis Manfred Lancia. P VIDAL 364,38 *Pus ubert ai* 61. See **Matfre**.

Larau. Peter of Lara, nephew and heir of Ermengarde of Narbonne. B DE BORN 80,35 *Quan vei* 58.

Larí, rei. King Latinus, taking the *r* as a misreading for *t*? G DE CALANSO 243,7a *Fadet joglar* 121.

Laroqua. A place name, probably invented for its punning value ("rock"). P VIDAL 364,38 *Pus ubert ai* 49.

Lasquar. Theodore Lascaris, distinguished (with his brother Constantine) for resistance to the crusaders during their attack on Constantinople (Linskill p 321). R DE VAQUEIRAS Epic Letter I 34.

Latin. A Latin (Italian, Roman). AICART and GIRART 6a,1 *Si paradis* 30. A DE PEGUILHAN 10,15 *Cel qui s'irais* 43. C PANZAN 107,1 *Ar es sazos* 57. FREDERICK III OF SICILY 160,1 *Ges per guerra* 18. G FIGUEIRA 217,2 *D'un sirventes far* 44. R DE VAQUEIRAS 392,24 *No m'agrad' iverns* 55.

Laucata. See **Lieucata**.

Laudu. Loudun (Vienne). B DE BORN 80,33 *Puois Ventadorns* 34.

Launart, saint. Saint Leonard, patron of prisoners. B DE BORN 80,44 *Un sirventes on motz no falh* 34. WILLIAM IX OF AQUITAINE 183,12 *Farai un vers, pos mi* 18.

Laurac. Laurac (Aude). P VIDAL 364,27 *Mos cors* 15. See **Arquier**.

Lauren, saint. Saint Lawrence. MONGE DE MONTAUDON 305,11 *L'autre jorn* 26 (or 31). P CARDENAL (?) 461,55 *Bona genz* 9.

Lautresc, Lautrec. The lord of Lautrec (Tarn)? P DE MARSEILLE, JORDAN, and G RIQUIER 248,77 *Senh' en Jorda* 2, 12. See **Livernon**.

Lavador. The name applied to a poem of Marcabru (293,35 *Pax! in nomine Domini*). B RASCAS (?) 104,2 *Lancan lo dous temps* 26.

Lavaur. A place name, probably invented. P VIDAL 364,38 *Pus ubert ai* 49.

Lazer, lo. Lazarus, whom Jesus raised from the dead (John 11:1 ff). P D'ALVERNHE 323,16 *Deus, vera vida* 45. P CARDENAL 335,34 *Totz lo sabers* 7. P VIDAL 364,50 *Una chanso* 42 (used without *lo*). P DE CAPDUELH 375,8 *En honor* 43. ANON 461,226 *Sui e no sui* 34.

Leander. The lover of Hero in classical mythology. R JORDAN 404,8 *Quan la neus chai* 30.

Leider, san. Saint Leodegar (Léger), bishop of Autun. G DE BERGUEDAN 210,8a *Cantarai* 24.

Leitora. Lectoure (Gers). P Cardenal 335,56 *Tendas e traps* 3.

Lemozi

1. Le Limousin, the region around Limoges (Haute-Vienne). A de Sestaro (?) 16,17 *Monges, cauzetz* 4. A dau Luc 22,1 *En Chantarel* 11. B de Born 80,1 *Ai, Lemozis, franca terra corteza* 1; 80,8 *Be·m platz car* 30; 80,14 *Ieu chan* 37; 80,21 *Ges no mi desconort* 19; 80,34 *Quan la novela flors* 26, 34. B Carbonel 82,39 *D'omes atrobi* 3. Cercamon 112,2a *Lo planh comens* 44. F de Marseille (?) 155,12 *Ja non volgra* 33. G Faidit 167,19 *Del gran golfe* 9; 167,20a *D'un' amor* 69; 167,46 *Pel messatgier* 3. William IX of Aquitaine 183,10 *Pos de chantar* 4; 183,12 *Farai un vers, pos mi* 13. J d'Albuzo 265,3 *Vostra domna* 5. Monge de Montaudon 305,11 *L'autre jorn* 26. Uc de S Circ 457,24 *N'Ugo, vostre semblan* 84.

2. An inhabitant of Limousin. B de Born 80,10 *Cel que camja* 11; 80,14 *Ieu chan* 44; 80,19 *Ges de disnar* 9. G Faidit 167,9 *Ara nos sia guitz* 9.

3. **Lemozi de Briva.** Apparently the same person as the poet Lemozi (P-C no. 286). P d'Alvernhe 323,11 *Chantarai d'aquestz trobadors* 25. B de Ventadorn 70,45 *Tuih cil* 43 (*Lemozi* alone, referring clearly to the poet, with whom Bernart also exchanged a tenso, 286,1).

Lena. According to Appel (ed., p 134), a senhal for Matilda, daughter of Henry II of England and wife of Henry the Lion. B de Born 80,9 *Chazutz sui* 9.

Lenta. A town, prov of Novara (Linskill p 213). R de Vaqueiras 392,32 *Truan* 38. See **Anhes.**

Lentin. Lentini, in eastern Sicily. R de Vaqueiras Epic Letter II 23.

Leo, Leon

1. The Spanish kingdom of León, or the city of León. G de Berguedan 210,13 *Lai on hom* 8. G Magret 223,1 *Aigua pueja* 45. G Riquier 248,2 *Ab pauc* 70; 248,80 *Si ja·m deu* 10. Marcabru 293,9 *Aujatz* 31. P Vidal 364,17 *Dieus en sia* 70.

2. **Rei de Leon.** Alfonso IX (1188-1230). E Cairel 133,1 *Abril ni mai* 43; 133,12 *Si com cel* 51. P Bremon Ric Nov 330,6 *En la mar major* 41. P Vidal 364,8 *Baron, Jhesus* 65; 364,30 *Neus ni gels* 72.

3. Rei de Leo. Probably Ferdinand III (king of Castile in 1217, king of León in 1230, died 1252). E de Barjols 132,2 *Amors, be·m platz* 33. See **Ferran**.

4. Rei de Leo. Alfonso X, king of Castile and León (1252-1284). B Calvo 101,17 *Un nou sirventes* 30. F de Lunel 154,1 *Al bo rei* 2. P de Marseille, Jordan, and G Riquier 248,77 *Senh' en Jorda* 34. See **Anfos**.

Leones. Le Lyonnais, the region around Lyon. J Esteve 266,6 *Francs reis* 3.

Lerga. Apparently a deformation of **Lerida** (q.v.), for the sake of the rime. G de Berguedan 210,19 *Trop ai estat* 28.

Lerída. Lérida, in Catalonia; the accent is assured by the rime in several poems. A de Sescas Letter: *A vos, que eu am desamatz* 88. B de Born 80,6a *A totz* 25. G de Berguedan 210,17 *Reis, s'anc nuill temps* 31; 210,17a *Sirventes ab razon bona* 47. G de Cabestanh 213,1 *Aissi cum selh* 32. Marcabru 293,26 *Ges l'estornels* 23. M de Caerci 299,1 *Tan sui* 31. O del Temple 312,1 *Estat aurai* 39. C de Girona 434,7c *Entre Lerida e Belvis* 1; 434a,12 *Can aug* 23.

Lers. According to Kolsen, Lers is on the Rhône, near the mountain of Bellebuissonne, in the diocese of Orange. G de Bornelh 242,17 *Er' auziretz* 64.

Lestanqer. According to Jeanroy (*PL* I 418), one of three brothers, all joglars. Raimon 393,3 *Se Lestanqer ni Otons sap trobar* 1. See **Oton, Neiz**.

Leün. Lyon, according to Jones *Tenson* (rimes with *un*). Uguet and Reculaire 458,1 *Scometre·us voill* 4.

Leus. Laius, father of Oedipus *(Roman de Thèbes).* G de Calanso 243,7a *Fadet joglar* 131 (var *Gelus*), 188. Since it is unlikely that Laius would have been mentioned twice in a poem of this sort, the first instance may well be wrong; but the reading of the other ms is unidentifiable.

Levet. The poet's minstrel. R d'Aurenga 389,14 *Ar non sui* 40; 389,36 *Pois tals sabers* 61.

Lial. Senhal (for Pons de Capduelh? Stronski *F de Mars* 41*). R de Miraval 406,27 *Enquer non a* 55.

Liaman, na. Senhal. C de Girona 434a,24 *Estrayre* 26, 36; 434a,69 *Tener volria* 9, 13.

Licomedes. Lycomedes, maternal grandfather of Pyrrhus, whom he raised (*Roman de Troie*). G de Calanso 243,7a *Fadet joglar* 108.

Lieucata, Laucata. Leucate (Aude). B de Born 80,16 *Folheta, ges* 29. R d'Aurenga 389,5 *Als durs* 61.

Limoge, Lemoge, -moges. Limoges (Haute-Vienne). B de Born 80,39 *Senher en coms* 48. G de Puycibot (?) 173,1a *Era quan l'ivernz* 13. Peire and Guilhem 322a,1 *En aquel so* 26. Uc de S Circ 457,42 *Un sirventes* 28.

Limos. Limoux (Aude). B de Rovenac 66,3 *Ja no vuelh* 24.

Linhaure. A senhal used to designate the poet Raimbaut d'Aurenga (Mouzat *G Faidit* p 31); the variant spellings **Inhaure** and **Isnaure** are found in some mss of G Faidit. G Faidit 167,37 *Mon cor e mi* 49; 167,45 *Pel joi del temps* 49, 55; 167,48 *Per l'esgar* 54; 167,53 *Si tot ai tarzat* 55; 167,60 *Tot mi cuidei* 56; 167,64 *Una dolors esforciva* 52. G de Bornelh 242,17 *Er' auziretz* 64; 242,37 *Ges de sobrevoler* 55; 242,65 *S'anc jorn* 14, 19; the poem 242,14 *Ara·m platz*, Guiraut de Bornelh is a tenso with *Linhaure*.

Lionas. Unidentified ("De Lionas Ja non sabras, Ni de Tebas ni de Caton"). G de Cabreira 242a,1 *Cabra joglar* 196.

Liron. An unidentified man. Uc de S Circ 457,30 *Physica et astronomia* 7 ("Per qe Lirons fai folor Q'oimais no pren la bailia Dels fillos de sa seror Anz qe·ill perdan tot lo lor"). Answered by G del Baus 209,3 *Liautatz ses tricharia* 8.

Lissinain, Lizinha. Lusignan (Vienne). A dau Luc 22,1 *En Chantarel* 9. B de Born 80,29 *No puosc mudar* 13; 80,33 *Puois Ventadorns* 25.

Liverna. Leghorn (Livorno). B Arnaut d'Armagnac 54,1 *Lombartz* 12.

Livernon. Livernon (Lot), according to Anglade *Onomastique;* the lord of Livernon? P de Marseille, Jordan, and G Riquier 248,77 *Senh' en Jorda, si·us manda Livernos* 1 ("si·us manda Livernos A si venir e Lautresc en un dia Sol per vezer, a cal atendretz vos?"), 10.

Loba, la (*or* **na**). Senhal or proper name? Perhaps from the house of Puejnautier, but otherwise unknown (Hoepffner *P Vidal* p 92). P Vidal 364,16 *De chantar* 53; 364,21 *Estat ai* 45; 364,27 *Mos cors* 26; 364,49 *Tart mi veiran* 5.

Lobat, en. A patron of the troubadours (probably Catalan, says Linskill); was he of the Puejnautier family? (See Hoepffner *P Vidal* p 92 for references to a Loubat de Puejnautier.) Monge and Albert (de Sestaro?) 16,17 *Monge, cauzetz* 53 ("Donc vals pro mais Lobatz non fes Rotlans"). R de Vaqueiras 392,14 *El so* 66. Should we also see a proper name in P Cardenal 335,20 *D'un sirventes far* 28 ("So que non fes en *lobatz* ni n'urtix").

Lobata, na. A character in a legend or story? R d'Aurenga 389,5 *Als durs* 42 (Pattison, note p 193).

Lobeo. Unidentified. Monge de Montaudon 305,16 *Pois Peire d'Alvernhe* 105.

Lobera. La Louvière (Aude). G de Bornelh 242,44 *L'altrer* 63.

Loberc, saint. Saint Loubert of Eause, honored in Gascony (Jeanroy). A de la Broqueira 21,2 *Quan reverdejon* 31.

Loer. Lohier, son of Charlemagne in several chansons de geste. G de Cabreira 242a,1 *Cabra joglar* 88.

Loerenc. One from Lorraine. B de Born 80,26 *Mon chan fenisc* 71. G de Cabreira 242a,1 *Cabra joglar* 70.

Loic, Lodoic, Lozoic, -is

 1. **Rei Loic.** King Louis VII of France (1137-1180). G de Bornelh 242,72 *Si·m sentis* 40. Marcabru 293,1 *A la fontana* 26. P d'Alvernhe 323,15 *Dejosta·ls breus jorns* 52. P Vidal 364,13 *Ben viu* 24 ("del filh de Lodoic," i.e. Philip Augustus).

 2. **Rei Loic.** King Louis VIII of France (1223-1226). Gormonda 177,1 *Greu m'es* 41. G Figueira 217,2 *D'un sirventes far* 40. Tomier e Palazi 442,1 *De chantar* 35.

 3. **Rei Loic.** King Louis IX of France (Saint Louis) (1226-1270). A de Segret 41,1 *No sai qui·m so* 16. B Zorzi 74,11 *No laissarai* 9. G d'Autpol 206,2 *Fortz tristors* 59, 81 (a planh for him). C de Girona 434a,52 *Pus li rey* 20.

 4. The epic Louis (Louis I, the Pious, son of Charlemagne). B de Born lo fils 81,1 *Quan vei* 25. R de Vaqueiras 392,18 *Gerras ni plaich* 10; 392,24 *No m'agrad' iverns* 74.

Lomanha. "Le pays de Lomagne, entre le Gers et la Garoupe (départ. actuels du Gers et Tarn-et-Garonne), dont la capitale fut longtemps Lectoure, appartenait jadis à la maison d'Armagnac." (Boutière-Schutz *Biog.* p 419). B Arnaut d'Armagnac 54,1 *Lombartz* 12. See also **Ot**.

Lombarda, na
1. The poetess (P-C no. 288). B Arnaut d'Armagnac 54,1 *Lombartz volgr' eu eser per na Lonbarda* 1.
2. A Lombard woman. R de Miraval and Bernart 406,16 *Bertran* 55.

Lombardia. Lombardy. A de Peguilhan 10,10 *Era par ben* 23. A Malaspina 15,1 *Ara·m digatz* 23. A de Sestaro 16,6 *Atressi vol faire* 46. A Catalan 27,6 *Lanquan vinc en Lombardia* 1. B Arnaut d'Armagnac 54,1 *Lombartz* 12. B de Born 80,14 *Ieu chan* 27. C Panzan 107,1 *Ar es sazos* 5. F de Lunel 154,1 *Al bo rei* 40. F de Romans 156,6 *Far vuelh* 61; 156,14 *Una chanso sirventes* 45. G Faidit 167,14 *Cascus hom* 52; 167,15 *Chant e deport* 52; 167,55 *Solatz e chantar* 82. G Augier 205,4a *Per vos* 43. G Figueira (?) 217,1b *Bertram d'Aurel, se moria* 4. G de Bornelh 242,35 *Tot gen* 48. Enric, G Riquier, and Marques 248,75 *Senh' en Enric* 40. I d'Entrevennes 254,1 *Del sonet* 19. J d'Albuzo and Sordello 265,1a *Digatz me* 22. J d'Albuzo and N de Turin 265,2 *En Nicolet* 10, 26. L Gatelus 290,1 *Cora q'eu fos* 5. Monge de Montaudon 305,17 *Seigner* 6. P Bremon Ric Nov 330,9 *Lo bels terminis* 14. P de la Cavarana 334,1 *D'un sirventes faire* 39. P Cardenal 335,12 *Be volgra* 4. P Vidal 364,7 *Baron, de mon dan* 33; 364,14 *Bon' aventura* 35; 364,15 *Car' amiga* 8; 364,46 *Tant ai lonjamen* 72. Blacatz and Pistoleta 372,6a *Segner Blacatz* 29. R de Miraval and Bertran 406,16 *Bertran* 15, 39. R Bonomel (Templier) 439,1 *Ir' e dolors* 38, 42. Tomier e Palazi 442,2 *Si co·l flacs molins* 28. Uc de S Circ 457,36 *Si madompna* 12. Anon 461,27a *Arnaldon, per na Johana* [formerly considered part of 461,147] 3; 461,241 *U fotaires* 13.

Lombart. A Lombard. B Arnaut d'Armagnac 54,1 *Lombartz volgr' eu eser per na Lombarda* 1. B de Born 80,11 *Cortz e guerras* 30. E Cairel 133,9 *Pos cai* 39. F de Lunel 154,1 *Al bo rei* 33. F de Romans 156,11 *Quan cug chantar* 40; 156,14 *Una chanso sirventes* 37. G Faidit 167,54 *Si tot re* 54. G Figueira 217,4 *Ja de nou sirventes* 7; 217,4a *Ja de far* 51; 217,8 *Un nou sirventes* 27. Palais 315,3 *Molt m'enoja* 2; 315,4 *Mout se feira* 4. P Bremon Ric Nov 330,6 *En la mar major* 14, 28, 31; 330,14 *Pos partit an* 4; 330,19 *Tuit van* 8, 14. P de la Cavarana 334,1 *D'un sirventes faire* 7, 17, 24, 31, 38, 45, 52, 57. P Car-

DENAL 335,40 *Per fols tenc Polhes e Lombartz* 1. P VIDAL 364,14 *Bon' aventura* 15, 37; 364,47 *Tant an ben dig* 17. R DE VAQUEIRAS Epic Letter II 48. R DE MIRAVAL 406,4 *Amors me fai* 14 ("Pois quan joven lor estrai sa beutat Prendo·l sordeis qu'avian soanat, Aissi com fes lo Lombartz de las figas"; = "sour grapes"?). R DE MIRAVAL and BERTRAN 406,16 *Bertran* 6, 12, 44, 59. R DE TORS 410,2 *Ar es ben dreitz* 42; 410,3 *Ar es dreitz* 9. R BONOMEL (TEMPLIER) 439,1 *Ir' e dolors* 34.

Lombers. Lombers (Tarn, arr Albi). R DE MIRAVAL 406,8 *Ar ab la forsa* 41; 406,11 *Baiona, per sirventes* 45; 406,29 *Forniers* 43.

Lombric ("worm")
1. **En Lombric.** The unidentified victim of the poet's attack in a sirventes. ESPERDUT 142,2 *Qui non dizia* 11.
2. **Lombrics.** A made-up name of a town. P VIDAL 364,38 *Pus ubert ai* 70.

Londres, Londre. London. G DE S GREGORI 233,4 *Razon e dreg* 24. B DE BORN 80,3 *Anc no·s puoc* 55; 80,43 *Un sirventes fatz* 16. See also **Salvatja.**

Longi (lo cec). Longinus, the Roman soldier who pierced the side of Christ with his lance; according to the Gospel of Nicodemus, he was healed of his blindness by the blood of Jesus. A DANIEL 29,8 *Dous brais* 27. P DE CAPDUELH 375,2 *Ar nos sia* 24.

Longobart. Fundamentally the same word as *Lombart*, but the two are contrasted in several places; it seems that *Lombart* was used of the northern Lombards, while *Longobart* was used of inhabitants of southern Italy, where the Lombards had established settlements that lasted to the time of Norman domination (P Meyer *Croisade* II, 67, note 2). P CARDENAL 335,40 *Per fols tenc Polhes e Lombartz* 2. RICHARD I OF ENGLAND 420,1 *Dalfin* 32.

Lorfenes. Holofernes, killed by Judith. G DE CALANSO 243,7a *Fadet joglar* 173. See **Juzet.**

Luc. It is not certain which of the various localities of this name is meant ("des Luc tro ad Aug"). R D'AURENGA 389,20 *Ben s'eschai* 25.

Luca. Saint Luke. L CIGALA 282,17 *Oi Maire* 3. P D'ALVERNHE 323,16 *Deus, vera vida* 56.

Lucera. See **Nucheira.**

Luna. Neither Torraca nor Bergert identifies the "domnas de Luna." G DE LA TOR 236,5a *Pos n'Aimerics* 25.

Luna-pampa. A humorous transposition of the two halves of **Pampaluna**, Pamplona. A DANIEL 29,8 *Dous brais* 40.

Lunel, Lunelh. Lunel (Hérault). B D'ALAMANON 76,1 *Amicx Guigo* 15; 76,12 *Mout m'es greu* 33. BLACASSET 96,10a *Si·l mals d'amor* 32. F DE LUNEL 154,3 *No pot aver* 45; 154,4 *Per amor* 46. G DE MONTANHAGOL 225,1 *A Lunel lutz una luna luzens* 1, 5, 8. J D'ALBUZO 265,3 *Vostra domna* 4. MONGE DE MONTAUDON 305,4 *Aissi com cel qu'om men'* 58. See also **Beatriz (11)** and **Gauseranda de Lunel** (both unidentified).

Luqués. An inhabitant of Lucca. ANON 461,180 *Nuls hom non deu* 22.

Luresana. Lunigiana (Branciforti p 225 and references there), in northern Tuscany, around Pontremoli (see **Pontremble**). L CIGALA 282,7 *Eu no chan ges* 41.

Luserna

1. According to Canello and Lavaud, this is the Spanish town of Lucena (prov Castellón NW of Castellón), where the events of the *Enfances Vivien* took place. See also Toja p. 278-280. A DANIEL 29,3 *Ans que·l cim* 44; 29,10 *En cest sonet* 21.
2. Probably either Luserna (Piedmont) or Lusarne (Basses-Alpes, arr Forcalquier). A DE PEGUILHAN 10,32 *Li fol e·il put* 24. P GUILHEM DE LUSERNA 344,2 *Be·s met* 2; 344,5 *Qi na Cuniça guerreia* 20.

Luzan. Llussá (prov Barcelona, 35 km from Berga). G DE BERGUEDAN 210,4a *Be·m volria* 23.

Luzia. The home of an Aragonese knight (Miguel de Luzia) who died at the battle of Muret (1213). P VIDAL 364,11 *Be·m pac* 77. See **Miquel.**

Luziart. Unidentified. G DE CALANSO 243,7a *Fadet joglar* 155.

M

Mabil', na. Unknown. E DE BARJOLS and J REFORSAT 132,7a *En Jaufrezet* 5.

Mabillia, na. Probably from the family of the marquises of Lupi in Soragna (Bergert p 89). G DE LA TOR 236,5a *Pos n'Aimerics* 15.

Macabieu. Judas Maccabaeus ("De Macabieu Lo bon Juzieu"). G DE CALANSO 243,7a *Fadet joglar* 127.

Maensac. See **Peire**.

Maerna. An unidentified person. G RAINOL and G MAGRET 231,3 *Magret, puiat m'es* 28.

Magalona. Maguelonne, now a village south of Montpellier (Hérault), but a city of some importance in the Middle Ages. G DEL LUC 245,1 *Ges sitot m'ai* 11.

Magdalena, la. Mary Magdalene (Luke 8:2, etc.). GORMONDA 177,1 *Greu m'es* 134. C DE GIRONA 434,6b *En may* 19. ANON 461,123 *Flors de paradis* 131.

Magon. See **Beatriz** and **Azalais**.

Maier, na. A senhal for countess Matilda of Saxony. B DE BORN 80,19 *Ges de disnar* 41. See also **Saissa, Lena**.

Mailoli. A joglar. B DE BORN 80,24 *Mailoli, joglar malastruc* 1.

Maimona, na. Unidentified, but for a discussion of the name see M de Riquer *Giraut del Luc* p 241. G DEL LUC 245,1 *Ges sitot m'ai* 23.

Mainés. Le Maine. B DE BORN 80,26 *Mon chan fenisc* 65.

Mainier. The two references are very uncertain. Naudieth, the editor of the first passage, takes Mainier for a proper name and mistakenly identifies it with Peire Vidal's senhal for the viscount of Marseille (this is Rainier); Levy *SW* (V, 23) under *mainier* (not treated as a proper name) quotes the passage but does not explain it. The editor of the second passage (M de Riquer) does not identify Mainier. G Rainol and G Magret 231,3 *Magret, puiat m'es* 40. G de Cabreira 242a,1 *Cabra joglar* 193. See **Audierna**.

Mairona. Unidentified ("Mas vai guerra mesclan plus que·l Turcs de Mairona"). D d'Alvernhe 119,9 *Vergoign' aura* 15.

Mais d'amic. Identified by Kolsen as Loba de Pennautier. R de Miraval 406,4 *Amors me fai* 39; 406,9 *Ara m'agr' ops* 49; 406,15a *Ben sai* 49; 406,24 *D'amor es totz* 49; 406,34 *Pois ogan* 55; 406,38 *S'ieu en chantar* 61; 406,44 *Tot quan fatz* 41; 406,46 *Tuit silh* 49. See **Mielhs d'amic**.

Malafos, na. A made-up name ("Dame A-la-malheure"). Gavaudan 174,4 *Desamparatz* 29; 174,7 *Lo mes* 15.

Mala-merce, na. Almqvist equates this with **Bona-nasques** (q.v.). G Ademar 202,9 *Non pot esser* 23.

Malamort. Made-up name of town. P Vidal 364,38 *Pus ubert ai* 72.

Malas-meissos. Made-up name of town. P Vidal 364,38 *Pus ubert ai* 69.

Malaventura, na. Humorous name for a mare. Marcoat 294,2 *Una ren* 32.

Malbec. Lavaud guesses from the context that this is a city of eastern Armenia. P Cardenal 335,14 *Sel que fes* 96.

Malcorat, mon. Senhal for a person chosen to judge a partimen. Anon 461,16 *Amicx privatz* 45.

Mal-coutell. Made-up name of town. P Vidal 364,38 *Pus ubert ai* 63.

Malespina

1. The castle or seat of the Malaspina family, though no castle so named exists today. A de Peguilhan 10,32 *Li fol e·il put* 33; 10,34 *Mangtas vetz* ("Vas Malespina ten, chans, Al pro Guillem"). R de Vaqueiras Epic Letter III 18.

2. The family or the lord of Malaspina. A de Peguilhan 10,40 *Per razo natural* 52. F de Romans 156,14 *Una chanso sirventes* 45. P Raimon 355,4 *Ara pos l'iverns* 27. See **Guilhem, Conrat**.

Malgrat-de-toz. Unidentified senhal. P de la Cavarana 334,1 *D'un sirventes faire* 47.

Malhoga, Mayllorca. The island of Mallorca. O DEL TEMPLE 312,1 *Estat aurai* 19. C DE GIRONA 434a,8 *Axi con cel c'anan* 46.

Mal-matin. Made-up name of town. P VIDAL 364,38 *Pus ubert ai* 66.

Malmiros. A family name near Autafort. B DE BORN 80,8 *Be·m platz car* 42.

Mal-ser. Made-up name of town. P VIDAL 364,38 *Pus ubert ai* 64.

Maltortel. Senhal, unidentified. FAURE and FALCONET 149,1 *En Falconet* 20.

Mancel, Mancei, Manceu. An inhabitant of le Maine (or Le Mans). B DE BORN 80,31 *Puois als baros* 26; 80,34 *Quan la novela flors* 42. G DE BORNELH 242,20 *Be m'era* 85.

Mandre. See **Meandre.**

Manha, la. Germany. L CIGALA (or L GATELUS?) 282,26a [beginning lost] 19. P D'ALVERNHE (?) 323,22 *Lo senher* 62. See **Alamanha.**

Mans, los. Le Mans (Sarthe). COUNT OF ANJOU 177a,1 *Domna* 79 (P-C p 153, note 1).

Manta. Perhaps Mantes (Seine-et-Oise). B DE BORN 80,3 *Anc no·s puoc* 21.

Mantel. Senhal for a lady. R DE MIRAVAL 406,4 *Amors me fai* 42; 406,9 *Ara m'agr' ops* 53; 406,15a *Ben sai* 52; 406,19 *Cel qi de chantar* 43; 406,24 *D'amor es totz* 53; 406,27 *Enquer non a* 56; 406,31 *Lonc temps* 57; 406,34 *Pois ogan* 53; 406,46 *Tuit silh* 53.

Mantoana. The region of Mantua. UC DE S CIRC 457,41 *Una danseta voill far* 20.

Manuel, l'emperador. Emperor Manuel I Comnenus of Constantinople (1143-1180). B DE BORN 80,32 *Pois lo gens* 58. E CAIREL 133,11 *Qui saubes* 40. J D'ALBUZO 265,3 *Vostra domna* 10. P VIDAL 364,11 *Be·m pac* 70; 364,38 *Pus ubert ai* 57.

Marabeti. Marabout, a Moslem "monk." GAVAUDAN 174,10 *Senhor* 21.

Maracde. "Emerald," a senhal for Hugues IX de Lusignan (**Ugo lo Brun**), count of la Marche, who died at Damietta in 1219. G FAIDIT 167,4 *Al semblan* 82; 167,9 *Ara nos sia guitz* 91; 167,37 *Mon cor e mi* 62.

Mar majour. The Mediterranean. Anon (P Cardenal?) 461,96 *Domna que va* 7.

Marc

  1. **San Marc.** Saint Mark. B Carbonel 82,94 *Vers es* 8 (pun on *marc* meaning a coin; *see* **Donat**). Count of Provence 184,2 *Carn-et-ongla* 24. L Cigala 282,17 *Oi Maire* 3. C de Girona 434a,72 *Totz hom fay mal* 7, 30.
  2. **Rei Marc.** King Mark, husband of Iseut. B de Paris 85,1 *Gordotz* 36.

Marca, Marcha

  1. **La Marcha.** La Marche, in France (Creuse, etc.). A dau Luc 22,1 *En Chantarel* 10. G de Montanhagol 225,3 *Bel m'es* 19.
  2. **La Marca, la Marcha.** The Italian Marches. A de Peguilhan 10,44 *Can qe·m fezes* 62. Uc de S Circ 457,36 *Si madompna* 12.

Marcabru. The poet. A del Vilar 16b,1 *Tot a estru* 2. B Marti or B Rascas 104,2 *Lancan lo* 27. G de Cabreira 242a,1 *Cabra joglar* 28. G de l'Olivier 246,63 *So nos retrais Marcabrus* 1. Marcabru 293,2 *A l'alena* 21; 293,4 *Al prim comens* 53; 293,9 *Aujatz* 2; 293,12a *Bel m'es quan s'esclarzis* 35; 293,14 *Contra l'ivern* 51; 293,17 *Dirai vos en mon lati* 40; 293,18 *Dirai vos senes doptansa* 67; 293,19 *Doas cuidas ai* 52; 293,22 *Emperaire, per mi mezeis* 37; 293,23 *Emperaire, per vostre pretz* 23; 293,25 *Estornel* 60; 293,31 *L'iverns vai* 54; 293,32 *Lo vers comensa* 92; 293,35 *Pax* 2; 293,36 *Per l'aura* 31; 293,39 *Pos l'iverns* 47; 293,40 *Pos mos coratges* 32; 293,43 *Seigner n'Audric* 20. Marcoat 294,1 *Mentre m'obri* 19. P d'Alvernhe 323,7 *Bel m'es quan* 38. R Jordan 404,5 *No posc mudar* 25.

Marcabruna. The mother of Marcabru, according to the poet ("Marcabru fills Marcabruna"). Marcabru 293,18 *Dirai vos senes doptansa* 67.

Marchari. Macaire, the traitor in *Aiol.* G de Cabreira 242a,1 *Cabra joglar* 63.

Marcian'. Unidentified ("Folhs es qui sa semens' espan En loc don non espera frug, E cujon pasar galian Sel qu'an per Marcian' adug"). Gavaudan 174,1 *A la plus longa nuech* 36.

Marcoat. The poet names himself. Marcoat 294,2 *Una ren* 36.

Marcon, Marcol. Marcoul, the down-to-earth opponent of Solomon in a series of dialogues based on proverbs, preserved in Old French. G de Cabreira 242a,1 *Cabra joglar* 60. R d'Aurenga 389,10 *Apres mon vers* 21.

Marco, seigner. Unidentified. Anon 461,239 *Tres causas son* 2, 10.

Marescot. A knight in the Old French *Merveilles de Rigomer* (Flutre); is this the same person? G de Calanso 243,7a *Fadet joglar* 151.

Mareut. Perhaps a character in a lost fabliau (mentioned with **Riqueut** and **Arselot**). G de Cabreira 242a,1 *Cabra joglar* 209.

Margarida, Margarita

1. Margarida. Marguerides (Corrèze). B Marti 63,8 *Quan l'erb'* 57.

2. Na Marguarida. Possibly Marguerite de Genevois, wife of Thomas I of Savoy; she died 1253. A de Belenoi 9,13 *No·m laissa* 51.

3. Na Margarita. Marguerite d'Aubusson, wife of Rainaut VI, viscount of Aubusson. G d'Ussel 194,2 *Ara·m digatz* 49; 194,19 *Si be·m partetz* 49.

Maria

1. (Sancta, Verges) Maria. The Virgin Mary. A de Belenoi 9,9 *Domna, flor* 12. A Catalan 27,4b *Dieus verais* 8. A d'Aorlhac 40,1 *Ai, Dieus* 22. B Trobel 50,2 *Si vols amics* 54. B d'Auriac 57,2 *En Guillems Fabres* 25. B de Venzac 71,2 *Lo pair' e·l filh.* 2. C Panzan 107,1 *Ar es sazos* 61. D de Pradas 124,4 *Ben deu esser* 29. F de Lunel 154,2 *Dompna* 8, 16, 24, 32, 40, 43, 47. F de Romans 156,15 *Vers Dieus, el vostre nom e de sancta Maria* 1, 16. Fraire menor 159,1 *Cor ai* 8. G Faidit 167,14 *Cascus hom* 47. G Ademar 202,5 *De ben gran joia* 36. G Figueira 217,5 *No·m laissarai per paor* 43. G de Bornelh 242,54 *Reis glorios* 23. G Riquier 248,59 *No posc per re* 55; 248,86 *Xristian son* 35. J Mote 259,1 *Non es razos* 49. J Esteve 266,4 *Cossi moria* 19. L Cigala 282,10 *Gloriosa sainta Maria* 1; 282,17 *Oi Maire* 34. P Lunel (de Montech) 289,1a *Meravilhar* 20. Marcabru II 293a,1 *Ben for' ab lui* 4. P d'Alvernhe (?) 323,5 *Bela m'es* 37. P d'Alvernhe (?) 323,22 *Lo senher* 37. P Cardenal 335,25 *Falsedatz e desmezura* 67; 335,67 *Un sirventes novel* 45; 335,70 *Vera vergena Maria* 1. Perdigo 370,15

Verges, en bon' hora 26. P de la Garda 377,2 *D'un sirventes* 32. R Gaucelm 401,7 *Quascus planh* 23, 46. C de Girona 434a,29 *Juglar, prec vos* 27; 434a,62 *Si per tristor* 30. R Bonomel (Templier) 439,1 *Ir' e dolors* 30. Anon 461,3 *Ab la gensor* 20; 461,122 *Finamen* 112; 461,123 *Flors de paradis* 79; 461,251a ...*apellatz* [beginning lost] 24.

2. Na Maria. Maria de Ventadorn, one of the three daughters of viscount Raymond II of Turenne (sister of Elis and Maeut), who married viscount Eble V of Ventadorn in 1191 and died in 1219. A poetess (P-C no. 295). G Faidit 167,9 *Ara nos sia guitz* 83; 167,15 *Chant e deport* 61; 167,17 *Cora* 71; 167,20 *De solatz* 79; 167,32 *Lo gens* 99; 167,33 *L'onratz* 79; 167,34 *Lo rossinholet* 79; 167,37 *Mon cor e mi* 60; 167,38 *Mout a amors* 67; 167,44 *N'Uc* 70; 167,52 *Si anc nulhs hom* 61. G de Puycibot 173,1 *Amors, s'a vos* 51; 173,12 *S'ieu vos voill* 3. G d'Ussel 194,1 *Ades on plus viu* 61; 194,6 *En tanta guisa* 51; 194,11 *Ja no cuidei* 41; 194,13 *L'autre jorn* 28; 194,18 *N'Elias, de vos* 74. G de Calanso 243,11 *Una doussa* 43. Monge de Montaudon 305,1 *Aissi com cel qu'a estat* 78; 305,6 *Ara·m pot* 55. P de Capduelh 375,11 *Ja non er hom* 69. S de Mauleon, G Faidit, and Uc de la Bacalaria 432,2 *Gaucelm* 88. S de Mauleon and Prebost 432,3 *Savaric* 87. Uc de S Circ and Count of Rodez 457,24 *N'Ugo* 86.

3. Maria d'Auramala. Sister of William of Malaspina; the castle of Auramala was a favorite residence of the Malaspina family (Boutière *A de S* p 17). A de Sestaro 16,1 *Ab joi comensi* 37; 16,15 *En Peire* 63. See also **Auramala**.

4. Maria de Mons. Unknown; Bergert (p. 98) thinks she may be the same as Maria d'Auramala. Uc de S Circ 457,22 *Na Maria de Mons* 1, 15. Albric 16a,2 *Na Maria, pretz e fina valors* 1. Same?

5. La contessa na Maria. Mary of Montpellier? She was the daughter of William VIII of Montpellier, wife of count Bernard IV of Comminges, then wife of Peter II of Aragon. A de Peguilhan 10,43 *Pus ma belha* 49.

6. Maria la Sarda. Mary of Sardinia, married in 1202 to Boniface of Saluzzo. R de Vaqueiras 392,32 *Truan* 61.

7. Na Maria. Wife of B d'Alamanon. Blacasset 96,8 *Oimais* 2 ("Bertrams... d'Alamano, maritz de na Maria").

PROPER NAMES IN THE LYRICS OF THE TROUBADOURS 179

8. Na Maria. Unidentified, but presumably not both the same person. B de Palazol 47,1 *Ab la fresca clardat* 55. R de Merguas 428,1 *La douss' amors* 83.

9. Maria. A servant of the poet. B Carbonel 82,13 *Ronci* 18.

Maribonda. Unknown place in the East. P Cardenal 335,14 *Sel que fes* 93.

Marinier. Senhal for an unknown person, probably *not* the Young King, as the vida says. B de Born 80,3 *Anc no·s puoc* 64; 80,8 *Be·m platz car* 41; 80,37 *Rassa, tan creis* 56. (In the first poem, this reading is an emendation for ms *Aremers, Manners*).

Markiol. The name given to a lyric poem ("lai Markiol"); for a discussion of the name, which has not been explained or identified, see ZRP 1, 69. Anon 461,124 *Gen me nais* 4.

Maroc. Morocco. Albert and S Doria 13,1 *N'Albert, cauzetz* 33. G Ademar 202,1 *Ben for' oimais* 32. G Augier 205,4a *Per vos* 45. P d'Alvernhe 323,7 *Bel m'es quan* 21. Gavaudan 174,10 *Senhor* 5, 21. C de Girona 434,13 *Si tot s'es braus* 17.

Marques. Used as a kind of senhal for Pons de Mataplana, who was not a marquis. G de Berguedan 210,1 *Amics Marques* 1, etc. See **Pons** and **Mataplana**.

Marquesa

1. Belissende Marquèze, daughter of William VII of Auvergne, sister of Dalfi, and wife of viscount Heraclius III of Polignac. G de S Didier 234,4 *Ben chantera* 53. Peirol 366,4 *Be·m cujava* 4; 366,20 *M'entencion* 52.

2. **Marqueza de Menerba.** The wife of a lord of Minerve (Hérault, arr. of Saint-Pons), perhaps **Esquieu de Minerve** (q. v.), nicknamed Gentesquieu. G Augier 205,4b *Quan vei* 51. R de Miraval 406,38 *S'ieu en chantar* 54.

3. Marquesa of Urgel, wife of viscount Pons III of Cabreira. G de Berguedan 210,17 *Reis, s'anc nuill temps* 11, 35. G del Luc 245,1 *Ges sitot m'ai* 31 (ms *marseilla*).

4. **Na Marqueza.** Unidentified. G Riquier, P de Marseille, and Jordan 248,77 *Senh' en Jorda* 6, 23, 27.

Marsal (Marzal), saint. Saint Martial. B de Born 80,21 *Ges no me* 36. William IX of Aquitaine 183,7 *Farai un vers de dreg nien* 18. Linhaure (that is, R d'Aurenga) and G de Bornelh

389,10a *Ara·m platz* 57. Monge de Montaudon 305,8 *Be m'enojan, per saynt Marsal* 1. R d'Aurenga 389,6 *Amics, en gran cossirier* 41.

Marsan

1. A viscounty west of Gavardan (Landes), which belonged to count Centule III of Bigorre. B de Born 80,33 *Puois Ventadorns* 20.
2. A joglar. F de Marseille 155,5 *Ben an mort* 55.

Marsel, saint. Saint Marcellus. Monge de Montaudon 305,10 *Fort m'enoja* 50.

Marselha, Marcelha, Marsella, Marseilla. Marseille. B de Rovenac 66,4 *Una sirventesca* 34. B d'Alamanon 76,9 *Ja de chantar* 20; 76,22 *Un sirventes farai* 22. B de Born (?) 80,42 *Un sirventes farai* 7. B Carbonel 82,5 *Aissi com cel que trabuca* 21; 82,18 *Un sirventes de vil razo* 14. G del Baus 209,2 *En Gui* 25. G del Luc 245,1 *Ges sitot m'ai* 31 (emended by M de Riquer to *Marquesa*). P Cardenal 335,12 *Be volgra* 11. P Vidal 364,9 *Bels Amics cars* 37. Peirol 366,28 *Pus flum Jordan* 10. R de Vaqueiras 392,14 *El so* 61. R de Tors 410,6 *Per l'avinen* 51. R de Trets 419,1 *Dui cavalier* 10. Sordello 437,20 *Lo reproviers* 43; 437,24 *Planher voill* 27; 437,25 *Puois no·m tenc* 33. See also **Folquet.**

Marseilhes. One from Marseille. B d'Alamanon 76,15 *Pueis chanson far* 8.

Marsili, Marselion. Marsile, Saracen king in the *Chanson de Roland*. G de Cabreira 242a,1 *Cabra joglar* 48 ("Et al bon rei Marselion"). P Cardenal 335,40 *Per fols tenc* 34.

Martça. Marsá, in upper Ampurdán (prov Gerona). C de Girona 434,9a *Pres d'un jardi* 13.

Martel. The castle (Lot, arr Gourdon) where the Young King died; it belonged to the viscount of Turenne, who is the *senher de Martel* named by B de Born. B de Born 80,28 *Mout m'es* 26; 80,34 *Quan la novela flors* 36. Enric and Guillem (de Mur?) 140,1c *Guillem, d'un plag* 46.

Marti

1. **San Marti (de Tors).** Saint Martin of Tours. G de Berguedan 210,9 *Consiros chant* 8. G de la Tor 236,3 *De saint Martin me clam a saint Andreu* 1. Monge de Montaudon 305,10 *Fort m'enoja* 23. P Cardenal 335,1 *Ab votz d'angel* 38.

R de Vaqueiras 392,7 *Domna, tant* 93. R Gaucelm 401,3 *A penas vauc* 34. Anon 461,122 *Finamen* 91; 461,123 *Flors de paradis* 240; 461,145 *L'autrier, al quint jorn* 37.

2. **Martin.** One of the mercenary soldiers Rostanh says he will have. Rostanh (listed as Anon) 461,43 *Bel segner Deus* 38, 42.

3. **Martin Algai.** One of the Algai brothers; see **Algais.** Uc de S Circ and Count of Rodez 457,33 *Seigner en coms* 22.

Martrueil, Marcueill, Martueill. Are these all forms of the same name? Martrueil is mentioned in *Aye d'Avignon;* the other forms are not identified. G de Cabreira 242a,1 *Cabra joglar* 160, 178. ("Ni de Cardueill Ni de Martrueill Ni de Aimol ni de Guion"; "Ni de Marcueill Con perdet l'oill A la ponta d'un aguillon").

Masmut, Maimut. The Masmudes were a Berber tribe, but the name is often used for any Mohammedan. B d'Alamanon 76,19 *S'ieu agues virat* 14. Gavaudan 174,10 *Senhor* 11. G Ademar 202,9 *Non pot esser* 49. G de Bornelh 242,25 *Be conve* 55, 59. P d'Alvernhe 323,7 *Bel m'es quan* 9. R de Miraval 406,12 *Bel m'es* 63.

Massa

1. **Marques de Massa.** William, marquis of Massa (Tuscany, prov Massa-Carrara; died c 1215-1217). E Cairel 133,2 *Ara non vei* 53.

2. **Dompna de Massa.** Perhaps Adelaide of Malaspina, sister of William, who married William of Massa (see above); or possibly her daughter. A de Belenoi 9,21 *Tant es d'amor* 41. See also **Azalais.**

Massagran. Unidentified place. G de Berguedan 210,4a *Be·m volria* 40.

Matafelo. The castle of Mateflon (Maine-et-Loire). B de Born 80,33 *Puois Ventadorns* 40.

Matagilos. The name of a horse. G de Berguedan 210,2 *Ar el mes* 7.

Mataplana. Name of a Catalonian family; used to refer to individuals or to their courts; there seems to have been no place called Mataplana. G de Berguedan 210,1 *Amics marques* 23; 210,8 *Chansoneta* 4; 210,9 *Consiros chant* 22, 31, 40 (a planh for Pons de Mataplana). R de Miraval 406,30 *Grans mestiers* 2. See **Pons, Uc.**

Matfre, Manfre, Manfrei

1. **Rei Matfre.** Manfred, illegitimate son of Frederick II; king of Sicily 1258-1266. L Gatelus 290,1 *Cora qu'eu fos* 8, 37. P de Marseille 319,6 *L'autrier* 34, 54. P de Castelnou 336,1 *Oimais* 14. P Doria 371,1 *Felon cor* 68. R de Tors 410,2 *Ar es ben dreitz* 30. Anon 461,70a *Cor qu'om trobes* 4, 9; 461,164a *Ma volontatz* 41; 461,234 *Totas honors* 5 (a planh for him).

2. **Manfrei Lanza.** Manfred II Lancia, a companion of Frederick II. G Figueira 217,4a *Ja de far* 71. Uc de S Circ 457,38 *Tant es* 3.

3. **Messier Matfre.** Matfre Ermengau, the poet, who quotes both of the following passages in his *Breviari d'amor*. P Ermengau 341,1 *Messier Matfre, pos de conseill* 1; 341,1a *Messier Matfre, no·us desplassa* 1.

Matieu, Mathieu

1. **(Sanh) Matieu.** Saint Matthew. A de Peguilhan 10,11 *Ara parra* 30. L Cigala 282,17 *Oi, Maire* 3.

2. **Matieu de Caerci.** The poet names himself. M de Caerci 299,1 *Tan sui* 84.

Maudom, na. Unidentified. Pujol 386,1a *Cel qui salvet* 41.

Mauleo, Malleon. Mauléon, now Châtillon-sur-Sèvre (Deux-Sèvres). B de Born 80,33 *Puois Ventadorns* 26. G de Puycibot 173,6 *Merces es e chauzimens* 74 (the *seignor* is **Savaric de Mauleon,** q.v.). G de Cabestanh 213,1a *Al plus leu* 58.

Maur, Mor. A Moor. B d'Alamanon 76,16 *Qui que s'esmai* 35. F de Romans 156,2 *Aucel no trop* 50. Gavaudan 174,10 *Senhor* 11. G de Bornelh 242,18 *Be deu* 15. P Vidal 364,35 *Per pauc de chantar* 36; 364,38 *Pus ubert ai* 61. R de Vaqueiras 392,3 *Ara pot hom* 64.

Mauran. Birch-Hirschfeld (p 63) identifies him as Morant de Turfier, a Saracen at whose house Charlemagne lived for a while *(Mainet);* M de Riquer (ed., p. 319, v 160) says there are countless Morants in the chansons de geste. G de Cabreira 242a,1 *Cabra joglar* 118.

Mauren. Uncertain (*see* Appel p liii); a place name. B de Ventadorn 70,10 *Bel m'es qu'eu chan* 51.

Maurestain. Mortagne (Vendée). A dau Luc 22,1 *En Chantarel* 4.
Mauret. A joglar. D d'Alvernhe 119,5 *Mauret, Bertrans a laissada* 1. B de la Tor 92,1 *Mauret, al Dalfin agrada* 1, 7 (reply to Dalfin's poem). B de Castellana 102,1 *Ara pos* 50 (evidently a different joglar, since this poem is much later than the others).
Mauretaigna. Mauretania (present-day Tunisia, Algeria, and Morocco). F de Marseille (?) 155,12 *Ja non volgra* 34.
Maurin
1. Vassal of Aigar in the Provençal epic *Aigar e Maurin*. B de Born 80,37 *Rassa, tan creis* 51. G de Cabreira 242a,1 *Cabra joglar* 100.
2. Unidentified person. B de Castellana 102,2 *Guerr' e trebalhs* 39; 102,3 *Si tot no m'es* 43.
3. Unidentified ("de Mauri en Miro"). P d'Alvernhe 323,24 *Sobre·l vieill trobar* 15.
Maurina. Unidentified ("Petit ac lart Maurina als ous frire"), aside from the story told in the razo for this poem ("Lo Dalfins d'Alvernhe si era drutz d'una dompna d'un son castel, et avia nom dompna Maurina. Et un dia ella mandet al baile del Dalfin qe·ill des lart ad ous frire..."). Bishop of Clermont 95,3 *Per Crist, si·l servens fos meus* 9.
Mauta. Malta. P Vidal 364,30 *Neus ni gels* 58.
Mauzac. Mozac, near Riom (Puy-de-Dôme). P Cardenal 335,28 *L'afar del comte Guio* 3. D d'Alvernhe 119,9 *Vergoign' aura* 28.
Ma Vida. See **Vida**.
Meandre, Mandre. The Meander river in Asia Minor. A Daniel 29,4 *Ar vei* 28.
Mediona. A castle near Vallbona (Lérida), belonging to Pons III de Cabrera. G del Luc 245,1 *Ges sitot m'ai* 14, 32.
Meisso. Unidentified (Mison, near Sisteron?). B d'Alamanon 76,1 *Amicx Guigo* 10.
Melchior. One of the Three Kings. P del Vilar 365,1 *Sendatz* 35. R de Vaqueiras 392,3 *Ara pot hom* 26.
Meleagre. Meleager, who was passionately in love with Atalanta (Ovid, *Heroides* 4, 99; in the *Metamorphoses* his beloved is called by other names). A Daniel 29,9 *En breu* 32. See **Talanta**.

Melgur. Mauguio (Hérault). B de Berguedan 210,8 *Chansoneta* 9. Uc de S Circ 457,42 *Un sirventes* 20.

Melhau. Milhau (Aveyron). B de Born 80,32 *Pois lo gens* 13. B de Born (?) 80,42 *Un sirventes farai* 5.

Melhs-m'en-venha. Made-up name of town. P Vidal 364,38 *Pus ubert ai* 52.

Melicadefer. According to De Bartholomaeis (*PS* II 223), El Malek el-Muzzafer Seid ed-Din Kutuz, who became sultan of Egypt in 1259 and was assassinated by Bendocbar Bibars, who succeeded him. R Bonomel (Templier) 439,1 *Ir' e dolors* 24.

Melior. The beloved of Partonopeus de Blois in the poem of that name. Uc Brunenc 450,1 *Ab plazer* 16.

Memde. Mende (Lozère). P Cardenal (?) 335,37 *Mon chantar*, in extra stanza VII *bis* found only in ms *C*.

Menelau. Unidentified; not the Greek king Menelaus; he made the magic mirror of Rome tremble (the mirror that showed Rome's enemies in the distance). G de Calanso 243,7a *Fadet joglar* 163.

Menerba, Marqueza de. See **Marquesa**.

Meolhon, Mezeilhon, Miullon. Mévouillon (Drôme). B d'Alamanon 76,1 *Amicx Guigo* 12. R d'Aurenga (?) 389,9 *Anz qe l'aura bruna* 19. R de Vaqueiras 392,14 *El so* 93 (*lo dons de Meolho* is Raymond III, referred to in a document of 1203 as an uncle of William IV of Baux: Linskill p 88). See also **Ramon, Raimondet**.

Mercuer. Mercoeur (Puy-de-Dôme, arr Issoire). F de Lunel 154,7 *Tant fin' amors* 37. Peirol 366,3 *Ben dei chantar* 39.

Merlin. Merlin, of the Arthurian stories. B de Born 80,28 *Mout m'es* 40. B de Paris 85,1 *Gordotz* 49. Gormonda 177,1 *Greu m'es* 39. Anon 461,154 *Lo sen volgra* 7.

Merlon. Unidentified; apparently a place name. G de Cabreira 242a,1 *Cabra joglar* 129.

Messager, mo. Senhal for a joglar or friend. B de Ventadorn 70,6 *Era·m cosselhatz, senhor* 63.

Messenc. Unidentified ("hermitas el pueg de Messenc"). Gavaudan 174,4 *Desamparatz* 63.

Messina, Mesina. The city in Sicily. B Carbonel 82,13 *Ronci* 52. G de Cabestanh 213,7 *Mout m'alegra* 36. R de Vaqueiras Epic Letter II 17.

Messonget. A joglar. Uc de S Circ 457,21 *Messonget, un sirventes* 1.

Mieilhs, domna na. Senhal. Castelloza 109,2 *Ja de chantar* 55.

Mielhs d'amic. Senhal, which Kolsen takes to be the same as **Mais d'amic** (q.v.). R de Miraval 406,37 *S'a dreg* 55.

Mieils-d'amor. Senhal for a lady. P Doria 371,1 *Felon cor* 55.

Mieills-de-ben
1. Senhal for a Gascon lady. A Daniel 29,2 *Anc ieu* 67; 29,17 *Si·m fos* 33.
2. Senhal for **Guiscarda** (q.v.) de Beljoc, viscountess of Comborn. B de Born 80,10 *Cel que chamja* 12; 80,12 *Domna, puois* 47. G Faidit 167,61 *Tot so* 55.

Mielhs-de-domna
1. Senhal? A de Rocaficha 5,1 *Ges per freg* 34.
2. Senhal. R de Berbezilh 421,2 *Atressi cum l'orifans* 50; 421,3 *Atressi cum Persavaus* 8, 19, 30, 41, 52, 56; 421,5 *Ben volria* 33; 421,16 *Lo nous mes* 6, 15, 24, 33, 42, 46; 421,8 *Pois q'en midons* 37.

Milan, Melan; Míla (in 389,26). Milan. F de Lunel 154,1 *Al bo rei* 37. G Figueira 217,4a *Ja de far* 45. I d'Entrevennes 254,1 *Del sonet* 30. L Cigala 282,6 *Estier mon grat* 31. Mola 302,1 *Reis feritz de merda* 7. P de la Cavarana 334,1 *D'un sirventes faire* 40. P Guilhem de Luserna 344,3 *En aquest gai sonet* 31. P Vidal 364,14 *Bon' aventura* 17, 33. R d'Aurenga 389,26 *En aital rimeta* 28 (*Míla;* is the interpretation "Milan" correct?). Falconet and Taurel 438,1 *Falconet, de Guillalmona* 48.

Milanes
1. One from Milan. L Cigala 282,6 *Estier mon grat* 18. Sordello 437,24 *Planher vuelh* 10. Uc de S Circ 457,38 *Tant es* 49.
2. The region of Milan. Uc de S Circ 457,42 *Un sirventes* 31.

Milas. Millas (Pyrénées-Orientales). G de Bornelh 242,79 *Tot suavet* 37.

Milida. "Un Seghin de Melide figura en el cantar tardío de *Li bastars de Buillon,* poema del siglo xiv" (M de Riquer p 398; this reference may be to an earlier, lost version of the story).

G de Cabreira 242a,1 *Cabra joglar* 128 ("D'Antiocha Non sabes ja Ni de Milida la faison").

Milon (nom **Miles**)

1. **Milon.** According to Birch-Hirschfeld, the Milon in *Parise la duchesse* (but see Levy SW IV 28, under *gana*). G de Cabreira 242a,1 *Cabra joglar* 69 ("Non sabs nien Ni de las ganas de Milon").

2. **Miles de Burban.** Milon de Brabant, an influential official of the court of Baldwin of Flanders. R de Vaqueiras 392,9a *Conseil don* 63.

Miquel, Michel

1. **Saint Miquel, Angel Michel.** The archangel Michael. Gormonda 177,1 *Greu m'es* 55. Monge de Montaudon 305,9 *Be m'enoja per saint Salvaire* 30; 305,11 *L'autre jorn* 2. R Gaucelm 401,7 *Quascus planh* 18.

2. **En Miquel.** Probably the poet Miquel de Castilho (P-C no. 300). G Riquier and Falco 248,28 *Falco* 65.

3. **Miquel de Luzia.** An Aragonese knight, patron of the poet. P Vidal 364,11 *Be·m pac* 77. See **Luzia**.

4. **Miquel Morezi.** Michele Morosino, the Venetian podestà of Faenza in 1240. Uc de S Circ 457,42 *Un sirventes* 3.

5. **Amic Miquel.** A joglar. R Gaucelm de Béziers 401,8 *Qui vol aver* 45.

6. **Miquel** A shepherd. G Rainol d'At 231,4 *Quant aug*, 21, 25, 29.

7. **Michel.** Unidentified. Anon 461,203a *Cant me done* 4 ("S'audis Michel caramellar").

Mir, frar. Unknown (emendation of ms *fras mir*). G de Berguedan 210,4a *Be·m volria* 31.

Mirabel. Mirebeau (Vienne) for the last four references; the first is probably no more than a pun, with no specific town intended. A de Peguilhan 10,40 *Per razo natural* 45. A dau Luc 22,1 *En Chantarel* 5. B de Born 80,28 *Mout m'es* 35; 80,33 *Puois Ventadorns* 34; 80,34 *Quan la novela* 44.

Miralh

1. **Miralh.** Senhal. E Cairel 133,5 *Lo rossinhols* 43.

2. **Bel Miralh.** Senhal. B de Born 80,12 *Domna, puois* 56.

Mirandol. A castle near Martel (Lot) belonging to viscount Raymond II of Turenne. B de Born 80,28 *Mout m'es* 25.

Miramons. An unidentified person ("A Miramons, qu'es de tot fin pretz claus, N'anatz, prezens, Avinens, Chans valens"). A DE MAREUIL (?) 30,14 *La cortezi'* 67.

Miraval

1. **(En) Miraval.** The poet Raimon de Miraval. E DE BARJOLS 132,5 *Belhs Guazanhs* 29. MONGE DE MONTAUDON 305,16 *Pois Peire d'Alvernhe* 20. R DE MIRAVAL 406,15a *Ben sai* 51; 406,37 *S'a dreg* 57.

2. **Miraval.** The place of this name (Aude, arr Carcassonne), of which the poet was lord. R DE MIRAVAL 406,3 *Aissi com* 63; 406,4 *Amors me fai* 37, 40; 406,7 *A penas sai* 63; 406,8 *Ar ab la forsa* 51; 406,9 *Ara m'agr' ops* 51; 406,12 *Bel m'es* 69; 406,13 *Be m'agrada* 26; 406,15 *Ben aja·l messatgiers* 50; 406,18 *Cel cui jois tanh* 51; 406,20 *Celh que no vol* 52; 406,22 *Chans, quan non es* 51; 406,23 *Contr' amor* 37; 406,24 *D'amor es totz* 60; 406,27 *Enquer non a* 55; 406,31 *Lonc temps* 53; 406,34 *Pois ogan* 56; 406,38 *S'ieu en chantar* 63; 406,41 *Tal chansoneta* 62; 406,42 *Tals vai* 50; 406,47 *Un sonet* 58. UC DE MATAPLANA 454,1 *D'un sirventes* 4.

Mirmanda, tor. The Tour Mirmande, or Tour Gloriette, conquered by William of Orange when he won Orange. B DE BORN 80,13 *D'un sirventes* 13. UC DE S CIRC 457,31 *Qui vol terr'* 10.

Miro. Unidentified. P D'ALVERNHE 323,24 *Sobre·l vieill trobar* 15. See **Mauri.**

Misac. Meshach (Daniel 3:12). P D'ALVERNHE 323,16 *Deus, vera vida* 37. See **Abdenago** *and* **Sidrac.**

Mison. Probably Mison, near Sisteron (Basses-Alpes); the "dona de Mison" is unknown. SORDELLO 437,36 *Tos temps serai* 47.

Missa. Meissen (ms *Nissa*, emended by De Bartholomaeis). The marquis of Meissen was Henry, Landgraf of Thuringia. ANON 461,141 *Ja non cugei* 24.

Mita. A joglar (Pattison, ed. p 139). R D'AURENGA 389,20 *Ben s'eschai* 11 (emended reading).

Moysen, Moyzem, Moyses. Moses. B DE PARIS 85,1 *Gordotz* 13. C PANZAN 107,1 *Ar es sazos* 24. P D'ALVERNHE 323,16 *Deus, vera vida* 65. P CARDENAL 335,32 *Lo jorn* 77. P DE CORBIAC 338,1 *Domna* 34. C DE GIRONA 434a,82 *Volgr' aguesson* 17. ANON (P CARDENAL?) 461,236 *Tot aissi soi* 40.

Mola. A poet (P-C no. 302). G RAIMON 229,4 *On son* 2, 8.

Molierna. Mouliherne (Maine-et-Loire). B de Born 80,28 *Mout m'es* 8.
Molinat. The region of Molina, in New Castile. P Vidal 364,39 *Quant hom es* 58.
Monal, en. Raymond VII of Toulouse (Almqvist, ed.). G Ademar (?) 281,6 *Mout chantera* 50, 53.
Mon Albeo. Unidentified place name. B de Born 80,23 *Lo coms* 38.
Mon Anel. See **Anel.**
Monastier, lo. Le Monastier (Haute-Loire). P Cardenal 335,28 *L'afar del comte Guio* 15, 23.
Mon Astruc. See **Astruc.**
Mon Audiart. See **Audiart.**
Monbel. Mombello, in the region of Montferrat. E Cairel 133,9 *Pos cai* 3. P Vidal 364,47 *Tant an ben dig* 38 (used as a pun).
Mon Berart. See **Berart.**
Monblanc. Montblanch (prov Tarragona). C de Girona 434a,12 *Can aug* 15.
Monbriso. Montbrison (Loire). Monge de Montaudon 305,1 *Aissi cum cel qu'a estat* 74.
Moncada. Moncada, north of Barcelona. The family of this name became lords of Béarn. C de Girona 434a,5 *La razos ses jai* 19. See **Gaston (VII), Guilhem, Ot.**
Moncat. Probably the same as **Moncada,** above. Giraut 241,1 *N'Uc de Sain Circ* 16.
Moncal. Moncalvo, in the marquisate of Montferrat. A de Peguilhan 10,43 *Pus ma belha* 46.
Moncenis, Mon-Senitz. Mont-Cenis (Savoie). F de Romans 156,11 *Quan cug chantar* 66 ("Sirventes, Moncenis passatz E a n'Oth del Carret digatz"). R de Vaqueiras 392,32 *Truan* 55.
Monclar. See **Berengier.**
Moncli. Unidentified place ("cel de Moncli"). A Daniel 29,10 *En cest sonet* 42. See **Audierna.**
Monclus. "Montclús,...en el término de Santalinya (a 20 k. de Balaguer)" (M de Riquer p 41). C de Girona 434,9a *Pres d'un jardi* 16.
Mon Conort. See **Conort.**
Mon Cortes. See **Cortes.**
Mon Desir. See **Desir.**

PROPER NAMES IN THE LYRICS OF THE TROUBADOURS 189

Mon Desirier. *See* **Desirier.**
Mon Diaman. *See* **Diaman.**
Mondrago. Mondragon (Vaucluse). BLACASSET 96,10a *Si·l mals d'amor* 32. R D'AURENGA (?) 389,24 *Companho* 16. *See* **Pons.**
Mon Escuder. *See* **Escuder.**
Mon Estiu (Estui). *See* **Estiu (Estui).**
Mon Estreup. *See* **Estreup.**
Monet. A joglar. WILLIAM IX OF AQUITAINE 183,12 *Farai un vers, pos mi* 67.
Monferran
1. Montferrand, "à la limite ouest de l'Aude, au nord du col de Naurouze" (Lavaud p 147). P CARDENAL 335,68 *Un sirventes trametrai* 45.
2. Part of Clermont-Ferrand, once an independent town (Puy-de-Dôme). B DE BORN 80,34 *Quan la novela flors* 43.
3. **Comtessa de Monferran.** The viscountess of Montferrand, wife of Dalfin d'Alvernhe. PREBOST DE VALENSA and S DE MAULEON 384,1 *Savaric* 89. UC DE S CIRC 457,9 *Dels oills* 46.
Monferrat
1. The marquisate of Montferrat, lying around Casale (Piedmont). A DE PEGUILHAN 10,43 *Pus ma belha* 46. A DE SESTARO 16,2 *Ab son gai* 55. CADENET 106,13 *De nula re* 24. E CAIREL 133,1 *Abril ni mai* 46; 133,6 *Mout mi platz* 47; 133,9 *Pos cai* 14; 133,11 *Qui saubes* 50; 133,13 *So que·m sol* 69. G FAIDIT 167,6 *Anc no·m parti* 37; 167,18 *De faire chanso* 51; 167,56 *S'om pogues* 71; 167,62 *Tuit cil* 55. G AUGIER NOVELLA 205,7 *Totz temps* 33. G DE BORNELH (?) 242,52 *No sai rei* 53. J D'ALBUZO and N DE TURIN 265,2 *En Nicolet* 34, 44. L CIGALA 282,6 *Estier mon grat* 11, 41. P VIDAL 364,14 *Bon' aventura* 17 (also as a variant reading in line 28, but apparently a mistake); 364,33 *Per mieilhs* 44. R DE VAQUEIRAS 392,3 *Ara pot hom* 58; 392,13 *Eissamen* 54; 392,17 *Ges si tot* 37; 392,25 *No puesc saber* 42; Epic Letter I 1.
2. **Marques de Monferrat.** Conrad (1177-1192), king of Tyre. PEIROL 366,28 *Pus flum Jordan* 19.
3. **Marques de Monferrat.** Boniface (1192-1207), king of Thessalonica. A DE MAREUIL 30,23 *Si·m destreignetz* 42. *See also* **Tezaur.**

4. **Marques de Monferrat.** William IV (1207-1225). A DE PEGUILHAN 10,11 *Ara parra* 51. E CAIREL 133,9 *Pos cai* 5. F DE ROMANS 156,14 *Una chanso sirventes* 29. TAUREL and FALCONET 438,1 *Falconet* 3.

5. **Marques de Monferrat.** William V (date of poem 1280). G RIQUIER 248,79 *S'ieu ja trobat* 38.

6. See also **Beatritz.**

Monferriol. Unidentified. G DE SALIGNAC 235,2 *Per solatz* 51.

Monfort

1. **Monfort.** A castle in Périgord (Dordogne). B DE BORN 80,33 *Puois Ventadorns* 3; 80,42 *Un sirventes farai* 42. TORCAFOL 443,3 *Membrari·us del jornal* 3.

2. **Comte de Monfort.** Simon de Montfort (1150-1218). BLACASSET 96,3a *De guerra* 40. P CARDENAL 335,40 *Per fols tenc* 14. See also **Simon.**

3. **Comte de Monfort.** Uncertain. ANON 461,114 *E s'ieu agues* 2.

Mongalhart. There are several localities so called, but the name is used only as a pun. P VIDAL 364,38 *Pus ubert ai* 39.

Mon Gardacors. See **Gardacors.**

Mongibell. Mount Etna. P VIDAL 364,38 *Pus ubert ai* 3.

Mongizart. A castle in Syria. E CAIREL 133,9 *Pos cai* 8.

Mon Guerrier. See **Guerrier.**

Monjai. Made-up name of town. P VIDAL 364,38 *Pus ubert ai* 48.

Mon Joi. See **Joi.**

Monjuzic. Montjuich, near Barcelona. P VIDAL 364,38 *Pus ubert ai* 86.

Monlaur. Monlaur (Ardèche). G D'APCHIER 162,8 *Veill Comunal, ma tor* 39. P VIDAL 364,38 *Pus ubert ai* 25. TORCAFOL 443,1 *Comtor d'Apchier* 18. See also **Eraill, Pons.**

Monleydier. See **Berart.**

Monleon. See **Peire.**

Mon Marques. See **Marques.**

Monmaurel. Montmoreau (Charente). B DE BORN 80,34 *Quan la novela flors* 34.

Mon-Melia, Mon-Elian. Montmélian (Savoie). G DE CABREIRA 242a,1 *Cabra joglar* 115 ("Mon-Melian Vas oblidan On Carles fon mes en preizon"; reference to a lost poem?). G FAIDIT 167,6 *Anc no·m parti* 36.

PROPER NAMES IN THE LYRICS OF THE TROUBADOURS 191

Mon Melio, Momelion. Jeanroy (*Homen. Pidal* III 88) would read *Mon Molio* and refer it to the pass of Mollo between Port-Vendres and Collioure. P SALVATGE 357,1 *Senher* 12.

Monpeslier. Montpellier (Hérault). A JORDAN 2,1 *Paris viscoms* 2. A DE MAREUIL 30,8 *Anc vas amor* 43. B DE PALAZOL 47,9 *S'eu anc* 38. B DE ROVENAC 66,2 *D'un sirventes* 26. B DE BORN 80,36 *Rassa, mes si son* 36; 80,42 *Un sirventes farai* 8. B CARBONEL 82,6 *Aissi m'a dat* 28. F DE MARSEILLE 155,8 *En chantan* 56. G FAIDIT 167,2 *Ab consirier* 70. WILLIAM IX OF AQUITAINE 183,2 *Be voill* 53. G DE CALANSO 243,2 *Celeis cui am* 52. G RIQUIER 248,37 *Guillem de Mur, que* 5. MARCABRU 293,3 *Al departir* 36. PEIRE and GUILHEM 322a,1 *En aquel so* 8. P DE BERGERAC 329,1 *Belh m'es* 23, 30. P DE CASTELNOU 336,1 *Oimais* 48. P VIDAL 364,18 *Drogoman senher* 28, 43. PERDIGO 370,3 *Ben aio·l mal* 51. SORDELLO 437,28 *Quan qu'ieu chantes* 23. See also **Guilhem**.

Mon Plazer. See **Plazer**.

Mon Plus Car. See **Plus Car**.

Mon Plus Lejal. See **Plus Lejal**.

Mon Rabey. Peire de Mont Rabei, a character in *Girart de Rossillon*. R DE VAQUEIRAS 392,14 *El so* 2.

Monrial. Monrial (Aude). P VIDAL 364,27 *Mos cors* 29; 364,49 *Tart mi veiran* 2.

Monrozier. There are several Monroziers, but R d'Aurenga seems to be speaking of a castle in the Aveyron which belonged to the counts of Rodez (Pattison p 166), while P Vidal may be using the name solely for the pun. P VIDAL 364,47 *Tant an ben dig* 39. R D'AURENGA 389,31 *Lonc temps* 49.

Monruel. Unidentified; same as **Morruel** (q.v.)? B DE VENTADORN 70,11 *Belh Monruel, aisselh que·s part de vos* 1, 4, 44.

Monsaurel. Monsoreau (Maine-et-Loire). B DE BORN 80,13 *D'un sirventes* 19.

Mon Segur. See **Segur**.

Mon Senhor. See **Senhor**.

Mon Senitz. See **Moncenis**.

Mon Ses-Enjan. See **Ses-Enjan**.

Monso. Monzón (prov Huesca, Aragón). C DE GIRONA 434a,4 *Ara·m luyna* 6.

Mon Sobre-Gaugz. See **Sobre-Gaugz**.

Mon Sogre. *See* **Sogre.**

Montagut

1. Montaigu (Tarn-et-Garonne). B de Born 80,23 *Lo coms* 13.
2. The castle of Montégut, which occupied the site of Lisle-d'Albi (Tarn). R de Miraval 406,12 *Bel m'es* 59.

Montaigon. Mont-Aigon, a quarter and a square in Toulouse. G d'Espanha 244,12 *La gaia semblansa* 6.

Montalbá. Mons Albanus, near Rome *(Roman d'Eneas)*. G de Calanso 243,7a *Fadet joglar* 114.

Montalbain. Montauban (Tarn-et-Garonne). A dau Luc 22,1 *En Chantarel* 12.

Montaldo, Montaudo. Montaudon (not identified). Monge de Montaudon 305,12 *L'autrier* 7, 24. Monge de Montaudon (spurious addition) 305,16 *Pois Peire d'Alvernhe* 98.

Montamat. Made-up name of town. P Vidal 364,38 *Pus ubert ai* 42.

Montan. A poet (P-C no. 306). R Bistort de Rusillon 395,1 *Non trob qu'en re* 3, 5.

Montanhagol, senh' en. Guilhem de Montanhagol, the poet. P Santolh de Toloza 380,1 *Marritz cum homs* 8 (a planh for him by his brother-in-law).

Montanier. A joglar. G de Berguedan 210,19 *Trop ai estat* 32.

Montantic. Made-up name of town. P Vidal 364,38 *Pus ubert ai* 68.

Montaut. Uncertain (see Linskill p 338, note). R de Vaqueiras Epic Letter III 22.

Monteian. An unidentified castle. Anon 461,200 *Quant escavalcai* 2.

Monteill

1. Montélimar (Drôme). R de Vaqueiras 392,2 *Era·m requier* 34.
2. Montijo (Castile) (De Bartholomaeis *PS* II 296). Anon 461,219 *Senher n'enfans* 12.
3. Monteux (Vaucluse) (Pattison, ed.) R d'Aurenga 389,33 *Parliers* 44.

Mon Thesaur. *See* **Tesaur.**

Montesor. A castle near Balaguer ("castrum de Monte-Sor") (Frank, *Pons de la Guardia* p 255). G de Berguedan 210,17 *Reis, s'anc nuill temps* 32.

Montesquiu. Uncertain; a castle. P VIDAL 364,11 *Be·m pac* 14.
Monteza. Montesa (prov Valencia, district of Enguera?). C DE GIRONA 434a,78 *Un vers ai comensat* 66.
Montinhac. Presumably Montignac (Dordogne). B DE BORN 80,14 *Ieu chan que·l reis* 78.
Monti-Tabor. Mount Tabor, SE of Nazareth; refers to the Holy Land in general. A DE PEGUILHAN 10,11 *Ara parra* 25.
Montlonc. See **Gregor.**
Monto, Monço. Modon, in the Peloponnese. R DE VAQUEIRAS 392,24 *No m'agrad' iverns* 63; Epic Letter II 32.
Montoliu. Montolieu (Aude, arr Carcassonne). P VIDAL 364,11 *Be·m pac* 61.
Montpaon. Montpaon (Aveyron, arr St-Affrique). GUILLEM, ARNAUT, and FOLC 150a,1 *Seigner Arnaut* 58.
Mor. See **Maur.**
Mornat. Mornas (Vaucluse, arr Orange). P VIDAL 364,45 *Son ben apoderatz* 48. R DE VAQUEIRAS 392,22 *Leus sonetz* 51.
Morruel, Moruel. Moroello Malaspina, brother of Albert. G DE BORNELH (?) 242,38 *Honratz es hom* 52 (see De Bartholomaeis *PS* I 68). L CIGALA (or L GATELUS) 282,1d *Be·m meravill del marques Moruel* 1. See also **Monruel.**
Mosters. Unidentified. BLACATZ 97,3 *En Pelicer* 7.
Mura, la. Possibly La Mure in Dauphiné (Isère). B DE VENTADORN 70,8 *A, tantas bonas* 53.
Murol. Perhaps Moreuil (Somme). B DE BORN 80,3 *Anc no·s puoc* 22.
Mursi'. Murcia, in Spain. G RIQUIER and G DE MUR 248,37 *Guillem de Mur, que* 10.

N

Nabucadonosor. Nebuchadnezzar (Daniel 4:33). B de Paris 85,1 *Gordotz* 65.

Nadaül. Not specifically identified ("seguramente un linaje judío," M de Riquer). G de Berguedan 210,15 *Mal o fe* 27.

Nantuelh. References to the chanson de geste *Gui de Nanteuil*. P Vidal 364,20 *En una terr' estranha* 54 ("Per qu'ieu fas d'Aurenja Nantuelh," somewhat puzzling allusion; Avalle p 198). R de Vaqueiras 392,22 *Leus sonetz* 86. See **Gui**.

Napol. Naples. G Augier and Guillem 205,4 *Guillem* 21.

Narbona

1. Narbonne (Aude). B d'Auriac 57,2 *En Guillem Fabres* 8. D d'Alvernhe 119,9 *Vergoign' aura* 17. William IX of Aquitaine 183,11 *Pos vezem* 43. G Ademar 202,2 *Ben agr' ops* 49; 202,8 *Lanquan vei* 46; 202,11 *Quan la bruna* 57. G de Berguedan 210,11 *Eu no cuidava* 23. G del Luc 245,1 *Ges sitot m'ai* 10 ("dis qe·il cazec sotz lo pon de Narbona"). G Riquier 248,5 *Aissi cum selh* 51; 248,8 *A mon dan* 50; 248,10 *Amors, pus a vos* 39; 248,12 *Anc mais* 10, 53; 248,13 *Anc non aigui* 46; 248,18 *Be·m meravelh* 42; 248,26 *En re no·s melhura* 81; 248,63 *Ples de tristor* 5, 13, 21, 29, 33, 45; 248,65 *Pos astres* 36; 248,81 *Tant m'es l'onratz* 12, 23; 248,83 *Tan vey* 45. Marques and G Riquier 296,2 *Guiraut* 61. P d'Alvernhe 323,2 *Ab fina joia* 50. P Cardenal 335,25 *Falsedatz e desmezura* 37; 335,29 *L'arcivesque de Narbona* 1. P Vidal 364,15 *Car' amiga* 34. R de Miraval 406,1 *A Dieu me coman* 8, 32.

2. **Midons de Narbona.** Viscountess Ermengarda of Narbonne (1143-1192). B de Ventadorn 70,23 *La dousa votz* 58. G de Bornelh 242,42 *La flors del verjan* 99. See **Tort-n'avetz**.

3. See **Aimeric, Amalric,** and **Felipa.**

Narbones. The region of Narbonne. G Riquier 248,63 *Ples de tristor* 4, 13, 21; 248,69 *Qui·s tolgues* 76. J Esteve 266,1 *Aissi co·l malanans* 10. Monge de Montaudon 305,16 *Pois Peire d'Alvernhe* 65. P Rogier 356,9 *Tant ai mon cor* 43. P Vidal 364,39 *Quant hom es* 57. P d'Ortaffa 379,1 *Aissi com* 76.

Narbul. A humorous deformation of *Narbona*. Trobaire de Villarnaut 446,1 *Mal mon grat* 43.

Narcisus, Narcis, Narcisi. Narcissus, the mythological youth who fell in love with his reflection in the water. B de Ventadorn 70,43 *Can vei la lauzeta* 23. B de Paris 85,1 *Gordotz* 16. Peirol 366,1 *Mout m'entremis* 20. Anon 461,9a *Aissi m'ave* 14.

Nas-de-Corn, en. One of several vilifying names for **Pons de Mataplana** (q.v.). G de Berguedan 210,1 *Amics marques* 42.

Natan. The prophet Nathan (II Samuel 7, etc.). G de Calanso 243,7a *Fadet joglar* 91.

Navar. An inhabitant of Navarre. B Calvo 101,9 *Mout a* 27; 101,17 *Un nou sirventes* 4. G de Puycibot 173,4 *Gasc, pecs, laits* 14. Gavaudan 174,10 *Senhor* 52. G de Bornelh 242,54 *Obs m'agra* 68; 242,66 *S'ara no poja* 57 (the "reis dels Navars" is Sancho IV, according to Kolsen); 242,74 *Si sotils sens* 86.

Navarra
1. The kingdom of Navarre. C de Girona 434,7a *Entre Arago e Navarra jazia* 1.
2. **Rei de Navarra.** Count Thibaud IV of Champagne, king of Navarre as Thibaud I (1234-1253). B Calvo 101,17 *Un nou sirventes* 25. P Bremon Ric Nov 330,14 *Pos partit an* 20.

Nazareth. The home of Jesus. P d'Alvernhe 323,16 *Deus, vera vida* 78.

Negra-pell. Made-up name (of town?). P Vidal 364,38 *Pus ubert ai* 62.

Neiron Prat, Prat Neiron. Nero's gardens (*Noiron Pré* in various French romances; see Flutre), the site of the Vatican in Rome, regarded as the spot where St. Peter passes judgment on souls seeking admittance to Heaven (Pattison p 194). G de Cabreira 242a,1 *Cabra joglar* 96. R d'Aurenga 389,5 *Als durs* 55.

Neïz, en. A joglar? Raimon 393,3 *Se Lestanqer* 2. See **Oton, Lestanquer.**

Nems. Nîmes (Gard). F de Marseille 155,22 *Tant m'abellis* 45. Uc de S Circ 457,42 *Un sirventes* 19.

Nenbrot (*or* **Lambrot**). He and **Marescot** (q.v.) "pogran leu un bou traïr." A giant or a very strong man? Nimrod (Genesis 10:8, 9)? G de Calanso 243,7a *Fadet joglar* 152.

Neptanabus. Nectanebes, king of Egypt shortly before Alexander's invasion. According to Julius Valerius, Nectanebes fled from Egypt because danger threatened him there (Birch-Hirschfeld p 24). B de Paris 85,1 *Gordotz* 27 ("Ni del bon rei Neptanabus prezan Per qe laisset sos homes ses capdel").

Nero. The Roman emperor. Gavaudan 174,8 *Lo vers* 66. Anon 461,226 *Sui e no sui* 36.

Nersisec. Unidentified (Narcissus?). G de Cabreira 242a,1 *Cabra joglar* 199.

Nevelo (emended from the ms reading *e levos*). Névelon, bishop of Soissons, one of the leading clerics in the Fourth Crusade (Linskill p 233). R de Vaqueiras 392,9a *Conseil don* 56.

Nicanor. A wealthy man or place. R de Merguas 428,1 *La douss' amors* 49.

Nicart. See **Niort.**

Nicolau

   1. **Sain Nicolau (de Bar).** Saint Nicholas of Bari, patron or children and sailors; died as bishop of Myra in Lydia, and in 1087 his body was transported to Bari in Apulia (Kjellman *Raimon Jordan* p 126). A de Peguilhan (?) 10,31 *Lanquan chanton* 24. Cercamon 112,1a *Ab lo pascor* 52. R de Vaqueiras 392,3 *Ara pot hom* 56. R Jordan 404,3 *D'amor no·m posc* 9 ("Tals estarai com Nicola de Bar, Que, si visques lonc temps, savis hom fora, Qu'estet lonc temps mest los peissos en mar E sabia que·i morria qualqu'ora").

   2. **Nicolau.** Unidentified. R de Vaqueiras 392,14 *El so* 97.

Nicholet. A joglar? A de Peguilhan 10,32 *Li fol e·il put* 26.

Nicolo. Nicolo da Mar, brother of Lanfranco da Mar, of a noble Genoese family; Saldina da Mar may have been their sister. R de Vaqueiras 392,1 *Ara·m digatz* 35. See **Lanfranco** and **Saldina.**

Nil, lo. The river Nile. A Daniel 29,3 *Ans que·l cim* 36; 29,11 *Lancan son* 49. B de Born 80,26 *Mon chan fenisc* 56. G de

CABESTANH 213,3 *Ar vey* 33. G DE BORNELH 242,49 *No·m platz* 52. G DEL LUC 245,2 *Si per malvatz* 14.

Niol. Nieul (Charente, 22 km from Confolens). WILLIAM IX OF AQUITAINE 183,3 *Compaigno, farai* 26.

Niort. Niort (Deux-Sèvres). B DE BORN 80,21 *Ges no me* 7. MARCABRU 293,35 *Pax* 71. MONGE DE MONTAUDON 305,17 *Seigner* 7 (ms *Nicart*; mentioned in connection with Saint-Maixant, which is near Niort; see De Bartholomaeis *PS* I 181).

Nisus. Nisus, the friend of Euryalus (**Orielus**; *Roman d'Eneas*). G DE CALANSO 243,7a *Fadet joglar* 182.

Nitier. Unidentified; apparently a patron (read *n'Itier?*). P DE CAPDUELH 375,5 *Ben sai* 46.

No. Annone, near Asti (Piedmont). R DE VAQUEIRAS Epic Letter II 4.

No-conten. Senhal, unidentified. G DE BORNELH 242,48 *M'amia* 80.

Nom Verai. Senhal for a lady. B ZORZI 74,7 *L'autrier* 142; 74,17 *Si tot* 8, 90.

Nono (Sanchitz). Nuño Sánchez, son of Sancho, count of Roussillon; died 1242. A DE BELENOI 9,1 *Ailas, per que* 13, 18, 41 (planh for him).

Nontron. Nontron (Dordogne). B DE BORN 80,34 *Quan la novela flors* 32.

Norman, Normant. A Norman. A DAU LUC 22,1 *En Chantarel* 14. B DE ROVENAC 66,3 *Ja no vuelh* 16. B DE VENTADORN 70,33 *Pel dous chan* 45 ("la reïna dels Normans" is Eleanor of Aquitaine). B DE BORN 80,14 *Ieu chan* 46; 80,26 *Mon chan fenisc* 61; 80,34 *Quan la novela flors* 41. C PANZAN 107,1 *Ar es sazos* 79. CERCAMON 112,2a *Lo planh comens* 37. WILLIAM IX *of Aquitaine* 183,7 *Farai un vers de dreit nien* 29. G DE S DIDIER 234,17 *S'eu tot me soi* 34. J ESTEVE 266,6 *Francs reis* 2. P DE LA MULA 352,3 *Una leig vei* 6. RICHARD I OF ENGLAND 420,2 *Ja nuls hom pres* 8.

Normandia. Normandy. A DE MAREUIL 30,5 *Aissi cum selh que tem* 32. B ARNAUT D'ARMAGNAC 54,1 *Lombartz* 10. B DE ROVENAC 66,2 *D'un sirventes* 21. B DE VENTADORN 70,21 *Ges de chantar* 53. B DE BORN 80,9 *Cazutz sui* 61; 80,14 *Ieu chan* 39; 80,39 *Senher en coms* 20. G FAIDIT 167,9 *Ara nos sia guitz* 59. L GATELUS 290,1 *Cora qu'eu fos* 18. P CARDENAL 335,6 *Aquesta gens*

37; 335,52 *Tals cuja be* 36. P del Vilar 365,1 *Sendatz* 23. Uc de S Circ 457,42 *Un sirventes* 29.

Noroec. A Norwegian. P del Vilar 365,1 *Sendatz* 13.

Nortensem. Northampton (England). B de Born 80,3 *Anc no·s puoc* 54.

Noumerchat. Neufmarché (Seine-Maritime). B de Born 80,14 *Ieu chan* 40.

Nou-Vic. Perhaps Neuvic (Dordogne) or Neuvic (Corrèze). G d'Apchier 162,8 *Veill Comunal, ma tor* 45.

Nucheira. Lucera, a town in Apulia, restored in 1223 by Frederick II, who transported 20,000 Saracens there from Sicily. C Panzan 107,1 *Ar es sazos* 58 ("li can descrezen de Nucheira").

Nullet. Senhal, unidentified. G Ademar 202,3 *Chantan dissera* 69.

O

Obs de Biguli. A joglar, perhaps an Italian (Obizzo de Biguli; De Bartholomaeis *PS* II 193). G RAIMON 229,3 *N'Obs de Biguli se plaing* 1, 8.

Oc e No, en. Senhal for Richard I of England. B DE BORN 80,2 *Al doutz nou termini* 43, 52; 80,3 *Anc no·s poc* 51; 80,4 *Ara sai ieu* 43; 80,11 *Cortz e guerras* 60; 80,29 *No posc mudar* 2, 28; 80,38 *S'abrils* 95.

Octavian, Otavian. Octavian (Augustus Caesar). B DE PARIS 85,1 *Gordotz* 44 (var **Cobloy**). G DE CALANSO 243,7a *Fadet joglar* 90.

Odoart. *See* **Audoart.**

Ogonet. A joglar. F DE ROMANS 156,3 *Chantar vuelh* 25. Same as **Ugonet** (q.v.)?

Oill. The Oglio, a river in Lombardy. L CIGALA 282,13 *Lantelm* 13.

Oills-de-bec-en-fenestral. A vilifying name for **Pons de Mataplana** (his eyes protrude like a beak in a window). G DE BERGUEDAN 210,18 *Talans m'es pres* 55.

Olairo. The isle of Oléron, near La Rochelle. MONGE DE MONTAUDON 305,12 *L'autrier* 35.

Olarge. Olargues (Hérault, NE of Saint-Pons). J ESTEVE 266,9 *Ogan* 3. G RIQUIER 248,13 *Anc non aigui* 41. *See also* **Bernat.**

Olimpí. Mount Olympus? G DE CALANSO 243,7a *Fadet joglar* 122.

Oliva. Oliva, sister of king Pepin, heroine of *Doon de la Roche* ("Ni d'Oliva ni de Dovon"). G DE CABREIRA 242a,1 *Cabra joglar* 102.

Oliveira, n'. Humorous deformation of **Olivier**; unidentified. TROBAIRE DE VILLARNAUT 446,1 *Mal mon grat* 38.

Olivier

1. Roland's comrade, called *Olivier de Laussana* in 210,9 and represented as a saint in paradise; only the Provençal *Ronsasvals* seems to say that he was from Lausanne (M de Riquer, ZRP 71, 32). B de Born 80,6a *A totz* 21. G d'Apchier 162,3 *L'autrier* 17. G de Berguedan 210,9 *Consiros chant* 45; 210,17a *Sirventes ab razon bona* 4, 51. G de Bornelh 242,65 *S'anc jorn* 40 (var). G de Cabreira 242a,1 *Cabra joglar* 85, 157 (one of these may refer to another Oliver). Paves 320,1 *Anc de Roland ni del pro n'Auliver* 1. P Cardenal 335,56 *Tendas e traps* 28. P Vidal 364,18 *Drogoman senher* 13. R de Vaqueiras 392,1 *Ara·m digatz* 51. R de Miraval 406,15 *Ben aja·l messatgiers* 28. C de Girona 434,3 *Batl' e jutg'* 47.

2. Oliver. Perhaps the poet Olivier de la Mar (P-C no. 311) or Olivier del Temple (P-C no. 312); or are these the same person? R de Tors 410,5 *De l'ergueilhos* 2.

3. N'Olivier. Olivier de Saissac, mentioned in several razos of R de Miraval. Saissac is in the arr of Carcassonne (Aude). Olivier was the brother or relative of **Bertran de Saissac** (q.v.), a counselor of viscount Roger II of Béziers (Boutière-Schutz *Biog* p 383, Andraud, ed. p 55-58). R de Miraval 406,1 *A Dieu me coman* 29.

4. N'Olivier. Olivier de Termes (Jeanroy *Annales* 16, 324). Duran Sartor 126,1 *En talent ai* 44.

5. N'Olivier. Unidentified. R de Miraval (?) 406,10a *Ar aven* 3.

6. Olevier. A joglar. Peire and Guilhem 322a,1 *En aquel so* 55.

Ongria. Hungary. B d'Alamanon 76,9 *Ja de chantar* 44. E Cairel 133,11 *Qui saubes* 35. G Faidit 167,6 *Anc no·m parti* 25. Gauceran 167a,1 *Cozin* 25. G Raimon 229,3 *N'Obs de Biguli* 16. J d'Albuzo 265,3 *Vostra domna* 11 (*Ongari'*). P Vidal 364,13 *Ben viu* 8.

On-tot-me-platz. See **Tot-me-platz.**

Opetí. Obizzo II Malaspina, brother of Albert (a Genoese form). R de Vaqueiras 392,7 *Domna, tant* 94.

Opian. Oupia (Hérault, arr Béziers); refers to **Bertran d'Oupia** (q.v.). G Riquier 248,16 *Auzit ai dir* 40; 248,64 *Pos aman* 51.

Oppida. Oppède (Vaucluse, arr Apt). P Vidal 364,45 *Son ben apoderatz* 58.

Orbach', n'. Nickname ("blind man") for Bonafe, the poet, who seems to have been blind. BLACATZ and BONAFE 98,1 *Seign' en Blacatz, pos per tot* 52.

Oristanh, Orestain. Probably the king or duke of Brittany named in the Pseudo-Turpin (Latin *Arastagnus;* Schultz-Gora, ZRP 27, 628). B DE BORN 80,6a *A totz dic* 22. R DE MIRAVAL 406,15 *Ben aja·l messatgiers* 29.

Orep, mon. Mount Horeb, in the Sinai peninsula. P D'ALVERNHE 323,16 *Deus, vera vida* 72.

Orgo. Orgon (Bouches-du-Rhône, N of Salon). P VIDAL 364,28 *Mout es bona terr' Espanha* 35.

Orielus. Euryalus, the friend of **Nisus** (q.v.; *Roman d'Eneas*). G DE CALANSO 243,7a *Fadet joglar* 181.

Orlei. Orléans (probably used instead of the normal form because of the rime). B DE BORN 80,31 *Puois als baros* 33.

Ormier de Chans, lo rey. Unknown. G DE S GREGORI 233,3 *Nueyt e jorn* 9.

Orsau. Ossau (Basses-Pyrénées). MARCABRU 293,4 *Al prim comens* 61. P CARDENAL 335,56 *Tendas e traps* 26 (var). P VIDAL 364,18 *Drogoman senher* 33.

Orson. Unidentified (see M de Riquer, ed.). G DE CABREIRA 242a,1 *Cabra joglar* 108.

Ospinel (*or* **Aspinel**). Unidentified (see Chambers, in *Frank Mélanges* p 134). B DE PARIS 85,1 *Gordotz* 11.

Ostalric. A castle in the prov of Gerona. G DE BERGUEDAN 210,7 *Chanson* 15.

Ostals-rics. Made-up name of town. P VIDAL 364,38 *Pus ubert ai* 44.

Ostavals. Ostabat (Basses-Pyrénées); or emend (with Thomas) to Autavals, which would be a cloister, Autasvaus, now Tavaud (Haute-Vienne). B DE BORN 80,34 *Quan la novela flors* 43.

Ostolas. The valley of Hostoles, SE of Olot, in which there are the ruins of a castle (M de Riquer, ed., p 41). C DE GIRONA 434,9a *Pres d'un jardi* 17.

Ot, Oth (nom **Otz**)

1. **Ot del Carret.** Marquis Ottone del Carretto, attested in documents from 1190 to 1235, podestà of Genoa in 1194; his possessions lay near that city (see De Bartholomaeis *PS* II 132,

Schultz-Gora in *ZRP* 7, 195). F DE ROMANS 156,2 *Aucel no trop* 63; 156,6 *Far vuelh* 60; 156,11 *Quan cug chantar* 67. PALAIS 315,2 *Be·m plai* 14. See **Carret**.

2. Oth de Lomagna. Arnaud-Oton II (died before 1274) of Lomagne (Gers; see **Lomanha**). A DE SEGRET 41,1 *No sai* 41, 46.

3. Ot de Moncada. Apparently a poet, not otherwise known. G DE BERGUEDAN 210,7 *Chanson* 4.

4. En Ot. Ot de Moncada, or another? G DE BERGUEDAN and A DE PEGUILHAN 10,19 *De Berguedan* 38 ("Qe·l cors d'en Ot del caval milsoudor En fo vencutz car no·l laisset brochar").

Otavian. See **Octavian**.

Oton, Oto

1. A joglar, one of three brothers. RAIMON 393,3 *Se Lestanquer ni Otons sap trobar* 1. See **Lestanqer** and **Neïz**.

2. Otto IV, emperor 1209-1214. P D'ALVERNHE (?) 323,22 *Lo senher* 33.

Ovidi. Ovid. A DE MAREUIL 30,19 *Mout eron dous* 28. B CARBONEL 82,6 *Aissi m'a dat* 30. MARCABRU and UC CATOLA 293,5 *Amic Marcabru* 37. R DE BERBEZILH 421,10 *Tuit demandon* 29.

P

Paes. The Pays-Chartrain (cap. Chartres)? Jeanroy thinks not (ed., p 202), but cannot identify it otherwise. Uc de S Circ 457,42 *Un sirventes* 29.

Paian, Payan. A Pagan; treated as a proper name. G Faidit 167,22 *Fortz chauza* 39. G de S Didier 168,1a *El temps* 30, 38. R de Vaqueiras 392,9a *Conseil don* 37.

Paire de Bodelés. A joglar. A de la Broqueira 21,2 *Quan reverdejon* 21, 46.

Pala. Palá de Torroella, a village some 5 km from Cardona (M de Riquer p 25). C de Girona 434a,17 *De Pala a Torosela* 1.

Palais. A joglar (presumably not the poet of this name). F de Marseille 155,11 *Ja no·is cug* 46.

Palamides. *See* **Polinises.**

Palaol (*or* **Parazol**). A poet; perhaps Berenguier de Palazol (P-C no. 47), whose dates are not conclusively fixed (M. de Riquer p 177). C de Girona 434,13 *Si tot s'es braus* 40.

Palau. There are several towns in Catalonia named Palau. C de Girona 434a,17 *De Pala a Torosela* 99. G Raimon de Gironela 230,1a *Del joi* 49.

Palavisi, marques. Uberto Pelavicino (De Bartholomaeis PS II 198); date of poem 1259. Anon 461,180 *Nuls hom non deu* 20.

Palensa (*or* **Plasensa**). Palencia (León) is probably the better interpretation; the context does not help. R de Berbezilh 421,2 *Lo nous mes* 46.

Palerna, Palerma. Palermo (Sicily). B de Born 80,28 *Mout m'es* 64. B de Saissac (?) 88,1 *Aras quan plou* 12 ("per los sanhs de Palerna"). P Vidal 364,14 *Bon' aventura* 21. R de Vaqueiras Epic Letter II 24.

Palharet. A joglar. R d'Aurenga 389,5 *Als durs* 57.
Pallas. An ally of Aeneas, named with him here *(Roman d'Eneas)*. G de Calanso 243,7a *Fadet joglar* 109.
Palmeira. An unidentified lady. R de Vaqueiras 392,32 *Truan* 47.
Pals. A locality some 30 km from Gerona (M de Riquer p 41). C de Girona 434,9a *Pres d'un jardi* 14.
Pamfili. Pamphilus, hero of a Latin poem of the 12th century. G de Calanso 243,7a *Fadet joglar* 157.
Pan-perdut. Senhal for Marcabru. Aldric del Vilar 16b,1 *Tot a estru* 38.
Panplona. Pamplona, in Spain. Peire and Guilhem 322a,1 *En aquel so* 25.
Panquon. An unidentified nickname. R de Miraval (?) 406,10a *Ar aven* 2.
Papagai
    1. **Papagai.** Senhal for a lady. G de Calanso 243,3 *Ara s'es* 63.
    2. **Bel Papagay.** Senhal for a lady. G Augier 205,2 *Cascus plor* 57; 205,5a *Quan vei* 57.
Papiol. A joglar. B de Born 80,3 *Anc no·s puoc* 52; 80,4 *Ara sai ieu* 53; 80,8 *Be·m platz* 49; 80,11 *Cortz e guerras* 57; 80,12 *Domna* 71; 80,21 *Ges no mi desconort* 83; 80,29 *No posc mudar* 41; 80,31 *Pos als baros* 43; 80,36 *Rassa, mes se* 50; 80,37 *Rassa, tan creis* 61; 80,38 *S'abrils* 93; 80,45 *Voluntiers* 49.
Papion. See **Guiraut.**
Paradis, Bel. Senhal, unidentified. R de Berbezilh 421,10 *Tuit demandon* 45.
Pári. Paris? G Riquier and G de Mur 248,36 *Guillem de Mur, chauzetz* 31 ("et yra·m mielhs c'a Pari S'ap grat m'acuelh silh qu'ieu no·m dezampari").
Paris
    1. The Trojan prince. A Daniel 29,16 *Quan cai* 47. Guionet and Raembaut 238,2 *En Raembaut* 42. G de Bornelh 242,28 *Car non ai* 30. G de Cabreira 242a,1 *Cabra joglar* 169. G de Calanso 243,7a *Fadet joglar* 101. G Ademar (?) 281,7 *Pois vei que·l temps* 65. C de Girona 434,6b *En may* 14.
    2. Senhal, unidentified. A Jordan 2,1 *Paris, vis com leiz e sojor* (or *Paris viscoms...*) 1.
    3. Paris (Seine). Alegret 17,1 *Aissi com cel* 39. A de Sescas Letter: *A vos, que eu am desamatz* 88. B d'Alamanon 76,15

PROPER NAMES IN THE LYRICS OF THE TROUBADOURS 205

Pueis chanson far 54. B de Born 80,8 *Be·m platz car* 14. B Carbonel 82,18 *Un sirventes* 36. B de Paris 85,1 *Gordotz* 61. Cadenet 106,5 *Ai, doussa* 11. G Faidit 167,9 *Ara nos sia guitz* 57. G Amiel 172,1 *Breu vers* 25. G Figueira 217,2 *D'un sirventes far* 42. G P de Cazals 227,8 *D'una leu chanso* 39. G de Bornelh 242,20 *Be m'era* 86. P Bremon Ric Nov 330,14 *Pos partit an* 15. P Cardenal 335,5 *Anc no vi* 5. P Raimon and B de Gordo 355,19 *Totz tos afars* 29. C de Girona 434a,56 *Segons que ditz* 6. See also **Andrieu de Paris**.
4. Paris. A village owned by the Randon family (*see* **Rando**), whose seat was at Châteauneuf (-de-Randon), 24 km NE of Mende (Lozère). Monge de Montaudon 305,12 *L'autrier* 14.
Parlera-Bocha, na. See **Boca**.
Parma. City in Emilia. G Figueira 217,8 *Un nou sirventes* 50.
Partonopes de Bley. Hero of the romance *Partonopeus de Blois*. Uc Brunenc 450,1 *Ab plazer* 15.
Passijan. Paciliano, a village 4 km S of Casale (Piedmont). Falconet and Taurel 438,1 *Falconet, de Guillalmona* 47.
Pastoret. Senhal for a patron of the poet. R de Miraval 406,9 *Ara m'agr' ops* 57; 406,15a *Ben sai* 55; 406,19 *Cel qi de chantar* 36; 406,24 *D'amor es totz* 57; 406,34 *Pois ogan* 49; 406,46 *Tuit silh* 57.
Patarin. One of a sect of heretics. Count of Foix 182,1 *Frances* 4.
Paternó. Paternò (NE Italy). R de Vaqueiras Epic Letter II 22.
Pau. Pau (Basses-Pyrénées). B de Born 80,35 *Quan vei* 27. G de Berguedan 210,8a *Cantarai* 3.
Paul, sanh. Saint Paul. A Daniel 29,5 *Autet* 39. Gavaudan 174,9 *Patz passien* 56. G de Bornelh 242,52a *No·s pot sofrir* 17.
Pavés. One from Pavia. P Vidal 364,14 *Bon' aventura* 34.
Pavía. Pavia (Lombardy). A Malaspina 15,1 *Ara·m digatz* 27. B Carbonel 82,18 *Un sirventes* 37. C Panzan 107,1 *Ar es sazos* 78. F de Lunel 154,1 *Al bo rei* 37. I d'Entrevennes 254,1 *Del sonet* 30. L Cigala 282,6 *Estier mon grat* 36.
Pegulhan. The poet Aimeric de Peguilhan. Uc de l'Escura 452,1 *De mots ricos* 4. See **Aimeric**.
Pei, Pey (= **Peire**)
   1. **Pey d'Alvernhe.** The poet Peire d'Alvernhe. B Marti 63,6 *D'entier vers far* 32. See also **Peire**.

2. Pei Ramon. The poet Peire Raimon? Uc de S Circ 457,27 *Pei Ramonz ditz* 1.

Peiracorva. An eminence on the bank of the Taro river (*see* **Tar**), near Fornovo (Emilia), where once a fortress stood. R de Vaqueiras 392,1 *Ara·m digatz* 34.

Peirafuoc. Pierrefeu (Var, arr Toulon). G de Salignac and Peironet 249,2 *D'una razo* 49.

Peiramola. Peramola (prov Lérida, on the left bank of the Segre). G de Berguedan 210,4a *Be·m volria* 35.

Peire. *See also* **Pei, Per.**

1. Sanh Peire. Saint Peter. A d'Aorlhac 40,1 *Ai Dieus* 41. B Carbonel 82,12 *Per espassar* 25. B de Castellana 102,1 *Ara pos* 35. C Panzan 107,1 *Ar es sazos* 29. G Magret 223,4 *Ma dompna·m ten pres* 47 (the "luoc de Saint Peire" is Rome). G de S Didier 234,12a *Los plus irat* 33. Monge de Montaudon 305,11 *L'autre jorn* (part 2: line 36 of Klein's "authentic" part, and line 31 of the "unauthentic" part). P d'Alvernhe 323,16 *Deus, vera vida* 69. P Cardenal 335,37 *Mon chantar voill* 30; 335,64 *Un estribot* 13; 335,67 *Un sirventes novel* 26. Perdigo 370,15 *Verges, en bon' hora* 60. P de Capduelh 375,7 *De totz chaitius* 16; 375,8 *En honor* 16.

2. Rei Peire. Peter II of Aragon (1196-1213). A de Peguilhan 10,26 *En aquelh temps* 3. B de Born 80,42 (?) *Un sirventes farai* 12. P Vidal 364,12 *Ben aja eu* 44; 364,13 *Ben viu* 78; 364,38 *Pus ubert ai* 85. *See also* **Arago, rei d'.**

3. Rei Peire, don Peire. Peter III of Aragon (1276-1285), a poet (P-C no. 325), as infante and as king. F de Lunel 154,1 *Al bo rei* 24. G Riquier 248,23 *De far chanson* 46; 248,66 *Pus sabers* 53. P de Marseille 319,6 *L'autrier* 114. Peironet 367,2 *Major paor* 5. C de Girona 434,1 *A greu pot hom* 32; 434,1a *A la plug'* 22, 23; 434,9c *Pus no vey* 22; 434,11 *Qui bon fruit* 33; 434,13 *Si tot s'es braus* 45; 434,14 *Tans affans* 44; 434,15 *Totz hom* 62; 434a,1 *A greu sera* 33; 434a,6 *Un vers farai* 42; 434a,7 *A tot payre* 33; 434a,9 *Aisi com cel* 33; 434a,15 *De Deu* 36; 434a,21 *En lors chantars* 32; 434a,23 *Eras veyretz* 36; 434a,36 *No·m posc* 38; 434a,44 *Paratges* 40; 434a,45 *Peccatz mortals* 39; 434a,50 *Pus chan era* 77; 434a,53 *Qui vezia* 30; 434a,54 *Si voletz* 29; 434a,55 *S'agues tan* 90; 434a,58 *Si com l'aiga* 45; 434a,62 *Si per tristor* 34; 434a,74 *Trop m'enug* 49;

434a,75 *Tan mal* 59; 434a,82 *Volgr' aguesson* 46; 434a,83 *Volgra midons* 32. ANON 461,141 *Ja non cugei* 15.

4. Cont Peire. Peter I Mauclerc, count of Brittany (enemy of John of England), died 1250. A DAU LUC 22,1 *En Chantarel* 15.

5. Peire d'Alvernhe. The poet. MONGE DE MONTAUDON 305,16 *Pois Peire d'Alvernh' a chantat* 1. P D'ALVERNHE 323,9 *Bel m'es qu'eu fass'* 57; 323,11 *Chantarai d'aquestz trobadors* 79; 323,12 *Chantarai, pos vei* 50; 323,18 *Gent es* 66. C DE GIRONA 434a,32 *Meig vers* 17.

6. Peire Arnaut. Identified in the poem as "us crois Aragones," a nasty Aragonese. UC DE S CIRC 457,6 *Be·m meravill* 3.

7. Peire Belmon. According to Niestroy (p. 9-10), he probably belonged to a wealthy family in Velay. PISTOLETA 372,4b *La maier temensa* 51.

8. Peyre de Berga. A neighbor of G de Berguedan, savagely attacked by the poet under the senhal **mon Sogre** (q.v.); see M de Riquer *Las poesías de G. de B. contra Pere de Berga*. G DE BERGUEDAN 210,8a *Cantarai* 31. See also **Berga**.

9. Peire (Bremon). Peire Bremon Ricas Novas, the poet. R DE TRETS 419,1 *Dui cavalier* 29. SORDELLO 437,21 *Non pueis mudar* 10 (for another identification, see Boni, ed., p 116). See also **Ricas Novas**.

10. Peire Cardenal. The poet. B CARBONEL 82,39 *D'omes atrobi* 2.

11. Peire La Cassanha. A neighbor of B de Born and a benefactor of the monastery of Dalon (Stimming p 182). B DE BORN 80,8 *Be·m platz car* 45.

12. Peire d'Estanh. Chosen to judge a partimen. G RIQUIER, ENRIC, and MARQUES 248,75 *Senh' en Enric* 52.

13. Peire de Fraisse. Chosen to judge a partimen. G RIQUIER and ENVEYOS 248,14 *Ara s'esfors* 49.

14. En Peire-gros. A poem is sent to him. G DE DURFORT 214,1 *Car sai petit* 49.

15. En Peire de Guavaret. The poet (P-C no. 343). G DE CALANSO 243,10 *Tan doussamen* 41. See also **Gavaret**.

16. Peire Guillem. A cloth merchant at Marseille. B CARBONEL 82,9 *Cor, digatz me* 49, 54 (chosen to judge the tenso between the poet and his heart); 82,15 *S'ieu anc* 4 (a planh for him); 82,18 *Un sirventes* 39.

17. Peire Guillem. The poet Peire Guilhem de Tolosa. Sordello 437,19 *Lai a·n Peire Guillem* 1.

18. Comte Peire. Peter of Lara, nephew and heir of viscountess Ermengarda of Narbonne. B de Born 80,23 *Lo coms* 40. See **Lara**.

19. Peire Laroq'. Apparently a poet, but not otherwise known. Monge de Montaudon 305,16 *Pois Peire d'Alvernhe* 91.

20. Peire de Maensac. Listed as a poet (P-C no. 348), but none of his poems have been preserved. Bishop of Clermont 95,2 *Peire de Maensac, ges lo reis no seria* 1.

21. Peire de Monleon. Apparently the owner of a castle near Pons (Charente-Maritime). E de Barjols 132,5 *Belhs Guazanhs* 22.

22. Peire de Monzo (var **Peire Bermon**). A poet or joglar, otherwise unknown. P d'Alvernhe 323,11 *Chantarai d'aquestz trobadors* 43.

23. Peire. Peire de la Mula, the poet (P-C no. 352). Palais 315,4 *Mout se feira* 5.

24. Peire Roïs. Peire Ruiz de Azagra, a Navarrese knight. B de Born 80,33 *Quan vei* 49.

25. Peire Rotgier. The poet Peire Rogier. A de Peguilhan (?) 10,31 *Lanqan chanton* 51. P d'Alvernhe 323,11 *Chantarai d'aquestz trobadors* 7. P Rogier 356,1 *Al pareissen de las flors* 50; 356,8 *Tan no plou* 64. R d'Aurenga 389,34 *Peire Rotgier, a tressaillir* 1, 29. R de Miraval 406,1 *A Dieu me coman* 26.

26. Peire Salvatge. The poet (P-C no. 357). Peter III of Aragon 325,1 *Peire Salvagg', en greu pensar* 1. See also **Salvatge**.

27. Peire Vidal; en Pier. The poet. A Malaspina 15,1 *Ara·m digatz* 57. B Zorzi 74,9 *Mout fai* 2 ("Mout fai sobreira folia Qui ditz fol d'en Peire Vidal, Car senes gran sen natural Sos motz dir hom non sabria"). Monge de Montaudon 305,16 *Pois Peire d'Alvernhe* 85. P Vidal 364,7 *Baron, de mon dan* 49. Uc de l'Escura 452,1 *De mots ricos no tem Peire Vidal* 1.

28. Peire. A joglar, otherwise unknown. B de Born 80,35 *Quan vei* 41.

Peiregorc. Périgord, the region around Périgueux. B DE BORN 80,33 *Puois Ventadorns* 3. MONGE DE MONTAUDON 305,11 *L'autre jorn* 26.
Peiregors, Peiragors. Périgueux (Dordogne). A DAU LUC 22,1 *En Chantarel* 11. B DE BORN 80,44 *Un sirventes on motz no falh* 43.
Peiro. One of the quarters of Toulouse, near the church of St. Sernin. P VIDAL 364,2 *Ajostar e lassar* 88.
Peirol
  1. The poet. A DE SESTARO 16,8 *Bon chantar fai* 43. MONGE DE MONTAUDON 305,16 *Pois Peire d'Alvernhe* 25. PEIROL 366,3 *Ben dei chantar* 37; 366,8 *Cora qu'amors vuelha* 73; 366,20 *M'entencion* 50.
  2. Apparently another Peirol, unidentified. G DES BAUX (?) 209,1 *Be·m meraveill* 4.
Peirona, na. Unidentified. G DEL LUC 245,1 *Ges sitot m'ai* 30.
Peironella, na. Unidentified. R DE TARASCON and G DE CAVAILLAC 422,2 *Cabrit, al mieu vejaire* 13.
Peironet
  1. A joglar. J RUDEL 262,3 *No sap chantar* (stanza only in C).
  2. A joglar, apparently not the same as the first, and perhaps not all are the same individual. G FAIDIT 167,24 *Una dolors esforciva* 51 (Mouzat p 151 thinks this may be Peire Rogier). P DE DURBAN 340,1 *Peironet, ben vos es pres* 1. P DE GAVARET 343,1 *Peironet, en Savartes* 1.
  3. A senhal (?). G ADEMAR 202,3 *Chantan dissera* 69.
  4. The poet (P-C no. 367). PETER III OF ARAGON 322b,1 *Car vei en Peyronet ploran* 1.
Peitau, Peiteu. Poitou. A DE SESTARO (?) 16,17 *Monges, cauzetz* 20. A DAU LUC 22,1 *En Chantarel* 13. B ARNAUT D'ARMAGNAC 54,1 *Lombartz* 10. B DE VENTADORN 70,21 *Ges de chantar* 53. B DE BORN 80,33 *Puois Ventadorns* 33. B DE BORN LO FILS 81,1 *Quan vei* 11. CERCAMON 112,1a *Ab lo pascor* 42; 112,2a *Lo plaing comens* 8. WILLIAM IX OF AQUITAINE 183,10 *Pos de chantar* 4. MARCABRU 293,8 *Assatz m'es bel* 55; 293,22 *Emperaire, per mi mezeis* 55; 293,33 *Lo vers comens* 23; 293,35 *Pax* 68; 293,39 *Pois l'iverns* 18. MONGE DE MONTAUDON 305,1 *Aissi com cel qu'a estat* 75. P BREMON RIC NOV 330,6 *En la mar major* 24. P VIDAL 364,24 *Ges pel temps* 54. R D'AURENGA

(not de Vaqueiras) 392,5 *Ar vei bru* 54. Uc de S Circ 457,42 *Un sirventes* 28.

Peitavi. An inhabitant of Poitou. Monge and Albert 16,17 *Monges, cauzetz* 22. B de Born 80,34 *Quan la novela flors* 42. Cercamon 112,2a *Lo planh comens* 6 ("lo Peitavis" is William X). G Faidit 167,9 *Ara nos sia guitz* 82. Marcabru 293,4 *Al prim comens* 59. P Bremon Ric Nov 330,14 *Pos partit an* 11. Richard I of England 420,2 *Ja nuls hom pres* 8.

Peitieus. Poitiers (Vienne). Cercamon and Guilhalmi 112,1 *Car vei fenir* 18. Cercamon 112,2a *Lo planh comens* 13 ("lo coms de Peitieus" is William X). G Faidit 167,31 *Jauzens* 59 ("mon seignor de Peitieus" is Richard I of England); 167,43 *No m'alegra* 67. William IX of Aquitaine 183,10 *Pos de chantar* 10. Marcabru 293,9 *Aujatz* 25 (the count is probably William X); 293,35 *Pax* 71. P Vidal 364,4 *Anc no mori* 57, 62 (the count is Richard I); 364,11 *Be·m pac* 52; 364,16 *De chantar* 39; 364,31 *Nulhs hom non pot* 57. R de Castelnou 396,1 *Ar a ben* 16.

Peitr'. The Petrion district of Constantinople. R de Vaqueiras Epic Letter I 35, II 36.

Pelardit, en. Mentioned as a poet who can "contrafar la gen" (P-C no. 368), but no poems of his are preserved. Uc de l'Escura 452,1 *De mots ricos* 7.

Pelaus. Peleus, father of Achilles. B de Ventadorn 70,1 *Ab joi mou lo vers* 46 ("com de Pelaus la lansa, Que del seu colp no podi' om garir"). G de Calanso 243,7a *Fadet joglar* 106.

Peleas. Pelias, uncle of Jason. G de Calanso 243,7a *Fadet joglar* 74.

Penedés. Panédes (prov Gerona, near Caldes de Malavella). C de Girona 434,7b *Entre Caldes e Penedes* 1.

Pepi. Pepin le Bref. G de Calanso 243,7a *Fadet joglar* 166.

Per

    1. Per Bremon. Perhaps the poet Peire Bremon Ricas Novas. Falconet and Faure 149,1 *En Falconet* 31.

    2. Per de Durban. The poet Peire de Durban. P de Gavaret 343,1 *Peironet* 2.

Peragon, Bel. Senhal? A de Peguilhan 10,41 *Per solatz d'autrui* 43.

Peralta. A locality in the prov of Gerona, near La Bisbal. C de Girona 434,9a *Pres d'un jardi* 21.

Percabal. An unidentified person (M de Riquer ZRP 71, 24, and references there). G de Berguedan 210,18 *Talans* 6. G de la Tor (?) 236,10 *Cel so qui capol' e dola* [begins in other editions with the stanza *Una, dos;* line depends on edition used; probably by G de Berguedan].

Perchat. A joglar. P Vidal 364,12 *Ben aja ieu* 46.

Perdicx. Perdix, nephew of Dedalus (but confused here with Icarus). B de Paris 85,1 *Gordatz* 70.

Perdigo. The poet. Uc de l'Escura 452,1 *De mots ricos* 3.

Peria. Unidentified ("Mais volc guerra filz del rei d'Etobia Lo jorn que venc cavalcar a Peria"). R de Miraval (?) 392,11 *Del rei d'Arragon* 8.

Permá. An unidentified place. Marcabru 293,7 *Ans que·l terminis* 50.

Pero. Used as a typical name ("Raimon o Bertran o Pero," like our Tom, Dick, and Harry). Peire and Aimeric 8,1 *Peire del Poi* 48.

Perpinhan. Perpignan (Pyrénées-Orientales). Pistoleta 372,2 *Anc mais nulhs hom* 39. R d'Aurenga 389,6 *Als durs* 61.

Persa, rei de. Darius, king of Persia (*Roman d'Alexandre*, etc.). E Cairel 133,1 *Abril ni mai* 42. P Vidal 364,4 *Anc no mori* 24. See **Daire.**

Persan. A Persian (sometimes used loosely for any Mohammedan). B de Born 80,3 *Anc no·s puoc* 30. C Panzan 107,1 *Ar es sazos* 7. E Cairel 133,11 *Qui saubes* 17. G Faidit 167,22 *Fortz chauza* 39. P Cardenal 335,54 *Tan vei* 27. R de Vaqueiras 392,9a *Conseil don* 37. See **Persés.**

Persaval, Perceval, Persival

1. Perceval, of the Arthurian stories. B Zorzi 74,4 *En tal dezir* 18. I d'Entrevennes 254,1 *Del sonet* 35. R de Vaqueiras 392,2 *Era·m requier* 17. R de Berbezilh 421,3 *Atressi cum Persavaus* 1.

2. Perhaps Bonifazio di Piossasco, called in various documents by the nickname *Percevallus* (De Bartholomaeis, *Studj rom.* 7, 325). A de Peguilhan 10,32 *Li fol e·il put* 21.

Per-sens-bo, na. An unidentified senhal. C de Girona 434,5 *Cuenda chanso* 39.

Persés. A Persian. R Bonomel (Templier) 439,1 *Ir' e dolors* 20.

Pertonac. Parthenay (Deux-Sèvres). A DAU LUC 22,1 *En Chantarel* 6.

Picart. One from Picardy. J ESTEVE 266,6 *Francs reis* 2. P CARDENAL 335,40 *Per fols tenc* 3.

Picolet. In the *Bataille de Loquifer,* a messenger between Rainouart and Loquifer (Keller p 213). G DE CALANSO 243,7a *Fadet joglar* 171.

Pilat. Pontius Pilate (*see also* **Pons Pilat**). G AUGIER 205,2 *Cascus plor* 16 ("Del fals linhatge de Pilat"). P CARDENAL 335,64 *Un estribot* 22. ANON (P CARDENAL?) 461,235 *Tot enaissi com Deus* 2.

Pina. Pina de Ebro, near Saragossa. C DE GIRONA 434a,54 *Reys castelas* 15.

Pinarol. Pinerolo (Piedmont). A DE PEGUILHAN 10,32 *Li fol e·il put* 17.

Pinós
   1. **Pinós.** Pinós (Lérida), 20 km from Solsona. The Galceráns were lords of Pinós, and this name evidently served as their war-cry (210,4a). B DE BORN 80,34 *Quan la novela flors* 50. G DE BERGUEDAN 210,4a *Be·m volria* 33; 210,18 *Talans m'es pres* 44. See **Raimon Gauceran.**
   2. **La bela de Pinós.** Presumably a lady of the Galcerán family (see **1**, above). B D'ALAMANON 76,12 *Mout m'es greu* 37. JOZI (JORI) and ESQUILHA 144,1 *Jori, digatz* 55.

Piramus. The lover of Thisbe. G DE CABREIRA 242a,1 *Cabra joglar* 166. G DE SALIGNAC 249,5 *Tot en aital esperansa* 27. ROFIAN and IZARN 255,1 *Vos que amatz* 39, 45. P CARDENAL 335,14 *Cel que fes* 84. R DE VAQUEIRAS 392,2 *Era·m requier* 12.

Pirrus. Pyrrhus, son of Achilles. G DE CALANSO 243,7a *Fadet joglar* 107.

Pisa, Piza. Pisa (Tuscany), often named for its great wealth. ALBERT and S DORIA 13,1 *N'Albert* 43. B DE VENTADORN 70,44 *Tant ai mo cor* 24. MARCABRU 293,11 *Bel m'es quan la rana* 56. P D'ALVERNHE 323,12 *Chantarai pus vei* 25. P VIDAL 364,14 *Bon' aventura* 5. R D'AURENGA 389,40 *Una chansoneta fera* 32. R DE VAQUEIRAS Epic Letter III 41. C DE GIRONA 434a,83 *Volgra midons* 23. UC DE S CIRC 457,6 *Be·m meraveill* 5.

Pisan, Pizan. An inhabitant of Pisa. B DE BORN 80,22 *Guerr' e pantais* 48. P VIDAL 364,14 *Bon' aventura don Dieus als Pizas* 1. ANON 461,180 *Nuls hom non deu* 22.

Pisson. Unidentified. B FOLCO 83,2 *Ja no creirai* 7 ("Pois auzem dir a·n Guillem d'Esparnon Qe per paor desamparat Pisson").

Plan. See **Raimon del Plan.**

Planel. See **Raimon de Planel.**

Plariés. Named, with **Felis** (q.v.) among the great lovers (the ms has *felis es plariers*, but the rime is in *es*); unidentified. P CARDENAL 335,14 *Cel que fes* 85.

Plassa. Piazza (central Sicily). R DE VAQUEIRAS Epic Letter II 24.

Plato. The Greek philosopher. M ERMENGAUD 297,8 *Temps es* 21.

Plazensa. Piacenza (Emilia); often used for a pun on the name rather than with any specific reference to the town. A DE PEGUILHAN 10,40 *Per razo natural* 42. P BREMON RIC NOV 330,9 *Lo bels terminis* 39. P VIDAL 364,47 *Tant an ben dig* 22. R DE VAQUEIRAS 392,1 *Ara·m digatz* 53. SORDELLO 437,1 *Ailas, e que·m fau* 7. See also **Palensa.**

Plazer, mon. Senhal, unidentified. PERDIGO 370,3 *Ben aio·l mal* 51; 370,9 *Los mals d'amor* 11.

Plozacs (*probably read* **Plozasc**). Piossasco, 17 km SE of Torino (Piedmont). G DE LA TOR 236,5a *Pos n'Aimerics* 23.

Plus-Avinen, mon. Senhal for an unidentified lady. G FAIDIT 167,7 *Ara cove* 80; 167,12 *Be·m platz* 71; 167,21 *D'un dotç bell plaser* 104; 167,37 *Mon cor e mi* 57; 167,44a *Hueimais tanh* 69; 167,60 *Totz me cuidei* 5. R DE VAQUEIRAS (?) 392,30 *Si ja amors* 45.

Plus-Car, mon. Unidentified senhal. B ZORZI 74,8 *Mal aja* 49.

Plus-Leial, en *or* **mon.** A mutual senhal used for each other by F de Marseille and P de Capduelh; Stronski (*F de M* p 39*, 41*) thinks R de Miraval uses it for one of these two, probably for P de Capduelh. F DE MARSEILLE 155,21 *Si tot me sui* 45. P DE CAPDUELH 375,20 *Si com sellui* 41. R DE MIRAVAL 406,21 *Chansoneta farai* 49. See **Leial.**

Point. Ponti (Piedmont, 10 km SW of Acqui), the dwelling of the marquis del Carret (*see* **Carret, Ot**). B DE BONDELHS 59,1 *Tot aissi* 41.

Poisson (Ponson?) Gaifier. Unidentified. G d'Apchier 162,3 *Velh Comunal* 11 ("el moli don rendia ses Al paire d'en Poisson Gaifier").

Polha, Poilla. Apulia, in southern Italy. A Daniel 29,4 *Ar vei* 35. B de Born 80,29 *No posc mudar* 24. D de Pradas (?) 124,9 *El temps d'estiu* 41. G de Berguedan 210,7 *Chanson* 13 (M de Riquer thinks this may be a reference to Ampolla de Perelló, near Tortosa [Tarragona]). P de Marseille, Jordan, and G Riquier 248,77 *Senh' en Jorda* 8, 31 (the king is Conrad or Manfred). L Gatelus 290,1 *Cora qu'eu fos* 22. P Bremon Ric Nov 330,14 *Pos partit an* 5. P de la Cavarana 334,1 *D'un sirventes faire* 18. P Vidal 364,14 *Bon' aventura* 37. P de Capduelh 375,8 *En honor* 55 (the king is William II of Apulia, at the time of the Third Crusade). R de Tors 410,2 *Ar es ben dreitz* 31. Uc de S Circ 457,42 *Un sirventes* 39.

Polhes, Poilles, Puilles. An Apulian. A del Fossat 7,1 *Entre dos reis* 7. L Gatelus 290,1 *Cora qu'eu fos* 5; 290,1a *D'un sirventes* 2 (the king is Charles I of Anjou). P Cardenal 335,40 *Per fols tenc Polhes e Lombartz* 1.

Polibus. Polybus, king of Corinth, foster father of Oedipus (*Roman de Thèbes*). G de Calanso 243,7a *Fadet joglar* 187.

Polinhac, Polomnhac

 1. Polignac, a castle between Clermont and Le Puy. P Cardenal 335,68 *Un sirventes trametrai* 66.

 2. **Vescomte de Polinhac.** Perhaps Pons V (1215-1248). A Catalan 27,4 *Anc per null temps* 45.

Polinises. Polynices, son of Oedipus (*Roman de Thèbes*). B de Paris 85,1 *Gordotz* 32.

Polpitz. Santa Magdalena de Polpís (prov Castellón de la Plana). G del Luc 245,1 *Ges sitot m'ai* 16; 245,2 *Si per malvatz* 21.

Pompeon (or **Ponpeigon**). Unidentified ("De P. E de Dracon [de Ragon] Cum anet a Tonas murir"). G de Calanso 243,7a *Fadet joglar* 82.

Pon d'Estura (or **de Stura**). In Piedmont, near Casale, in the domains of the lords of Montferrat. G Faidit 167,39 *Mout a ponhat* 58.

Ponhautier. Probably Pennautier (Aude); the lord of P. is Raimon de Pennautier. P Vidal 364,45 *Son ben apoderatz* 35.

Pons, Ponz
1. **Sanh Pos.** Saint Pontius. BLACASSET 96,10a *Si·l mals d'amor* 5. See also **Saint-Pons**.
2. **Ponz de Chabreira.** Son of the poet Guiraut de Cabreira and husband of Marquesa d'Urgel (M de Riquer *G de B y las luchas feudales* p 27). G DE BERGUEDAN 210,4a *Be·m volria* 27.
3. **Pons de Capduelh.** The poet. E DE BARJOLS 132,5 *Belhs Guazanhs* 30. R DE TARASCO and G DE CAVAILLON 422,2 *Cabrit* 55. See **Leial, Plus-Leial**.
4. **Ponz del Castellar.** Unidentified; killed by G de Berguedan in Claramunt (M de Riquer ZRP 71, 13). G DE BERGUEDAN 210,5 *Ben ai auzit* 24.
5. **Pons de Mataplana.** Not a marquis (the designation Marques must have been a senhal), nor even the head of the Mataplana barony: that was Uc, older brother of Pons and father of the poet Uc de Mataplana (P-C no. 454). Pons was savagely attacked by G de Berguedan in several poems, but on his death (probably between 1180 and 1185) the poet composed an apparently sincere planh; see M de Riquer ZRP 71, 1 ff. G DE BERGUEDAN 210,9 *Consiros chant* 4, 13 (planh). See **Mataplana, Marques**.
6. **Pons de Mondrago.** A brother of **Dragonet** (q.v.), from Mondragon (Vaucluse). R DE VAQUEIRAS 392,14 *El so* 78, 88.
7. **Pons de Monlaur.** Pons, lord of Monlaur (Ardèche) and husband of Guida de Rodez; he is mentioned from c 1190 to c 1219 (Linskill p 86). R DE VAQUEIRAS 392,14 *El so* 50.
8. **Pons Pilat.** Pontius Pilate (Matthew 27, etc.). P D'ALVERNHE 323,21 *Lauzatz si' Emanuel* 34. See **Pilat**.
9. **Pons de Teza.** A patron of the poet. P DE LA GARDA 377,2 *D'un sirventes* 60.
10. **Pons-Tort.** Pons of Polignac (see **Polinhac**)? TORCAFOL 443,2a *Comunal veill, flac* 29; 443,4 *Mos Comunals fai* 29.
11. **Pons Uc.** Count Pons Uc II of Ampurias (1173-1200); see **Juziana** (M de Riquer *G de B y las luchas feudales* p 30). G DE BERGUEDAN 210,4a *Be·m volria* 36.
12. **Ponç.** Taken as an example of any name at all. C DE GIRONA 434a,4 *Ara·m luyna* 48.
13. **Ponz.** Pons (prov Lérida, on the Segre). G DE BERGUEDAN 210,4a *Be·m volria* 35.

14. Ponz. Pons (Charente-Maritime). B DE BORN 80,33 *Puois Ventadorns* 25. A DAU LUC 22,1 *En Chantarel* 5.

Ponsa, na. Presumably the two references are not to the same person, and it is not clear that there is any connection between these and the *na Ponsa* mentioned in the razo to 457,4 (Uc de S Circ; Boutière-Schutz *Biog.* p 244-247). E CAIREL *So que·m sol* 62. F DE MARSEILLE 155,11 *Ja no·is cug* 41.

Ponset d'Aguilar. Unknown person. R DE VAQUEIRAS Epic Letter III 19.

Ponso, Ponçon. Ponzone (prov Alessandria). R DE VAQUEIRAS 392,32 *Truan* 53. See also **Esmilla**.

Pont. See **Pons**.

Pontremble. Pontremoli, in Lunigiana (northern Tuscany). A DANIEL 29,16 *Quan cai* 38. See **Luresana**.

Porc Armat de Cremona. Ponzio Amato of Cremona (a humorous distortion of the name). G DE LA TOR (? or PALAIS?) 236,11 *Un sirventes* 6.

Porcier. A poet (P-C no. 382). COUNT OF PROVENCE 186,1a *Porcier, cara de guiner* 1.

Porrus, rei. King Porrus of India, conquered by Alexander (*Roman d'Alexandre*). G AUGIER and GUILLEM 205,4 *Guillem* 28.

Porta-joia

1. **Porta-joia l'escassier.** A joglar; is this the same person as the next **Porta-joia?** R DE DURFORT 397,1a *Ben es malastrucs* 36.

2. **Porta-joia d'Engolmes.** A joglar. A DE LA BROQUEIRA 21,2 *Quan reverdejon* 43.

Portogal. Portugal. GAVAUDAN 174,10 *Senhor* 51. J ESTEVE 266,1 *Aissi co·l malanans* 24. MARCABRU 293,4 *Al prim comens* 55; 293,11 *Bel m'es quan la rana chanta* 40; 293,22 *Emperaire, per mi mezeis* 43. TOMIER E PALAZI 442,2 *Si co·l flacs molins* 28.

Portz, los. The passes of the Pyrenees. G DE BERGUEDAN 210,12 *Juglars* 13. G UC D'ALBI 237,1 *Quan lo braus* 22.

Posquieiras. Posquières, a castle near present-day Vauvert (Gard). FALCONET and FAURE 149,1 *En Falconet* 16. G D'AUTPOL 206,2 *Fortz tristors* 78 (the lady of P. is unknown).

Prat Neiron. See **Neiron Prat**.

Prestre Joan. See **Joan**.

Priam. The king of Troy. B de Paris 85,1 *Gordotz* 63.
Proensa, -ssa, -za, -ça, Provensa. Provence. Aimeric and Peire 8,1 *Peire del Poi* 49. A de Belenoi 9,17 *Per Dieus* 4, 9. A de Peguilhan 10,8 *Anc mais de joy* 55. Albertet and Monge 16,17 *Monges, cauzetz* 3. A Catalan 27,4a *Ben es razos* 49. Bernart and Blacatz 52,5 *Segner Blacatz* 20. B Sicart de Marvejols 67,1 *Ab greu consire* 26. B de Ventadorn 70,12 *Be m'an perdut* 36. B d'Alamanon 76,5 *De la sal de Proenza·m dol* 1; 76,15 *Pueis chanson far* 3; 76,16 *Qui que s'esmai* 34. B de Born 80,32 *Pois lo gens* 19. Blacasset 96,2 *Be volgra* 47. E de Barjols 132,1 *Amors, be m'avetz* 41. E de Barjols and J Reforsat 132,7a *En Jaufrezet* 34. Falconet and Faure 149,1 *En Falconet* 14,49. G Faidit 167,20a *D'un' amor* 100; 167,33 *L'onratz* 21; 167,45 *Pel joi del temps* 43; 167,54 *Si tot re* 42. Gavaudan 174,10 *Senhor* 24. G de Cabanas 197,1 *Si crit, Bertran* 4. G Augier 205,4a *Per vos* 42. G Figueira 217,6 *Pel joi* 43. G de Montanhagol 225,1 *A Lunel lutz* 6, 17; 225,5 *Ges per malvastat* 9. G de Bornelh 242,9 *Amors* 56; 242,44 *L'altrer* 2; 242,65 *S'anc jorn* 58; 242,79 *Tot suavet* 8. G d'Espanha 244,9 *Pus era* 4. G del Luc 245,1 *Ges sitot m'ai* 7. J Mote 259,1 *Non es razos* 10. J d'Albuzo 265,3 *Vostra domna* 3. L Cigala 282,13 *Lantelm* 16; 282,21 *Raimon robin* 19. Marcabru 293,9 *Aujatz* 27. Monge de Montaudon 305,11 *L'autre jorn* 41; 305,17 *Seigner* 6. P de Marseille 319,1 *Ab marrimen* 4; 319,6 *L'autrier* 116; 319,7 *Razos non es* 5, 18, 24, 42. P d'Alvernhe 323,2 *Ab fina joia* 49. P Bremon Ric Nov 330,9 *Lo bels terminis* 5; 330,19 *Tuit van* 69. P Cardenal 335,25 *Falsedatz* 38. P de Castelnou 336,1 *Oimais* 10. P Guillem de Luserna 344,5 *Qui na Cuniça guerreia* 14. P del Poi (P Cardenal?) and Aimeric 354,1 *Peire del Poi* 50. P Vidal 364,1 *Ab l'alen* 2; 364,11 *Be·m pac d'ivern* 71; 364,14 *Bon' aventura* 27; 364,18 *Drogoman senher* 28; 364,24 *Ges pel temps* 73; 364,28 *Mout es bona* 40; 364,37 *Pus tornatz sui en Proensa* 1; 364,42 *S'ieu fos en cort* 18; 364,44 *Si saupesson* 41; 364,46 *Tant ai lonjamen* 75; 364,47 *Tant an ben dig* 46; 364,48 *Tant mi platz* 51. Peirol 366,28 *Pus flum Jordan* 6. Pistoleta and Blacatz 372,6a *Segner Blacatz* 29. P de la Garda 377,1 *De chantar* 4. Ponson 381,1 *Ben dei* 42. R d'Aurenga 389,41 *Un vers farai* 24. R d'Eira 391,1 *Coms proensals* 4. R de Vaqueiras 392,10 *D'amor no·m*

lau 39; 392,14 *El so* 5; 392,25 *No puesc saber* 41. R de Miraval (?) 392,11 *Del rei d'Arragon* 13. R de Miraval and Bertran 406,16 *Bertran* 13. R de Tors 410,1 *Amics Gauselm* 17, 23; 410,2 *Ar es ben dreitz* 46. C de Girona 434a,2 *Apres lo vers* 7. Trobaire de Villarnaut 446,2 *Un sirventes* 43. Anon (P Cardenal?) 461,96 *Domna que ve* 4 (used for pun on *pro*). Anon 461,123c *Gasquet, vai t'en en Proensa* 1, 7; 461,204 *Quan Proensa ac perduda proeza* 1, 19.

Proensa, comte de
  1. Raymond V of Toulouse (Sakari, *Neuph. Mitt.* 50, 195). A de Porcairagues 43,1 *Ar em el freg* 44.
  2. Raimon Bérengier V (1209-1245), a poet (P-C. no. 184). B de Born (?) 80,42 *Un sirventes farai* 18. Blacasset 96,10a *Si.l mals d'amor* 21. P Bremon Ric Nov (?) 330,1a *Ab marrimenz* 6 (planh for him). See **Berengier** and **Raimon Berengier**.
  3. Charles of Anjou, brother of Louis IX, count of Provence 1246-1285. P de Marseille 319,2 *Ara qu'es* 42; 319,6 *L'autrier* 30. R de Tors 410,3 *Ar es dreitz* 26. Trobaire de Villarnaut 446,2 *Un sirventes* 30. See **Charles**.
  4. Probably Alfonso II of Provence (1196-1209), brother of Peter II of Aragon and husband of Garsenda (see the following entry). R de Berbezilh (?) 421,5a *En chantan* 2, 6, 16, 26, 36, 46, 52, 58 (planh for him).

Proensa, comtessa de
  1. Garsenda, wife of Alfonso II (above), a poetess (P-C no. 187), and mother of the poet-count Raimon Bérengier V (number 2 above). E de Barjols 132,4a *Be fui conoissens* 41. Uc de S Circ 457,40 *Tres enemics* 46 (or does this refer to Beatrice? See below).
  2. Beatrice of Savoy, wife of count Raimon Berengier V (see **Proensa, comte de, 2**); she died in 1267. A de Belenoi 9,21 *Tant es d'Amor* 28. A de Sestaro 16,13 *En amor trob* 28. A Catalan 27,4 *Anc per null temps* 41. B d'Alamanon 76,12 *Mout m'es greu* 11. F de Romans 156,4 *En chantan* 12. G de Bornelh (?) 242,35 *Tot gen* 45. See **Beatritz**.

Proensa, Tibortz de. See **Tibortz**.
Proensal
  1. An inhabitant of Provence. A de Belenoi 9,17 *Pos Dieus* 56. A Catalan 27,6 *Lanquan vinc* 41. B d'Alamanon 76,5 *De*

la sal de Proensa 48; 76,16 *Qui que s'esmai* 7. B Carbonel 82,12 *Per espassar* 51. B de Castellana 102,2 *Guerr' e trebalhs* 15; 102,3 *Si tot no m'es* 4. Gavaudan 174,10 *Senhor* 59. Granet 189,1 *Comte Karle* 28. G de Bornelh 242,72 *Si·m sentis* 77. G Riquier 248,79 *S'ieu ja trobat* 23. J Esteve 266,1 *Aissi co·l malanans* 36. Monge de Montaudon 305,11 *L'autre jorn* 44. P de Marseille 319,6 *L'autrier* 31, 45, 75; 319,7 *Razos non es* 9. P Bremon Ric Nov 330,14 *Pos partit an* 25. P Bremon Ric Nov (?) 330,1a *Ab marrimenz* 9, 33, 43. P de Castelnou 336,1 *Oimais* 15, 50. P Vidal 364,27 *Mos cors* 33. R de Vaqueiras 392,7 *Domna, tant* 21, 56, 89; Epic Letter II 49. R de Miraval and Bertran 406,16 *Bertran* 6, 20, 47. Sordello 437,21 *Non pueis mudar* 53. Tomier e Palazi 442,2 *Si co·l flacs molins* 35.
   2. Bel Proensal. Senhal for a lady. G d'Espanha 244,1 *Domna* 33; 244,3 *Ges ancara* 28; 244,5 *Na Ses Merce* 14, 22; 244,6 *No posc plus* 24; 244,9 *Pus era* 51.

Pujolos, en (var **en Borgoinhos**, q.v.). Pujol, the poet. Blacasset 96,10a *Si·l mals d'amor* 8.

Pueg (Puey, Poi, Puoi)
   1. Lo Pueg. Le Puy en Velay (Haute-Loire); not all the references are entirely clear, and there are other places of this name. B de Ventadorn 70,21 *Ges de chantar* 60. D d'Alvernhe 119,8 *Reis, pos vos* 30. Gavaudan 174,10 *Senhor* 25. G de Cabestanh 213,1 *Aissi cum selh* 32. P Cardenal 335,68 *Un sirventes trametrai* 45. P Vidal 364,49 *Tart mi veiran* 2. R de Berbezilh 421,2 *Atressi cum l'orifans* 7.
   2. Pueg Sainta Maria. Le Puy en Velay (Haute-Loire), famous for its cult of the Virgin. G de Berguedan 210,18 *Talans m'es pres* 50. I d'Entrevennes 254,1 *Del sonet* 31.
   3. Puoi de Doma. Puy de Dôme, the mountain in the département of the same name. A Daniel 29,11 *Lanquan son* 36.

Puegcerda. Puigcerdá (prov Barcelona, near French border). G de Berguedan 210,18 *Talans m'es pres* 41.

Pueg-clar. An unidentified locality in Liguria. R de Vaqueiras Epic Letter III 67.

Puoi-Guilhem. Puy-Guilhem (Dordogne). B de Born 80,33 *Puois Ventadorns* 9.

Pueg-olen. Unidentified. P Espanhol 342,2 *Com selh* 20 ("Mas yeu suy folhs, quar non ai preza esmansa De l'aiga que no bulh, de Pueg-olen").

Puoich-vert, Poigverd
   1. **Puoichvert.** Puivert (Aude). P d'Alvernhe 323,11 *Chantarai d'aquestz trobadors* 86.
   2. **Poigverd.** Puigverd (prov Lérida, near Agramunt). G de Berguedan 210,4a *Be·m volria* 30.

Pupet. Le Mont Pipet, at Vienne (Isère). P Cardenal 335,12 *Be volgra* 15.

Q

Qe de Cardoill. Kay, Arthur's foster-brother and seneschal. L Cɪ-ɢᴀʟᴀ 282,13 *Lantelm* 43.

Quer. *See* **Solatz de Quer.**

Queralt. Perhaps the sanctuary of this name on a mountain near Berga (prov Barcelona; M de Riquer *G de B y las luchas feudales* p 41). C ᴅᴇ Gɪʀᴏɴᴀ 434,9a *Pres d'un jardi* 19.

Quitera. Saint Quiteria, venerated in Gascony. R ᴅᴇ Vᴀǫᴜᴇɪʀᴀs 392,4 *Eras quan vey* 48.

R

Raberti de Buvalel. Rambertino Buvalelli, the poet (P-C no 281). P Raimon 355,6 *De fin' amor* 44.

Rachel. The wife of Jacob (Genesis 29:6). P Vidal 364,11 *Be·m pac* 50.

Rafel, Raphel. The archangel Raphael (Book of Tobias). P Vidal 364,11 *Be·m pac* 49.

Rai, Belh. Senhal for a lady. J Esteve 266,5 *El dous temps* 79; 266,7 *L'autrier* 86; 266,9 *Ogan* 77; 266,11 *Si·m vai* 63.

Raí. Unidentified ("Ni de Davi Ni de Rai Ni de Berart ni de Bovon"). G de Cabreira 242a,1 *Cabra joglar* 92.

Raimbaut, Raembaut. The poet Raimbaut d'Aurenga. P d'Alvernhe 323,11 *Chantarai d'aquestz trobadors*. P Rogier 356,7 *Senh' en Raymbaut, per vezer* 1, 50. R d'Aurenga 389,20 *Ben s'eschai* 35; 389,22 *Cars, dous e fenhz* 68; 389,28 *Escotatz* 42 (var). See **Linhaure**.

Raimon

   1. **Comte Raimon.** Raymond V of Toulouse (1148-1194). B de Born 80,11 *Cortz e guerras* 33; 80,34 *Quan la novela* 40, 57. G de S Didier 234,3 *Aissi cum es* 51 (the daughter would be Azalais, wife of Roger II of Béziers). Appel (*Chrestomathie*, list of names) identifies as Raymond V the "coms Raimon de Toloza" mentioned by the late poet G de l'Olivier 246,23 *Escrich truep* 3. See also **Alvernhat, Avinho, Belcaire, Proensa, Tolosa, Tolzan.**

   2. **Raimon d'Avinho.** Raymond V of Toulouse (see above), who was also lord of Avignon. B de Born 80,21 *Ges no me* 29.

   3. **Comte Raimon.** Raymond VI of Toulouse (1194-1222). A Daniel 29,8 *Dous brais* 54 ("lo filh al comte," while his

father Raymond V was still alive). GAVAUDAN 174,9 *Patz passien* 81. G ADEMAR (?) 281,6 *Mout chantera* 54. P CARDENAL 335,12 *Be volgra* 41, 56 (pun: *rai-mon* "ray of the world"). R DE MIRAVAL 406,8 *Ar ab la forsa* 55. See **Audiart, Tolosa, Tolzan.**

4. Comte Raimon. Raymond VII of Toulouse (1222-1249). GORMONDA 177,1 *Greu m'es* 76. G FIGUEIRA 217,2 *D'un sirventes far* 77; 217,8 *Un nou sirventes* 60. P CARDENAL 335,25 *Falsedatz* 37. Uc DE S CIRC 457,42 *Un sirventes* 17.

5. Raimon robin. Probably Raymond VII of Toulouse (see above), according to Branciforti (p 33: "Raimundo furbo"). L CIGALA 282,21 *Raimon robin, eu vei que Deus comensa* 1, 9.

6. Raimon Agout. Lord of Sault (Vaucluse), 1170-1204. CADENET 106,13 *De nula re* 18. See also **Agout.**

7. Raimon Berengier. Brother of Alfonso II of Aragon and regent of Provence 1167-1181. F DE MARSEILLE 155,5 *Ben an mort* 56. See also **Berengier de Besaudunes.**

8. Raimon (Berengier). Raimon Berengier V of Provence (1209-1245). G AUGIER NOVELLA 205,7 *Totz temps* 41. SORDELLO 437,21 *Non pueis mudar* 9. See also **Berengier, Proensa.**

9. Raimon de Boixados. A Raimon de Boixadors signed a document in 1182 (M de Riquer, *Stud. med.* 18, 275). G DE BERGUEDAN 210,21 *Un sirventes non* 20.

10. Raymon (de Cardona). Ramón Folch VI of Cardona (died 1276). C DE GIRONA 434,7e *Joys ne solatz* 26, 34 (planh for him); 434a,12 *Can aug* 22; 434a,28 *Hom no pot far* 42 (read "E·l coms de Foix e·n Raymon e·n Gastos"; see below, **Raymon Gaston**); 434a,62 *Si per tristor* 40; 434a,83 *Volgra midons* 30.

11. Raimon Drut. A senhal, probably for Raimon Rogier VII, count of Foix (1188-1223). R DE MIRAVAL 406,29 *Forniers* 34. See **Fois.**

12. Raimon (de Durfort). The poet. A DANIEL 29,15 *Pois en Raimons e·n Turcs Malecs* 1, 29. R DE DURFORT 397,1a *Ben es malastrucs* 13, 40.

13. Raymon Gaston, comte de Fois. This is apparently a mistaken reading, since no count of Foix was called Raymond

Gaston. Read "E·l coms de Fois e·n Raymon e·n Gastos" (see my article in *MLN* 82 [1967], 367-369. Raymon then becomes Ramón Folch VI of Cardona, Gaston is probably Gaston VII (de Moncada), viscount of Béarn, and the count of Foix at this time (1272-1276) was Roger-Bernard III. C de Girona 434a,28 *Hom no pot far* 42.

14. Raimon Gaucelm de Sabran. The poet calls this other Raimon Gaucelm his brother, because they had the same name; otherwise unknown. R Gaucelm de Béziers 401,4 *Bel senher Dieus* 2.

15. Raimon Gauceran. The lord of **Pinós** (q.v.), prov Lérida. B de Born 80,34 *Quan la novela flors* 49. G de Berguedan 210,4a *Be·m volria* 2, 33.

16. Raimon Guilhem. Name of baron killed by Peter III of Aragon (while he was Infante?). B de Rovenac 66,1 *Bel m'es* 13.

17. Ramon de Meolho; li Raimondet de Mezeilhon. The place is Mévouillon (Drôme); two of its barons were evidently called Raimon (dim. Raimondet). Who they were and which of them is referred to alone are unanswered questions. Faure and Falconet 149,1 *En Falconet* 37 ("Ramon"). Duran sartor 126,2 *Vil sirventes* 34 ("li Raimondet").

18. Raimon de Neiron. Unidentified. P Bremon Ric Nov 330,20 *Un vers voill* 4.

19. Raimon Oblacheira. Unknown. Bonafe and Blacatz 98,2 *Seign' en Blacatz* 6.

20. Raimon de Paz. A joglar. G de Berguedan 210,1 *Amics marques* 41.

21. R(aimon) del Plan. Possibly the same as **Raimon de Planel**, below. Rofian and Izarn 255,1 *Vos que amatz* 51, 53.

22. Raimon de Planel. Planel is a castle (Lot-et-Garonne); this name occurs in a document of 1243, probably a later member of the same family. B de Born 80,24 *Mailoli, joglar malastruc* 43. See **Raimon del Plan**.

23. Raimon Rainoart. Possibly Raimon Rainouard, consul of Toulouse in 1221 (Linskill). R de Vaqueiras 392,14 *El so* 24.

24. Raimon. Raimon de Castel-Rosselho (Roussillon, Pyrénées-Orientales), married in 1197 (Långfors p xvii). G de Cabestanh

213,1a *Al plus leu* 57; 213,3 *Ar vey* 52; 213,5 *Lo dous consire* 96.

25. Raimon de Saint Marti. Unidentified (Boutière p 117). P BREMON RIC Nov 330,20 *Un vers voill* 3.

26. Raimon de Timor. Member of a family living near Poblet (Lérida; see Frank *Pons de la Guardia* p 264 n 31 and p 322). G DE BERGUEDAN 210,17 *Reis, s'anc nuill temps* 15.

27. Raimon. Brother of **Gauceran d'Urtz** (q.v.). B DE BORN 80,34 *Quan la novela flors* 57.

28. Raimon. A poet, otherwise unidentified; the two references may not be to the same person. P CARDENAL 335,16 *De cels* 2. UC DE S CIRC 457,32 *Raimons, en trobar es prims* 1.

29. Raimon. Unidentified. ANON 461,220 *Seigner Savarix* 2.

30. Raimon. Used as a typical name ("Tom, Dick, or Harry": *Raimon o Bertran o Pero*). P DEL POI (P CARDENAL?) and AIMERIC 8,1 *Peire del Poi* 48.

Raimonda de Rocafoill. Daughter of Raymond II de Roquefeuil (Aude) and Delphine de Turenne; her will is dated 1246 (Schutz *D de Pradas* p xix, xxi). GUIGO and B D'ALAMANON 197,3 *Vist hai, Bertran* 3.

Raimondet. A joglar. P CARDENAL 335,57 *Tostemps azir* 57.

Raimul. A humorous deformation of **Raimon**, identified in the poem as the son of **Oliveira** (i.e., Olivier); but both are unknown. TROBAIRE DE VILLARNAUT 446,1 *Mal mon grat* 39.

Rainart, Rainaut

1. Reynard the fox. G DE BERGUEDAN and A DE PEGUILHAN 10,19 *De Berguedan* 23. I D'ENTREVENNES 254,1 *Del sonet* 26. PALAIS 315,2 *Be·m plai* 7. P DE BUSSIGNAC 332,1 *Quan lo dous temps* 61. P CARDENAL 335,40 *Per fols tenc* 10. RICHARD I OF ENGLAND 420,1 *Dalfin* 7. R DE TARASCO and G DE CAVAILLON 422,2 *Cabrit, al mieu vejaire* 52. FALCONET and TAUREL 438,1 *Falconet, de Guillalmona* 46.

2. Senhal for the poet Austorc del Boy (not another poet named Rainart; P-C p 231, note). G DE RIQUIER, COUNT OF RODEZ, and A DEL BOY 248,74 *Seign' en Austorc del Boy;* Austorc is so addressed by the Count.

3. Used apparently as a typical name ("E prendi Rainart per Domerc": I take R. For D.). GAVAUDAN 174,7 *Lo mes* 12.

Rainier, Rainer

1. Rainier, son of Ardenc, vassal of Girart de Rossillon (M de Riquer p 395). G de Cabreira 242a,1 *Cabra joglar* 89.
2. Uncertain which of various other Reniers is referred to. G de Cabreira 242a,1 *Cabra joglar* 191 ("Ni d'Aldaer Ni de Rainer Ni de Ranberg ab lo furguon").
3. Probably the stepfather of the poet ("Ja Dieus non sal don Rainier l'afillat, S'anc l'en menti"). G Rainol d'At 231,1 *Auzir cugei* 6.
4. A joglar. B de Rovenac 66,4 *Una sirventesca* 2.
5. Senhal for viscount Raimon Jaufre Barral of Marseille. P Vidal 364,37 *Pus tornatz sui* 55, 63; 364,40 *Quant hom honratz* 55; 364,42 *S'ieu fos en cort* 19; 364,48 *Tant me platz* 44; 364,49 *Tart mi veiran* 4. See **Barral**.
6. **Rainier de Val Cortes.** Unidentified. A de Peguilhan 10,4 *A ley de fol* 46.
7. Used as senhals by several poets; all unidentified. B de Born 80,36 *Rassa, mes si son* 52. P Bremon Ric Nov 330,6 *En la mar major* 32. Perdigo 370,14 *Trop ai estat* 45.

Raino, en. Brother of **Maltortel**; both are unknown. Faure and Falconet 149,1 *En Falconet* 20.

Rainoal. Rainouart au tinel (*Aliscans*, etc.). G de Cabreira 242a,1 *Cabra joglar* 175 ("De Rainoal Ab lo tinal Non sabs ren ni del gran baston").

Rainoart. See **Raimon Rainoart**.

Rambalda, Raimbauda

1. **Rambauda (del Baus).** This member of the Baus family does not appear in any documents. B d'Alamanon 76,12 *Mout m'es greu* 29. R de las Salas 409,4 *No·m posc partir* 37. Sordello and B d'Alamanon 437,11 *Doas domnas* 46.
2. **Raimbauda de Biolh.** According to the *razo* of 364,16 (Boutière-Schutz p 247), the mother of Guilhem Rostanh, lord of Beuil (Alpes-Maritimes, arr Puget-Théniers). P Vidal 364,16 *De chantar* 38; 364,49 *Tart mi veiran* 17.

Rambaut. Possibly one should emend (with Birch-Hirschfeld p 67) to *Rainaut* = Renaud de Montauban. G de Cabreira 242a,1 *Cabra joglar* 132.

Ranberg. "Personaje del fabliau *Audigier*, que es una especie de parodia de cantares de gesta" (M de Riquer p 402). G DE CABREIRA 242a,1 *Cabra joglar* 192.

Rancom, Rango. Rancon (Haute-Vienne). B DE BORN 80,29 *No puosc mudar* 13. A DAU LUC 22,1 *En Chantarel* 6.

Randas. Randazzo (Sicily). R DE VAQUEIRAS Epic Letter II 22.

Randon, en. Guigues Meschin (c 1175-1200), powerful lord of Randon and Châteauneuf (now Châteauneuf-de-Randon, 24 km NE of Mende, Lozère), according to Lavaud *Troub. cantal.* 2, 264. E DE BARJOLS 132,5 *Belhs-Guazanhs* 19. MONGE DE MONTAUDON 305,12 *L'autrier* 14. TORCAFOL 443,4 *Mos Comunals fai* 40.

Raol de Cambrai(s). The epic hero Raoul de Cambrai. B DE BORN 80,6a *A totz* 19. F DE ROMANS 156,8 *Ma bella domna* 6. I D'ENTREVENNES 254,1 *Del sonet* 33.

Rassa. Senhal for Geoffrey of Brittany, son of Henry II of England. B DE BORN 80,6a *A totz* 4; 80,11 *Cortz e guerras* 12; 80,14 *Eu chan* 73; 80,34 *Quan la novela* 33; 80,36 *Rassa, mes se son premier* 1; 80,37 *Rassa, tan creis e mont' e poja* 1, 12, 23, 34, 45. See **Jaufre.**

Ravan. Ravano dalle Carceri da Verona (De Bartholomaeis *PS* I, 178). E CAIREL 133,9 *Pos cai* 38.

Ravena. Ravenna (Emilia). B DE BORN 80,9 *Chazutz sui* 22. See also **Emilla de Ravena.**

Razim. See **Bernat.**

Recaldo. Ricaldone, near Acqui (Piedmont). R DE VAQUEIRAS Epic Letter II 14.

Reforsat. Jaufre Reforsat de Trets, viscount of Marseille (in documents 1213-1231); a poet (P-C no. 419). B FOLCO 83,2 *Ja no creirai* 16. G DE S GREGORI and BLACATZ 233,5 *Senher Blacatz* 38. POMAIROL and GUIONET 238,3 *Pomairols, dos baros sai* 57. P BREMON RIC NOV 330,18 *Tan fort m'agrat* 25. See also **Jaufre.**

Rems (*or* **Rens**). Reims? G DE CALANSO 243,7a *Fadet joglar* 176.

Remus. Twin brother of Romulus. G DE CALANSO 243,7a *Fadet joglar* 125.

Requezen. Requesens, capital of the viscounty of the same name (prov Gerona, near La Junquera). C DE GIRONA 434,9a *Pres d'un jardi* 16.

Res. Riez (Basses-Alpes). G del Luc 245,1 *Ges sitot m'ai* 12 (var).

Respieg, Bon. An imaginary lady, according to Pattison's edition. R d'Aurenga 389,13 *Ar m'er* 21; 389,34 *Peire Rotgier* 49, 50; 389,41 *Un vers farai* 59; love letter *Donna, cal qe·us* 85.

Restaur

    1. Mon Restaur. Senhal for a lady loved by the poet. R Buvalelli 281,2 *Ar quan florisson* 41; 281,3 *D'un salut* 29; 281,5 *Ges de chantar* 44; 281,8 *S'a mon Restaur pogues plazer* 1, 11, 21, 31, 41; 281,10 *Totz m'era* 65.

    2. Restaur. Senhal probably designating Guida of Rodez. Sordello 437,24 *Planher vuelh* 43; 437,31 *Si co·l malaus* 41. See **Guida** and **Rodes.**

Revel. Revello (about 10 km W of Saluzzo, Piedmont). A de Peguilhan 10,32 *Li fol e·il put* 18.

Ric-de-joi, en. Senhal for a Lombard noble. G Faidit 167,18 *De faire chanso* 75; 167,54 *Si tot re* 50; 167,55 *Solatz* 84.

Richart

    1. Rei Richart. King Richard I of England, the Lion Heart (1189-1199). B d'Alamanon 76,22 *Un sirventes farai* 32. B de Born 80,4 *Ara sai ieu* 18, 36; 80,7 *Bel m'es* 42; 80,13 *D'un sirventes* 5, 26; 80,20 *Ges de far* 9; 80,25 *Mieg sirventes* 5; 80,28 *Mout m'es* 33 ("lo coms Richartz"); 80,35 *Quan vei* 8; 80,40 *S'ieu fos aissi* 8, 19, 35; 80,44 *Un sirventes on motz no falh* 10, 53; 80,45 *Voluntiers* 42, 44, 46, 50. B de Born lo fils 81,1 *Quan vei* 14. F de Marseille 155,3 *A, quan gen* 33. G Faidit 167,22 *Fortz chauza* 6 (planh for him). G Anelier de Tolosa 204,3 *El nom de Dieu* 40. G de Bornelh 242,6 *A l'onor Deu* 81 ("coms Richartz"); 242,15 *Era, can vei* 52. G de Calanso 243,6 *Belh senher Dieus* 26. L Cigala 282,23 *Si mos chans* 37. Montan sartre 307,1 *Coms de Tolsan* 23. P Vidal 364,13 *Ben viu* 35; 364,14 *Bon' aventura* 19; 364,16 *De chantar* 39; 364,35 *Per pauc de chantar* 31. Peirol 366,28 *Pus flum Jordan* 16. Richard I of England 420,1 *Dalfin* 24. C de Girona 434a,29 *Juglar, prec vos* 23.

    2. Richart. Richard of Cornwall, son of king John, brother of Henry III (1209-1272). G de S Didier 168,1a *El temps* 27. L Cigala (?) 282,26a [beginning lost] 9. P del Vilar 365,1 *Sendatz* 21. R de Tors 410,2 *Ar es ben dreitz* 48; 410,3 *Ar es dreitz* 3.

Ricas Novas. The poet Peire Bremon Ricas Novas. G de Cavaillon 192,1 *Avetz auzit qu'en Ricas Novas ditz de mi* 1. R de Trets 419,1 *Dui cavalier* 9. See also **Peire Bremon.**

Richaval d'Azillers. Unknown. Rostanh (listed as Anon) 461,43 *Bel segner Dieus* 40, 45.

Rigaut

1. Unidentified. G de Bornelh 242,62 *Qui chantar sol* 136.

2. Perhaps the poet Raimon Rigaut (P-C no. 407), according to Parducci p 22. R de Tors 410,5 *De l'ergueilhos* 8, 29.

Ripolés. The region around Ripoll (Gerona). G de Berguedan 210,9 *Consiros chant* 41.

Riqueta, na. An unidentified lady. R de Vaqueiras 392,32 *Truan* 34.

Riqueut. Heroine of the oldest French fabliau, *Richeut*. G de Cabreira 242a,1 *Cabra joglar* 208.

Ris, na Bel. Senhal, unidentified. L Cigala 282,12 *Joios d'amor* 19.

Riza, Risa. Reggio Calabria; it is worth noting that all these readings are emendations. A de Sestaro 16,7a *Bel m'es oimais* 70 (conjectural reading, required by rime, for ms *Fransa*: "d'Espagna tro a Risa"). P Vidal 364,14 *Bon' aventura* 21 (emended from ms *Friza*, which occurs just above and is probably wrong). C de Girona 434a,83 *Volgra midons* 21 (emended from ms *Piza*, which occurs two lines below, evidently referring to a different place).

Roain. Royan (Charente-Maritime). A dau Luc 22,1 *En Chantarel* 4.

Roais

1. Edessa, a city of northern Mesopotamia (now Urfa, Turkey) usually mentioned by the troubadours as something precious, longed for, or prized. Albert and S Doria 13,1 *N'Albert, cauzetz* 17 ("qui me dones Roais"). A de Sestaro 16,11 *Donna pros* 14. B d'Alamanon 76,16 *Qui que s'esmai* 39. B de Born 80,3 *Anc no·s puoc* 26; 80,9 *Chazutz sui* 23. Cercamon 112,3a *Per nostre temps* 45. Guillem (de Mur?) 140,1c *Guillem, d'un plag* 47. G Ademar 202,10 *Pos vei* 25. G de Berguedan 210,16 *Quan vei* 18. G de Bornelh 242,33 *En un chantar* 80; 242,73 *Si per mo Sobre-Totz* 83. J Bonel 273,1b *Non estaray* 34. P d'Alvernhe 323,3 *Al dessebrar* 27. P Cardenal 335,14 *Sel que fes* 35. P de la Mula 352,2 *Ja de razo* 17 ("Per dar conquis

Alixandres Roais"). R d'Aurenga 389,27 *Entre gel* 41. R de Vaqueiras 392,9a *Conseil don* 52.

2. **Roais, Roaix.** Apparently not Edessa, but a town in France: Appel suggests Arrouaise (Pas-de-Calais); Stimming suggests Rouy (Aisne) or Roaix (Vaucluse, near Vaison). The last three references speak of "las trufas (chuflas, chiflas) de Roais," which have not been satisfactorily explained. *Chifla* means, according to Levy *PD*, "sifflement; moquerie, raillerie." There may be a pun on or some connection with *trufa* "truffle," but the allusion is obscure; the meaning seems to be something deceptive, like a mirage (202,8: "Qu'ieu sai que soi aisel que pais Muzan las trufas de Roais"). B de Born 80,2 *Al doutz nou termini* 21 (or 28, depending on edition). G Ademar 202,8 *Lanquan vei* 42. G de Berguedan 210,8a *Cantarai* 42. I d'Entrevennes 254,1 *Del sonet* 32.

Roam. Rouen. A Daniel 29,8 *Dous brais* 44 (read *Roais*, since it occurs with Tyre and Jerusalem?). B de Born 80,2 *Al doutz nou termini* 26; 80,3 *Anc no·s puoc* 57; 80,29 *No puosc mudar* 19. R d'Aurenga (not de Vaqueiras) 392,5 *Ar vei* 54.

Robert

1. One of the numerous Roberts of the chansons de geste. G de Berguedan 210,20 *Un sirventes ai* 8. G de Cabreira 242a,1 *Cabra joglar* 79.

2. **Amic Robert.** Unidentified. Monge de Montaudon 305,5 *Amics Robertz, fe que dei vos* 1.

3. **Robert Guiscart.** Duke of Apulia and Calabria, one of the founders of the Norman states in southern Italy; born at Hauteville-la-Guichard (Manche); c 1015-1085. E Cairel 133,9 *Pos cai* 7.

Roberzon. A shepherd. Anon 461,200 *Quant escavalcai* 15, 26.

Robi. Robin, the hero of a pastourelle. G d'Ussel 194,14 *L'autre jorn, per aventura* 11, 18, 26, 32, 34, 45.

Robion. Robion (Vaucluse, NE of Cavaillon). G de Cavaillon 192,4 *Senheiras* 11. G des Baux 209,2 *En Gui* 8.

Rocaberti. Rocabertí, a castle in the prov of Gerona, near La Junquera. C de Girona 434,9a *Pres d'un jardi* 14; 434a,17 *De Pala a Torosela* 78.

PROPER NAMES IN THE LYRICS OF THE TROUBADOURS   231

Rochachoart. Rochechouart, a viscounty in Limousin, around the present city of the same name (Haute-Vienne). B DE BORN 80,12 *Domna, puois* 36. See **Anhes.**
Rocafort, Rochafort
  1. Rochefort (Charente-Maritime). A DAU LUC 22,1 *En Chantarel* 7.
  2. Roquefort-de-Marsan (Landes, NE of Saint-Sever; De Bartholomaeis PS I, 22). B DE BORN 80,40 *S'ieu fos* 40.
Rocafuoill
  1. Roquefeuil (Aude). The Rocafeuil family owned Châlus. D DE PRADAS 124,1 *Ab lo douz temps* 45 (Schutz, p xix, thinks the *dos fraires de R.* may be Raymond II and Arnaud de Roquefeuil); 124,6 *Ben ay' amors* 51 ("grida soven: Caslutz e Rocafuelh"). See **Raimonda.**
  2. Roquefueill (Var, commune of Pourrières, 25 km N of Aubagne). PUJOL 386,1a *Cel qi salvet* 23.
Rochamaura. Rocamora, in upper Ampurdán (Gerona). G DE BERGUEDAN 210,4a *Be·m volria* 38.
Rochela
  1. **Rochela.** Roccella (N coast of Sicily). R DE VAQUEIRAS Epic Letter II 23.
  2. **La Rochela.** La Rochelle (Charente-Maritime). A DAU LUC 22,1 *En Chantarel* 37.
Rodes. Rodez (Aveyron).
  1. The city. B DE VENZAC 71,3 *Pos vei* 65. G DE MONTANHAGOL 225,3 *Bel m'es* 19. G DE BORNELH 242,27 *Cardalhac* 68. G RIQUIER 248,67 *No cugei mais* 25. P CARDENAL (?) 335,21 *Un sirventes qu'er miegz mals* 42. R D'AURENGA 389,8 *Amors, cum er* 59; 389,18 *Assatz sai* 61. Uc BRUNENC 450,7 *Pos l'adreitz* 49. UC DE S CIRC 457,42 *Un sirventes* 20.
  2. **Comte de Rodes.** Hugues IV (1227-1274). B D'ALAMANON 76,22 *Un sirventes farai* 41. G D'ESPANHA 244,14 *Si la bela* 27. P CARDENAL (?) 335,37 *Mon chantar* (in stanza VII bis, found only in ms *C*). P DEL VILAR 365,1 *Sendatz* 41.
  3. **Comte de Rodes.** Henry II (1274-1302). B CARBONEL 82,4 *Aissi com cel que·s met* 51. F DE LUNEL 154,2 *Dompna* 44; 154,3 *No pot aver* 41; 154,4 *Per amor* 24; 154,5 *Quan beutatz* 45; 154,6 *Si con* 39, 50; 154,7 *Tant fin' amors* 33. G DE MUR 226,2 *D'un sirventes* 45. G UC D'ALBI 237,1 *Quan lo braus* 55.

G Riquier 248,52 *Lo mons par* 60. C de Girona 434,13 *Si tot s'es braus* 9. See also **Enric**.

4. Comte de Rodes. Identification uncertain. G de Salignac 249,1 *Aissi com cel* 39.

5. Comtessa de Rodes. Yrdoina, daughter of Bertran de Canilhac, wife of count William (1196-1208) of Rodez. B de Paris 85,1 *Gordotz* 81.

6. Comtessa de Rodes. Guida, daughter of count Henry I of Rodez (1214-1227), sister of Hugues IV; married **Pons de Monlaur** (q.v.) in 1235. Granet 189,4 *Pos al comte* 17. Sordello 437,5 *Atretan dei* 44; 437,10 *Bertrans, lo joy* 50. See also **Guida**.

Rodrigo. Unknown; perhaps the poet (P-C no. 424). Anon 461,16 *Amics privatz* 46.

Roenach, en. Bernart de Rovenac, the poet (P-C no. 66). G de Girona 434a,12 *Can aug* 25, 36.

Roergat. One from Rouergue, around Rodez. P Bremon Ric Nov 330,14 *Pos partit an* 28.

Roergue. Rouergue, the region of Rodez (Aveyron). Monge de Montaudon 305,11 *L'autre jorn* 31.

Rogier, Rotgier

1. Rogier II, viscount of Béziers and Carcassonne (1167-1204). B de Born 80,23 *Lo coms* 39.

2. En Rogier. Unidentified. G de Cabanas 197,2 *N'Esquileta* 4 ("N'Esquileta, quar m'a mestier, M'aven a cercar mant seignor; E sitot non sai entre lor Cridar a foc per en Rogier, Ben eu conosc que prez destriza E fina valors a briza").

3. Roger fraire. An unidentified monk. G de Berguedan 210,22 *Us trichaire* 12, 25, 76.

4. Rotgier. Unidentified. B de Born 80,29 *No puesc* 43.

5. Rogier Frederic, rei. Frederick II. G Augier Novella 205,7 *Totz temps* 29. See also **Frederic**.

6. La belha de Rogier. Read Rosiers? (Schultz-Gora, p 15). Unknown. Anon 461,204 *Quan Proensa* 8, 37.

Roili. Unknown person. Marcoat 294,1 *Mentre m'obri* 20 ("Anc pois mori Marcabrus, Ni Roilis perdet del mus, Miels de mi nols entamena").

Roine. The Rhône. Sordello 437,21 *Non pueis mudar* 26. See also **Rozer, Ron**.

PROPER NAMES IN THE LYRICS OF THE TROUBADOURS 233

Roiz Dies. Rodrigo Díaz de los Cameros, a patron of the troubadours (Jaeschke p 200-201). E Cairel 133,14 *Totz mos cors* 69.

Roma. Rome. A Daniel 29,10 *En cest sonet* 29; 29,11 *Lancan son* 28; 29,13 *L'aur' amara* 102 (Toja p 266 takes this as a verb, not a noun). B de Paris 85,1 *Gordotz* 76. Gormonda 177,1 *Greu m'es a durar* (passim throughout the poem, which is a reply to Guilhem Figueira's attack on Rome). Count of Foix 182,1 *Frances* 4. G Augier 205,7 *Totz temps* 15. G Figueira 217,2 *D'un sirventes far* (passim throughout the poem, an attack on Rome). G de Cabreira 242a,1 *Cabra joglar* 96. G de Calanso 243,7a *Fadet joglar* 126, 165. Marcabru 293,33 *Lo vers comens* 15. O del Temple 312,1 *Estat aurai* 23. P de Marseille 319,1 *Ab marrimen* 8. P Basc 327,1 *Ab greu cossire* 13 ("l'apostoli de Roma"). P Bremon Ric Nov 330,14 *Pos partit an* 6. P Cardenal 335,64 *Un estribot* 13. P Vidal 364,35 *Per pauc de chantar* 9; 364,45 *Son ben apoderatz* 76. C de Girona 434a,20 *En breu sazo* 7; 434a,44 *Paratges* 29, 30. Sordello 437,24 *Planher vuelh* 10 ("l'emperaire de Roma" is Frederick II).

Roman. A Roman. F de Lunel 154,1 *Al bo rei* 35. G Figueira 217,2 *D'un sirventes far* 63. Marcabru 293,43 *Seigner n'Audric* 30.

Romanha. Romagna (a region on the Adriatic stretching from Rimini to Ancona). B de Born 80,8 *Be·m platz* 53. G Augier 205,5 *Ses alegratge* 104. G Magret 223,4 *Ma dompna·m ten* 42 ("Reis aragones, legatz de Romaigna" is Peter II, who was crowned in Rome and returned with the title "standard-bearer of St. Peter": Naudieth p 95). G de la Tor 236,5a *Pos n'Aimerics* 29. R de Vaqueiras 392,3 *Ara pot hom* 66; 392,32 *Truan* 44.

Romanía. The Byzantine empire, or the Middle East in general. F de Romans 156,14 *Una chanso sirventes* 40. R de Vaqueiras Epic Letter I 38. R Bonomel (Templier) 439,1 *Ir' e dolors* 37.

Romieu

1. **Sen Romieu.** St. Remy. B Carbonel 82,1 *Ronci* 46.
2. **En Romieu.** Unknown; chosen to judge the partimen. G Augier and Guillem 205,4 *Guillem* 50, 52.
3. **Mo Romeu.** An unknown man, friend of the poet. B de Ventadorn 70,22 *Ja mos chantars* 62; 70,45 *Tuih cil* 53.

Romulus. Founder of Rome. G de Calanso 243,7a *Fadet joglar* 124.
Ron. The Rhône. L Cigala 282,1 *Raimon Robin* 12 ("E que tornez lai [ms *rai*] del Ron en camiza"). See also **Rozer, Roine.**
Ronaz Barrieira. An unknown person (Dejeanne *Annales* 15,365). Marcoat 294,2 *Una ren* 47 ("Sirventes, ten ta carrieira Anz que trop Ronaz Barrieira Que d'un fon ier sebraz").
Ronhas. Made-up name of town (*ronha* "itch, scab"). P Vidal 364,38 *Pus ai ubert* 65.
Ronsasvals, Ronzasvals, Roncisvalla. Roncesvaux, scene of the heroic defeat of Roland. A dau Luc 22,1 *En Chantarel* 12. G de Cabreira 242a,1 *Cabra joglar* 40. P Guilhem de Luserna 344,5 *Qui na Cuniça* 18.
Ros. A Russian. R de Vaqueiras 392,9a *Conseil don* 36.
Rosiers. Probably Rosiers near Uzerche (Corrèze). B de Born 80,34 *Quan la novela flors* 44. See also **Rogier 6.**
Rossia, Russia. Russia. P Bremon Ric Nov 330,14 *Pos partit an* 5. J d'Albuzo 265,3 *Vostra domna* 12.
Rossilho. Roussillon. R de Miraval 406,21 *Chansoneta farai* 2.
Rossilhones. The region of Roussillon. B de Born 80,32 *Pois lo gens* 22.
Rostanh
   1. Rostanh d'Agout, brother-in-law of Raimon de Baux, viscount of Marseille (Jones, *Tenson* p 81). Falconet and Faure 149,1 *En Falconet* 28.
   2. Rostan II of Sabran (Gard) (Linskill p 96). R de Vaqueiras 392,22 *Leus sonetz* 42.
   3. Author of a tenso with God (listed as anonymous). Anon 461,43 *Bels segner Deus* (passim).
Rotlan. Roland, hero of the *Chanson de Roland.* Bernart 53,1 *Ar parra* 10, 34. B Zorzi 74,2 *Atressi com lo camel* 60. B de Born 80,6a *A totz* 20; 80,26 *Mon chan fenisc* 47. B Carbonel 82,17 *Vil sirventes* 23; 82,53 *En aiso* 7. Bishop of Clermont 95,1 *Coms que vol enseignar* 10. Folc 150a,1 *Seigner Arnaut* 25. G d'Apchier 162,3 *L'autrier* 18. Gavaudan 174,1 *A la plus longa nuech* 27. G de Berguedan 210,1 *Amics marques* 18; 210,9 *Consiros chant* 39. G Raimon 229,3 *N'Obs de Biguli* 9. Guionet 238,2 *En Raembaut* 21. G de Cabreira 242a,1 *Cabra joglar* 55. G de Salignac 249,1 *Aissi com cel* 16. Monge and

ALBERT 303,1 *Monge, cauzetz* 53. PAVES 320,1 *Anc de Roland ni del pro n'Auliver* 1. P CARDENAL 335,40 *Per fols tenc* 10; 335,56 *Tendas e traps* 28; 335,68 *Un sirventes trametrai* 64. P VIDAL 364,18 *Drogoman senher* 13. PEIROL 366,28 *Pus flum Jordan* 14 (Aston wonders if this is not a palaeographical error for *Jordan:* "aigua de Rotlan"). R DE VAQUEIRAS 392,1 *Ara·m digatz* 52; 392,10 *D'amor no·m lau* 12; 392,24 *No m'agrad'* 76; Epic Letter III 101. R DE MIRAVAL 406,15 *Ben aja·l messatgiers* 28. C DE GIRONA 434,3 *Batl' e jutg'* 47; 434a,4 *Ara·m luyna* 58. ANON 461,154 *Lo sen volgra* 2.

Rotlandi. According to De Bartholomaeis (*PS* I 177), "Rotlandis e sos fraire" are Rolandino and Albertino di Canossa. E CAIREL 133,9 *Pos cai* 37.

Rovinhan. One from Rovínha, i.e. Rouvenac, arr of Limoux (Aude). G DE BORNELH 242,32 *De bels dichs* 51 (according to Kolsen II 275, this is the Gascon nobleman Raimon Bernart de Rovinha; see **Sobre-Totz**).

Rozer. The Rhône. A DANIEL 29,18 *Sols sui* 26. P VIDAL 364,1 *Ab l'alen* 9; 364,46 *Tant ai lonjamen* 71. See also **Ron, Roine**.

Rubion. According to M de Riquer p 403, a name often given to Saracens. G DE CABREIRA 242a,1 *Cabra joglar* 195.

Rudel, en. The poet Jaufre Rudel. G DE CABREIRA 242a,1 *Cabra joglar* 26. See also **Jaufre**.

Ruqet. A joglar. G D'APCHIER 162,3 *L'autrier* 8.

S

Sabata (de Cauder). A joglar. Cauder is Calders (Barcelona, near Manresa). G DE BERGUEDAN 210,8a *Cantarai* 21; 210,9 *Consiros chant* 42.

Safadi. Saif Heddin, the brother of Saladin. G FAIDIT 167,9 *Ara nos sia guitz* 61.

Saine. A Saxon; specifically (M de Riquer p 392) Guiteclin, pagan king of the *Chanson des Saisnes.* G DE CABREIRA 242a1 *Cabra joglar* 49.

Saint-Antoni, vescoms de. The troubadour Raimon Jordan. MONGE DE MONTAUDON 305,16 *Pois Peire d'Alvernhe* 13.

Saint-Astier. Saint-Astier (Dordogne). B DE BORN 80,33 *Puois Ventadorns* 9.

Sant-Chafre. [1] Le Monastier Saint-Chaffre, now simply Le Monastier (Haute-Loire, SE of Le Puy). P CARDENAL 335,28 *L'afar del comte Guio* 9. See also **Cafre, saint**.

Sanh-Ceré (Seré). Saint-Ceré (Lot, arr Figeac). G DE BORNELH 242,19 *Be for' oimais* 88. Uc DE S CIRC 457,2a *Amic Giraut* 20.

Saint-Daunis. Saint-Denis (Seine). G FAIDIT 167,9 *Ara nos sia guitz* 58.

San-Disdier. *See* **Guilhem**.

Saint-Eler. Sant'Ellero, in Italy, where women and children were massacred in 1267 by the armies of Charles d'Anjou. C PANZAN 107,1 *Ar es sazos* 37.

Saint-Felitz. Saint-Félix (Vaucluse, arr Carpentras). P VIDAL 364,45 *Son ben apoderatz* 48.

---

[1] **San, Sanh, Sant** are all alphabetized as if spelled **Saint**.

Sanhflor. Probably does not refer to any actual town, but is used merely for the sake of a pun on the name. A DE PEGUILHAN 10,40 *Per razo natural* 44.

San-Gili. The monastery of Saint-Gilles (Gard), a pilgrimage center (Boutière p 123). P BREMON RIC Nov 330,14 *Pos partit an* 27.

Sant-Jacme. Santiago de Compostela. M DE CAERCI 299,1 *Tan sui* 81. C DE GIRONA 434a,83 *Volgra midons* 21. See also **Jacme, saint.**

Saint-Johan. Probably Saint-Jean d'Angely (Charente-Maritime). B DE BORN 80,28 *Mout m'es* 36.

Sant-Jortz. San Giorgio (either in Montferrat or in Ivrea). R DE VAQUEIRAS 392,32 *Truan* 62. See also **Bratz Sain Jorz.**

Saint-Laurent. An unknown person, perhaps the lord of a town of this name. TORCAFOL 443,2a *Comunal veill, flac* 30 ("Que quant Pons-tortz vos passia E Sainz-Laurens vos vestia"); 443,4 *Mos Comunals fai* 29 ("Pregan ploran nostre siengnor Qu'en Pons-tortz e·n Sainz-Laurenz for Si cum es, viellz e soffraitos").

Sant-Marti. Unexplained. R DE MIRAVAL 406,14 *Ben aja·l cortes* 21 ("Qui fui a las fons Sant-Marti, On trobon cosselh totas gens").

Saint-Massenz. Saint-Maixant, near Niort (Deux-Sèvres). MONGE DE MONTAUDON 305,17 *Seigner* 8.

Saintonge. See **Santonge.**

Sant-Pos
  1. **Sant-Pos.** The convent of Saint-Pons de Géménos, near Aubagne, 20 km from Marseille. BLACASSET 96,10a *Si·l mals s'amor* 11. PUJOL 386,2 *Deus es amors* 19. See also **Pons, saint.**
  2. **Sant-Pos de Tomeiras.** Saint-Pons-de-Thomières (Hérault). G RIQUIER 248,15 *A Sant-Pos de Tomeiras* 1.

Saint-Privat. Saint-Privat (Corrèze). MARCABRU 293,25 *Estornel* 73.

Saint-Sever. Saint Sever (Landes). B DE BORN 80,40 *S'ieu fos aissi* 39.

Sainta-Fe. A war cry, doubtless taken from a place name. G DE BERGUEDAN 210,4a *Be·m volria* 31.

Santa-Seglina. Santa Ceclina (or Seculina), in the district of Caldas de Malavella; a place given to the poet by James I

(M de Riquer p 32). C de Girona 434,7b *Entre Caldes e Penedes* 2.

Sancta-Trinitat. An unidentified place. G Rainol d'At 231,1 *Auzir cugei* 55 ("Foratz al bois part Sancta-Trinitat").

Sais. Sées (Orne). B de Born 80,2 *Al doutz nou termini* 26.

Saissa

1. A Saxon lady; specifically, countess Matilda of Saxony, daughter of Henry II of England. B de Born 80,9 *Chazutz sui* 36. See **Lena.**

2. Senhal or name of one or more ladies; unidentified. G d'Espanha 244,12 *La gaia semblansa* 2, 5. G Riquier, P de Marseille, and Jordan 248,77 *Senh' en Jorda* 6, 25.

Saissac. Saissac (Aude); Bertran de Saissac was one of the counselors of Roger II viscount of Béziers (1167-1194). G de Berguedan 210,17 *Reis, s'anc nuill temps* 24. P Vidal 364,27 *Mos cors* 20.

Saysso. Soissons (Aisne). R de Vaqueiras Epic Letter II 26.

Salabier, Salavier. Probably Salisbury, in England. B de Born 80,36 *Rassa, mes si son* 34.

Saladi. Saladin, sultan of Egypt and Syria (1138-1193). B de Born 80,4 *Ara sai ieu* 4, 20. E d'Ussel and G Faidit 136,3 *Manens* 4. G Faidit 167,9 *Ara nos sia guitz* 77. Gavaudan 174,10 *Senhor* 3. Peirol 366,29 *Quant amors* 52.

Salado. Apparently a patron of the poet. A de Peguilhan 10,26 *En aquelh temps* 5.

Salamo, Salomo. Solomon. A de Peguilhan 10,34 *Mangtas vetz* 24. A de Peguilhan (?) 10,31 *Lanqan chanton* 49 ("Salamos, ten lo vers per dreiturier"; is this the Biblical Solomon?). B Zorzi 74,14 *Si·l monz fondes* 35; 74,15 *S'ieu trobes* 60. B Cardenal 82,15 *S'ieu anc* 42. B de Paris 85,1 *Gordotz* 51. Gavaudan 174,4 *Desamparatz* 48. G Augier and Guillem 205,4 *Guillem* 40. G Raimon 229,3 *N'Obs de Biguli* 23. G de Cabreira 242a,1 *Cabra joglar* 87 (possibly Salemon de Bretagne, who figures in *Roncevaux* and other chansons de geste). G de Calanso 243,7a *Fadet joglar* 93. G de l'Olivier 246,22 *Escrig o truep en Salamo* 1; 246,44 *Salamos nos es recomtans* 1; 246,57 *Seneca que fon* 4. Enveyos and G Riquier 248,14 *Ara s'esfors* 30. Marcabru 293,29 *L'autrier a l'issida* 25; 293,35 *Pax* 56; 293,44 *Soudadier* 9. Marcabru and Uc Catola 293,6 *Amics*

Marcabrun 32. M Ermengaud 297,8 *Temps es* 20, 81. P Vidal 364,2 *Ajostar e lassar* 54. Pistoleta 372,3 *Ar agues eu* 10. R d'Aurenga 389,10 *Apres mon vers* 21 (the Biblical Solomon, reduced to the state of interlocutor in a medieval book of dialogues based on proverbs; see **Marcol**). R Berenguier 427,6 *Si com trobam* 17, 59. C de Girona 434a,11 *Can era paucs* 10; 434a,73 *Totz nobles* 18. Uc Brunenc 450,3 *Coindas razos* 18. Anon (P Cardenal?) 461,14 *Alexandres fon* 8. Anon 461,154 *Lo sen volgra de Salamo* 1.

Salapinel. Unknown. B de Paris 85,1 *Gordotz* 36 ("Ni no sabes las novas de Tristan Ni del rei Marc ni de Salapinel").

Salas. Probably Salles-la-Source (Aveyron, near Marcillac). D de Pradas 124,4 *Ben deu esser* 41.

Saldina de Mar. Possibly a sister of **Lanfranco** and **Nicolo da Mar** (q.v.). R de Vaqueiras Epic Letter III 16.

Salern. Salerno, famous for its medical school. A de Peguilhan 10,26 *En aquelh temps* 12. J d'Albuzo and N de Turin 265,2 *En Nicolet, d'un sognie* 5. P Bremon Ric Nov 330,6 *En la mar major* 8. See also **Salerna**.

Salerna. Salerno, famous for its medical school. G Rainol and G Magret 231,3 *Magret, pujat m'es* 48. Uc de S Circ 457,28 *Peire Guillem de Luserna* 11. See also **Salern**.

Salh-d'Agaitz. Probably a nickname ("escape from ambush"); unidentified. P de Cavarana 334,1 *D'un sirventes far* 53.

Salh-d'Escola. A poet (P-C no. 430). Monge de Montaudon 305,16 *Pois Peire d'Alvernhe* 61.

Salhforas. San Martín de Sanforas, on the outskirts of Vich. G de Berguedan 210,1 *Amics marques* 5; 210,18 *Talans m'es pres* 28.

Salon. Salon-de-Provence (Bouches-du-Rhône, north of the étang de Berre). B d'Alamanon 76,1 *Amics Guigo* 14.

Salonic, Salanic. Salonica or Thessalonica in Greece, seat of the eastern kingdom of Boniface I of Montferrat. E Cairel 133,9 *Pos cai* 33. F de Romans 156,14 *Una chanso sirventes* 43. P Vidal 364,38 *Pus ubert ai* 80. R de Vaqueiras 392,24 *No m'agrad' iverns* 63.

Salsas. Salces (Pyrénées-Orientales, near the étang de Leucate; M de Riquer p 34). G de Berguedan 210,6 *Bernartz ditz de Baseill* 14. P de la Garda 377,3 *Farai chanso* 5.

Salus. Saluzzo (Piedmont). A de Peguilhan 10,32 *Li fol* 18.

Salut, Bel. Senhal for an unidentified lady. B Zorzi 74,8 *Mal aja* 61.

Saluza. *See* **Anhesina**.

Salvatga, Salvatja

   1. Salvatga d'Auramala. Daughter of Conrad Malaspina; known only through the references of the troubadours to her. A de Belenoi 9,21 *Tant es d'Amor* 33. A de Sestaro 16,13 *En Amor trob* 33. G de la Tor 236,3a *En vos* 77; 236,5a *Pos n'Aimerics* 2. L Cigala 282,15 *N'Anric.* 4. Uc de S Circ 457,12 *Enaissi cum* 61; 457,36 *Si madompna* 10. Uc de S Circ and N de Turin 310,3 *N'Uc de Sain Circ* 23.

   2. Salvatja de Londra. Unidentified. Lantelm and Raimon 283,2 *Raimon, una domna* 50.

Salvatge. Peire Salvatge, the poet (P-C no. 357). Count of Foix 182,2 *Mas qui* 13.

Salve. Sauve (Gard, arr Vigan). D de Pradas 124,1 *Ab lo doutz temps* 42.

Samson, Sanson. Samson, the man of great strength (Judges 13). B Zorzi 74,15 *S'ieu trobes* 15. Gavaudan 174,11 *Un vers* 61. Enveyos and G Riquier 248,14 *Ara s'esfors* 29. Marcabru and Uc Catola 293,6 *Amic Marcabru* 14, 18. P Trabustal 359,1 *Amics Rainaut* 39. P Vidal 364,2 *Ajostar e lassar* 56. Anon 461,154 *Lo sen volgra* 4.

Samsuenha. *See* **Sansonha**.

Sancha

   1. Sancha, wife of Sancho, brother of Alfonso II of Aragon and count of Provence (1181-1185). R d'Eira 391,1 *Coms proensals, si s'en vai dona Sancha* 1.

   2. Regina Sancha. The sister of Peter II of Aragon, wife of Raymond VII of Toulouse. Uc de S Circ 457,25 *Nuilla ren* 61.

   3. Sancha de Mataplana, wife of Uc de Mataplana, the poet (P-C no. 454). R de Miraval 406,30 *Grans mestiers* 32, 46.

Sanchas. Saintes (Charente-Maritime). A Daniel 29,3 *Ans que·l cim* 36.

Sancho, Sanso (nom **Sans, Santz**)

   1. Sancho, brother of Alfonso II of Aragon. B de Born 80,23 *Lo coms* 42; 80,32 *Pois lo gens* 20. P Vidal 364,11 *Be·m pac* 72.

PROPER NAMES IN THE LYRICS OF THE TROUBADOURS 241

2. Perhaps Sancho of Aragon, third son of Raimon-Berenger IV, count of Barcelona; he was count of Roussillon and tutor of James I of Aragon, his grand-nephew. A DE BELENOI 9,14 *Nuls hom no pot* (extra tornada in certain mss).
3. Unidentified. P ROGIER 356,5 *No sai don chan* 54.
4. Unidentified. R DE MIRAVAL (?) 392,11 *Del rei d'Aragon* 12.
Sanciner. One of the mercenary soldiers the poet says he will have. ROSTANH (listed as ANON) 461,43 *Bel segner Deus* 37, 42.
Sandra de Soranha, na. Identification uncertain; see Bergert p 89. G DE LA TOR 236,5a *Pos n'Aimerics* 13.
Sangua. Reading and identification uncertain. P DE COLS 337,1 *Si co·l soleills* 43 (ed in Varvaro's *Rigaut de Berbezilh*, p 245).
Sanguin. Unidentified, and probably not the same for the two poems. G DE CABREIRA 242a,1 *Cabra joglar* 100 ("Ni de Maurin Ni de Sanguin Ni d'Oliva ni de Dovon"). G RAINOL D'AT 231,1 *Auzir cugei* 56 ("Al port de Sorc, en terra de Sanguin"; Sorc may be Sorges, Vaucluse).
Sanguinier, en. Unidentified man. G DE S GREGORI 233,4 *Razon e dreg* (in tornada).
Sansonha, Samsuenha. Saxony. B DE BORN 80,29 *No puosc mudar* 24. G DE CALANSO 243,6 *Belh senher Dieus* 38.
Santonge, Saintonge. Saintonge (now part of Charente-Maritime). B DE BORN 80,14 *Ieu chan* 11. G DE BORNELH 242,63 *Razon e loc* 65. UC DE S CIRC 457,42 *Un sirventes* 28.
Santongier
1. The region of Saintonge. E DE BARJOLS 132,3 *Amors, que vos ai* 47.
2. A senhal. G FAIDIT 167,2 *Ab consirier* 63; 167,20a *D'un' amor* 104; 167,59 *Tant ai* 55.
Saona. Savona (Liguria). G DEL LUC 245,1 *Ges sitot m'ai* 12.
Saragosa, Serragoza. Saragossa, in Aragon. B DE BORN 80,37 *Rassa, tan creis* 26. G DE BERGUEDAN 210,1 *Amics marques* 180.
Sardenha. Sardinia. B D'ALAMANON and GRANET 76,14 *Pos anc no·us valc* 17. L CIGALA 282,11 *Hom que* 4; 282,23 *Si mos chans fos* 28. P DE LA CAVARANA 334,1 *D'un sirventes faire* 46. P VIDAL 364,38 *Pus ubert ai* 4 (the "marques de Sardenha" is William of Parodi, marquis of Massa). R DE VAQUEIRAS Epic Letter III 24.

Sardo. A Sardinian (a Genoese form). R de Vaqueiras 392,7 *Domna, tant* 75.

Sarena. See **Domein.**

Sarlux. An unidentified locality. Marcabru 293,3 *Al departir* 35.

Sarra. Sarah, the wife of Abraham. B Zorzi 74,2 *Atressi com lo camel* 121 ("Car ie·us am Mais que no fetz Sarra Abram"). Gavaudan 174,5 *Eu non suy pars* 68.

Sarrazi, Saracin, Serasi. A Saracen. Aicart and Girart 6a,1 *Si paradis* 21. A de Belenoi (?) 9,11 *Ja non creirai* 55. B de Rovenac 66,3 *Ja no vuelh* 23. B d'Alamanon 76,8 *D'un sirventes* 45. B de Born 80,17 *Folheta, vos* 9. B de Born (?) 80,42 *Un sirventes farai* 42. C Panzan 107,1 *Ar es sazos* 34. F de Marseille (?) 155,12 *Ja non volgra* 22. F de Romans 156,2 *Aucel no trop* 50. G Faidit 167,9 *Ara nos sia guitz* 73; 167,22 *Fortz chauza* 39. Gavaudan 174,10 *Senhor* 2. Gormonda 177,1 *Greu m'es* 43. G Ademar 202,9 *Non pot esser* 53; 202,10 *Pos vei* 26. G d'Autpol 206,2 *Fortz tristors* 39; 206,4 *Seignors, aujatz* 28, 43. G de Berguedan 210,22 *Us trichaire* 72. G Figueira 217,2 *D'un sirventes far* 43. G Rainol d'At 231,1 *Auzir cugei* 16. G lo Ros 240,3 *Amors* 16. G de Bornelh 242,28 *Car non ai* 94; 242,33 *En un chantar* 75; 242,74 *Si sotils sens* 79. G del Luc 245,1 *Ges sitot m'ai* 19. G Riquier 248,17 *Be·m degra* 35; 248,48 *Karitatz* 55; 248,87 *Xristias vey* 33. G Riquier and G de Mur 248,37 *Guillem de Mur, que* 35. G Riquier, Count of Rodez, and the Lord of Alest 248,76 *Senh' en Enric, us reis* 52. J Rudel 262,5 *Quan lo rius* 19. L Cigala 282,23 *Si mos chans fos* 44. Marcabru 293,22 *Emperaire, per mi mezeis* 16. Monge de Montaudon 305,2 *Aissi com cel qu'a plag* 48; 305,12 *L'autrier* 44. P d'Alvernhe 323,3 *Al dessebrar* 18. P d'Alvernhe (?) 323,22 *Lo senher* 12. P Vidal 364,4 *Anc no mori* 53. Peirol 366,28 *Pus flum Jordan* 7. P Doria 371,1 *Felon cor* 41. P de Capduelh 375,22 *So c'om plus vol* 35. R d'Aurenga 389,8 *Amors cum er* 45; 389,37 *Pos trobars plans* 43. R de Miraval 406,22 *Chans, quan non es* 39. R de las Salas 409,4 *No·m posc partir* 7.

Sarzan. See **Aiglina.**

Sas (?). See **Assas.**

Satan, Satam. Satan. G de Calanso 243,7a *Fadet joglar* 92. R d'Aurenga (not de Vaqueiras) 392,5 *Ar vei bru* 45.

Saüc, en. "Elder," the name of the tree, used as a nickname ("en Saüc, filh d'Albar"; *albar* is a white willow). P VIDAL 364,24 *Ges pel temps* 68.

Saül. Saul (I Samuel 9:2, etc.). G DE BERGUEDAN 210,15 *Mal o fe* 25.

Saura, na. Unidentified lady. GUIGO and B D'ALAMANON 197,3 *Vist hai* 2.

Saurel. Sorrel, a horse in the *Chanson de Roland* (1379) and elsewhere. G DE CABREIRA 242a,1 *Cabra joglar* 127.

Saurina, dona. A lady who wishes to borrow the *ronci*. B CARBONEL 82,13 *Ronci* 49.

Saut. Sault (Aude). P VIDAL 364,16 *De chantar* 48.

Sava. "La Save, affluent de gauche de la Garonne" (Anglade, *Onomastique* p 265). G D'ESPANHA 244,13 *S'ieu en pascor* 41.

Savaric. Savaric de Mauléon, the poet (P-C no. 432). B DE BORN LO FILS 81,1 *Quan vei* 48. G DE PUYCIBOT 173,9 *Per amor* 41; 173,14 *Una grans amors* 62. P BREMON RIC Nov 330,6 *En la mar major* 24. UC DE S CIRC 457,3 *Anc enemis* 61; 457,26 *Nuills hom* 41; 457,34 *Servit aurai* 50. ANON 461,220 *Seigner Savarix, Tibautz vos a fait peigner* 1.

Savartes. The region of Saverdun (Ariège). P DE GAVARET 343,1 *Peironet, en Savartes* 1. P VIDAL 364,39 *Quant hom es* 58.

Savés. A small region in the present departments of Gers and Haute-Garonne, held by the lords of Comminges under the suzerainty of the counts of Toulouse (Appel p 77). P ROGIER 356,4 *Ges no posc* 60.

Savoia

1. Savoy. A CATALAN 27,4a *Ben es razos* 51. A DANIEL 29,16 *Quan cai* 43. B DE BORN 80,4 *Ara sai ieu* 53; 80,17 *Folheta, vos mi* 12. E DE BARJOLS 132,11 *Pos vei* 41. G DE BORNELH 242,35 *Tot gen* 48. P BREMON RIC Nov 330,14 *Pos partit an* 10. R DE VAQUEIRAS 392,32 *Truan* 75. UC DE S CIRC 457,42 *Un sirventes* 41.

2. **Comte de Savoia.** Thomas I (1189-1233). E DE BARJOLS 132,6 *Bon' aventura* 46 (he is actually called *marques* here; Stronski, p 86, justifies this on the ground that count Thomas was also called "Marchio Italiae"). P RAIMON 355,1 *Ab son gai* 49. PISTOLETA 372,5 *Manta gent* 35.

3. Comtessa de Savoia. Marguerite, wife of Thomas I (but Bertoni thinks that the countess named by A de Sestaro is one of Thomas's daughters; see Boutière p 14). A DE SESTARO 16,2 *Ab son gai* 51. E DE BARJOLS 132,6 *Bon' aventura* 46.

Sebeli. An unidentified lady. R DE VAQUEIRAS 392,32 *Truan* 33.

Seciat. Unidentified locality, presumably in Provence. G DES BAUX 209,2 *En Gui* 13.

Seguin. Evidently the hero of a lost romance, mentioned for his great love for **Valensa** (q.v.). B DE DIA 46,2 *A chantar* 11. Also named in A DE MAREUIL's Love Letter beginning *Tant m'abellis* (Bec III), line 166.

Segur

1. Segur (Corrèze), an important castle of the viscounty of Limoges. B DE BORN 80,33 *Puois Ventadorns e Comborns ab Segur* 1. P VIDAL 364,38 *Pus ubert ai* 47 (mentioned here with no specific reference, for a pun on the name).

2. **Saint Segur.** An imaginary saint, with a pun on the adjective *segur*. MARCOAT 294,2 *Una ren* 3.

3. **Segur, mon Segur.** Senhal for the poet's beloved. G DE BORNELH 242,53 *Nulha res* 12; 242,79 *Tot suavet* 24.

4. **Mon Segur.** Linskill (p 45) hazards the guess that this may be Maria de Ventadorn. R DE VAQUEIRAS (?) 392,30 *Si ja amors* 41.

Sembeli, Bel. Senhal for Estefanía (de Son according to one ms of the *razo*), who was from Cerdagne (Avalle p 65). P VIDAL 364,16 *De chantar* 48; 364,24 *Ges pel temps* 79. See also **Cembeli, Serdanha.**

Semitaur. The Minotaur. G DE CALANSO 243,7a *Fadet joglar* 88.

Senéca. Seneca, the philosopher, tutor of Nero. GAVAUDAN 174,8 *Lo vers* 66. G DE L'OLIVIER 246,56 *Seneca dis que saup philosophia* 1; 246,57 *Seneca que fon hom sabens* 1.

Senedes (ms **Seneses**). The region of Ceneda, near Trevisa (Venetia). UC DE S CIRC 457,41 *Una danseta* 22.

Sengrin. See **Isengrin.**

Senhor

1. **Bel Senhor.** According to Appel (p 130) this is a senhal for an unidentified lady. Stimming (p 13) and Bergert (p 14) follow the *razos* in identifying her as Maeut de Montagnac, wife of Talairan, brother of the count of Périgord; but Stronski

(*Lég. amoureuse* p 8-33 and 86-87) declares that both Maeut and Talairan are purely fictional (see Boutière-Schutz *Biog.* p 74). B de Born 80,3 *Anc no·s puoc* 61; 80,12 *Domna, puois* 61; 80,19 *Ges de disnar* 11; 80,37 *Rassa, tan creis* 62.

2. **Bel Senhor, Mon Senhor.** Senhal for the poet's beloved; she has not been identified. G de Bornelh 242,2 *Ab semblan* 79; 242,5 *Alegrar* 4; 242,10 *Ans que veigna* 53; 242,43 *Mas com m'ave* 35; 242,45 *Leu chansonet' e vil* 72; 242,47 *Los aplechs* 105; 242,54 *Obs m'agra* 67; 242,55 *Per solatz revelhar* 77; 242,58 *Can creis* 8; 242,63 *Razon e loc* 3, 34; 242,68 *Ses valer de pascor* 100; 242,74 *Si sotils sens* 54; 242,78 *Totztemps me sol* 14, 54, 70, 82.

Sensaire. Unidentified locality. G de Berguedan 210,22 *Us trichaire* 7 ("De Sensaire Tro Belcaire").

Seon, rei. Unidentified. G de Calanso 243,7a *Fadet joglar* 94 ("Del rei Seon E de Amon Com fes Felip espaordir").

Sepnacherib. Sennacherib, king of Assyria (II Kings 18:13, etc.). B de Paris 85,1 *Gordotz* 67.

Serana. Unidentified locality. G de Berguedan 210,22 *Us trichaire* 56 ("A Serana Part Viana").

Serdanha, Sardanha. Cerdagne or Cerdaña, a region in the Pyrenees (Gerona and Pyrénées-Orientales). G de Berguedan 210,20 *Un sirventes ai* 26. G Magret 223,4 *Ma dompna·m ten pres* 44 (Peter II of Aragon is called "Reis aragones, Legatz de Romaigna, E dux e marques, E coms de Sardaigna"). M de Caerci 299,1 *Tan sui* 30. P Vidal 364,24 *Ges pel temps* 79 (according to Avalle p 65 and 251, this is Cerdaña, not Sardinia, as Bergert would have it; see **Sembeli**). R de Miraval 406,11 *Baiona, per sirventes* 12.

Serra, en. A joglar. Marcoat 294,2 *Una ren os dirai, en Serra* 1.

Ses-enjan. Senhal, probably not for the same person in both cases. E de Barjols 132,3 *Amors, que vos ai* 46. G Faidit 167,30 *Ja mais nuill temps* 46.

Ses-merce, na. Senhal for one or more unknown ladies. A de Mareuil 30,11 *Cui que fin' amors* 56. G d'Espanha 244,5 *Na Ses Merce* 1.

Sestairo. Sisteron (Basses-Alpes). R de Tors 410,4 *A totz maritz* 32, 35.

Sibilla. The Cumaean Sibyl *(Roman d'Eneas).* G DE CALANSO 243,7a *Fadet joglar* 115.
Sibiuda, na. Sibylle, châtelaine of Castelgalí, near Bages (Barcelona), according to Frank, *Pons de la Guardia* p 322. G DE BERGUEDAN 210,17 *Reis, s'anc nuill temps* 13.
Sicar. An unidentified place. R DE VAQUEIRAS 392,24 *No m'agrad' iverns* 63.
Sicart. A personage of *Aigar e Maurin.* G DE CABREIRA 242a,1 *Cabra joglar* 134.
Sidrac. Shadrach (Daniel 3:12; Vulgate *Sidrach*). P D'ALVERNHE 323,16 *Deus, vera vida* 36. See **Misac** and **Abdenago.**
Simeon. The "just and devout" man in Jerusalem who recognized Jesus as the Messiah at the time of his circumcision (Luke 2:25). R BERENGUER 427,6 *Si com trobam* 34, 62.
Simon de Monfort. The leader of the Albigensian crusade (1150-1218). G RAINOL D'AT 231,1a *A tornar* 8. R DE MIRAVAL and BERTRAN 406,16 *Bertran* 27. See **Monfort.**
Sinha. Signes (Var, near Toulon). PEIRONET and G DE SALIGNAC 249,2 *D'una razo* 54. R D'AURENGA 389,26 *En aital rimeta* 35 (Pattison is not sure about this identification).
Sinqua. The river Cinca, which passes through Monzón (Huesca). C DE GIRONA 434a,14 *Ara·m luyna* 6.
Sirven. The "minores fratres" attached to the Military Orders (Aston p 186). PEIROL 366,28 *Pus flum Jordan* 12.
Sirventes, bel. Senhal. D DE PRADAS 124,18 *Trop ben m'estera* 41.
Sivrai, Siurax. Civray (Vienne). A DAU LUC 22,1 *En Chantarel* 9. B DE BORN 80,33 *Puois Ventadorns* 27.
Sobeiran (d'Argensa); also **Sobira.** Senhal for Raymond V of Toulouse, who owned the land of Argence *(see* **Argensa**), on the right bank of the Rhône (Mouzat p 179). G FAIDIT 167,20a *D'un' amor* 83; 167,21 *D'un dotç bell plaser* 101; 167,31 *Jauzens* 61; 167,44a *Hueimais tanh* 71; 167,54 *Si tot re* 51. See **Tolosa.**
Sobiratz (Sobeiratz), comtessa de. Elvira de Sobiratz, wife of count Ermengaud VIII of Urgel (1183-1208); she died in 1220. A DE BELENOI (DE SARLAT?) 9,11 *Ja non creirai* 57. A DE PEGUILHAN 10,24 *Yssamen cum l'aÿmans* 54. A DE SARLAT (?) 11,2 *Fins e leials* 41.
Sobrecara, na. Senhal. G D'ESPANHA 244,10 *Pos ses par* 28.

Sobregatge. Senhal; same as **Sobeiran d'Argensa** (q.v.)? G Faidit 167,59 *Tant ai sofert* 58.

Sobre-gaugz, mon. Senhal for a lady. Monge de Foissan (Jaufre de Foixa) 304,3 *Be volria* 49.

Sobre-luenh. Senhal for a lady. G Raimon de Gironela 230,1 *Gen m'apareill* 51; 230,2 *La clara lutz* 37.

Sobre-pretz. Senhal for the poet's beloved, not the countess of Cardona but probably at her court (M de Riquer in *Estudios... M. Pidal* III [1952] 363). Since the name occurs very frequently, it will probably be sufficient to give only the *numbers* of the poems, without indication of incipit or line references. C de Girona, article 434, numbers: 1, 1a, 2, 3, 4, 4a, 5, 6, 6a, 7, 8, 9, 9c, 10, 11, 12, 13, 14a, 15, 16; article 434a, numbers: 1, 1a, 2, 3, 4, 5, 6, 7, 9, 10, 11, 12, 13, 14, 15, 16, 18, 19, 20, 21, 22, 23, 26, 27, 29, 30, 31, 33, 35, 36, 37, 38, 39, 41, 43, 44, 46, 47, 48, 50, 51, 53, 54, 55, 56, 57, 58, 60, 61, 64, 68, 70, 71, 72, 73, 74, 75, 76, 77, 78, 79, 80, 81, 82, 83, 84.

Sobre-totz

1. Senhal for Bernart de Rovinhan (*see* **Rovinhan**). G de Bornelh 242,1 *A be chantar* 78; 242,5 *Alegrar* 86; 242,15 *Era, can vei* 89; 242,20 *Be m'era* 96; 242,40 *Jois e chans* 121; 242,45 *Leu chansonet' e vil* 82; 242,47 *Los aplechs* 109; 242,54 *Obs m'agra* 65; 242,55 *Lo dolz chans* 123; 242,58 *Can creis* 81; 242,62 *Qui chantar sol* 133; 242,65 *S'anc jorn* 60; 242,68 *Ses valer de pascor* 130; 242,73 *Si per mo Sobre-totz no fos* 1; 242,78 *Totztemps me sol* 99.

2. Senhal? A de Tintinhac 34,3 *Mout dezir* 38.

Sogra, ma. Senhal for Estefanía, wife of Pere de Berga (*see* **Sogre**); unlike her husband, she receives high praise from the poet. G de Berguedan 210,2 *Ar el mes* 11, 18, 22; 210,11 *Eu no cuidava* 14, 29, 33; 210,19 *Trop ai estat* 2. See also **Estefania.**

Sogre, mon. Senhal for Pere de Berga, a neighbor, on whom the poet heaps abuse, while praising his wife (*see* **Sogra**); for the whole matter of the identification of these two persons, see the very thorough study of M de Riquer "Las poesías de G. de B. contra Pere de Berga," in *Boletín de la Real Academia de Buenas Letras de Barcelona* XXV (1953), 247-271. G de Berguedan 210,2 *Ar el mes* 4; 210,7 *Chanson* 9; 210,11 *Eu no* *cuidava* 6, 34; 210,19 *Trop ai estat* 12, 29. See also **Berga** and **Peire**.

Solas (i.e. **Solatz**). Made-up name of town. Torcafol 443,2a *Comunal veill, flac* 26.

Solatz de Quer. Senhal, probably for count Roger of Foix; Quer (Ariège) is a castle in the county of Foix. Alfonso II of Aragon and G de Bornelh 23,1a *Be·m plairia* 49.

Solelha. Senhal for a lady. Anon 461,90 *Domna, mesatg' eu sui* 3.

Someiras. Sommières (Gard). G de Berguedan 210,8 *Chansoneta* 9.

Son. Usson (Ariège). P Vidal 364,16 *De chantar* 48.

Soranha. Soragna, near Parma. R de Vaqueiras 392,32 *Truan* 45. See also **Sandra**.

Sorc. Sorgues (Vaucluse). G Rainol d'At 231,1 *Auzir cugei* 56.

Sordel. The poet Sordello. A de Peguilhan 10,7a *Anc al temps* 4; 10,32 *Li fol* 10; 10,44 *Can qe·m fezes* 62. A de Peguilhan and Figera 10,36 *N'Aimeric, que·us par* 7. B d'Alamanon 76,12 *Mout m'es greu d'en Sordel* 1; 76,13 *Nuls hom non deu* 20; 76,14 *Pos anc no·us valc* 44. Blacasset 96,3a *De guerra* 4, 7; 96,9 *Per cinc* 3, 9; 96,10a *Si·l mals d'amor* 28. B de Castellana 102,1 *Ara pos* 52. Granet 189,4 *Pos al comte* 2, 9, 19. J d'Albuzo 265,3 *Vostra domna* 2, 17. L Gatelus 290,1a *D'un sirventes* 43. L Cigala or L Gatelus 282,26a [beginning lost] 41. P Bremon Ric Nov 330,3a *Be·m meraveill d'en Sordel e de vos* 1, 10; 330,6 *En la mar major* 9, 17, 25, 37, 42; 330,14 *Pos partit an lo cor en Sordels e·n Bertrans* 1; 330,16 *Si·m ten amors* 58, 60; 330,18 *Tan fort m'agrat* 6, 9, 31, 39, 41. P de Castelnou 336,1 *Oimais* 24. R de Trets 419,1 *Dui cavalier* 17. Uc de S Circ 457,20a *Mesier Albric* 6. Albric 16a,1 *N'Uc de San Sir* 2. Anon 461,80 *De tot qan m'a ofes* 2.

Soria. Soria (Castile). C de Girona 434a,43 *Obra sobtil* 25.

Sostenh-amors, mon belh. Senhal, unidentified. G Uc d'Albi 237,1 *Quan lo braus* 52.

Stafarda. The abbey of Staffarda, near Asti. B de Castellana 102,2 *Guerr' e trebalhs* 9.

Subisa. Soubise (Charente-Maritime). A dau Luc 22,1 *En Chantarel* 8.

Sufia de Casalot. Bergert (p 90) quotes Casini as saying that she was from the Brescian family of the counts of Casaloldo. G de la Tor 236,5a *Pos n'Aimerics* 17.

Sur. Tyre. A de Peguilhan and E d'Ussel 10,37 *N'Elyas, conseill* 35. A Daniel 29,8 *Dous brais* 45. B d'Alamanon 76,16 *Qui que s'esmai* 36, 39. B de Born 80,4 *Ara sai ieu* 4, 9; 80,32 *Pois lo gens* 15. Duran Sartor 126,1 *En talent ai* 38. G de S Didier 168,1a *El temps* 26. P d'Alvernhe 323,19 *Lo fuelhs* 64. P d'Alvernhe (?) 323,22 *Lo senher* 40. Peirol 366,28 *Pus flum Jordan* 12. R d'Aurenga (not de Vaqueiras) 392,5 *Ar vei bru* 53. C de Girona 434a,56 *Segons que ditz* 9. See also **Tir.**

Suría. Syria. A de Peguilhan 10,11 *Ara parra* 52. Alexandre and Blacasset 19,4 *En Blacasset, bo pretz* 5. B de Rovenac 66,2 *D'un sirventes* 14. B d'Alamanon 76,9 *Ja de chantar* 29. C Panzan 107,1 *Ar es sazos* 6. F de Lunel 154,1 *Al bo rei* 48. G Faidit 167,9 *Ara nos sia guitz* 86; 167,22 *Fortz chauza* 45; 167,36 *Mas la bela* 34. Count of Provence and Arnaut 184,1 *Amics n'Arnautz* 20. G de Bornelh 242,6 *A l'onor Deu* 19. L Cigala 282,23 *Si mos chans fos* 22. L Gatelus 290,1 *Cora qu'eu fos* 17. P d'Alvernhe (?) 323,22 *Lo senher* 39, 56. P Bremon lo Tort 331,2 *Mei oill* 9. P Cardenal 335,12 *Be volgra* 2; 335,70 *Vera vergena* 21. P Vidal 364,43 *Si·m laissava* 39. R de Vaqueiras 392,24 *No m'agrad' iverns* 87. C de Girona 434a,13 *Tantas vetz soy* 19. R Bonomel (Templier) 439,1 *Ir' e dolors* 14. Tomier e Palazi 442,2 *Si co·l flacs molins* 49.

Surian. A Syrian. P Bremon Ric Nov 330,15a *Rics pretz* 39.

Suriana. A Syrian woman. P Bremon Ric Nov 330,15a *Rics pretz* 40.

Susanna, Suzana

1. The Biblical heroine (from the apocryphal book of the same name) unjustly accused of adultery by two old men who spied on her in her bath. P d'Alvernhe 323,16 *Deus, vera vida* 42.

2. Saint Susannah, martyred in Rome c 295. C de Girona 434a,9 *Axi com cel qui ditz* 9.

Susest. Sussex, in England. B de Born 80,3 *Anc no·s puoc* 54.

T

Tabaria. Tiberias, a town on the Sea of Galilee; now Tveryah (Israel). P Vidal 364,43 *Si·m laissava* 40.

Talairan. Elias VI Talairan, count of Périgord (1166-1205). B de Born 80,20 *Ges de far* 12; 80,44 *Un sirventes on motz no falh* 36.

Talanta. Atalanta, not the familiar heroine of the footrace (Ovid, *Met.* 10), but the beloved of Meleager in Ovid's *Heroides* 4, 99. A Daniel 29,9 *En breu* 32. ("Qu'il m'es plus fina et ieu lieis certz Que Talant' a Meleagre"). *See* **Meleagre**.

Talaug. Probably Talau (Pyrénées-Orientales). R d'Aurenga 389,20 *Ben s'eschai* 19.

Talhaborc. Taillebourg (Charente-Maritime), a barony dependent on Poitou; it belonged to Geoffrey of Ranchon. B de Born 80,33 *Puois Ventadorns* 25.

Talhafer. Guillaume V Taillefer, count of Angoulême. B de Born 80,33 *Puois Ventadorns* 34; 80,34 *Quan la novela* 37.

Tantalis, na. An unidentified lady who is asked to judge a tenso. Arver and Enric 139,1 *Amic Arver* 41.

Tantalus. The personage of Greek mythology punished in the underworld by always having what he most desired just beyond his grasp. B Calvo and Scotto 101,11a *Scotz, qals mais* 55. Jori and G de Cabanas 197,b *Joris* 73. Lantelm and Raimon 283,2 *Raimon, una domna* 29 ("Com Tantalus qe zo que plus l'agenza Ve e non a aiuda ni valenza"). R de Vaqueiras 392,2 *Era·m requier* 20.

Tar, val de. The Val di Taro, near Parma. R de Vaqueiras and Albert 15,1 *Ara·m digatz, Rambautz* 33.

Tarantais. Moutiers-en-Tarentaise (Savoie). B de Born 80,2 *Al doutz nou termini* 51.
Tarasco. Tarascon (Bouches-du-Rhône). B de Born 80,23 *Lo coms* 37. G Ademar 202,2 *Ben agr' ops* 53. G de l'Olivier 246,2 *Aitan cert* 2. J de Pennas 269,1 *Un guerrier* 23. P Trabustal 359,1 *Amics Rainaut* 49. P Vidal 364,44 *Si saupesson* 38.
Tarascona. Apparently Tarascon (see the preceding entry); one ms has *Carcassona*. G del Luc 245,1 *Ges sitot m'ai* 8.
Tartari. A Tartar. G de Montanhagol 225,12 *Per lo mon* 7. See also **Tartre**.
Tartarona. An unidentified locality. Taurel and Falconet 438,1 *Falconet de Guillalmona* 33 ("Lo segners de Tartarona Veig q'es meilluratz").
Tartre. A Tartar; the Tartars were enemies of the Saracens and therefore allies of the Christians. R Bonomel (Templier) 439,1 *Ir' e dolors* 20. See also **Tartari.**
Tart-s'i-pres. Senhal for an unidentifed person. G de Bornelh 242,57 *Can brancha* 75.
Tarzana. Probably Tersanne (Drôme). B Arnaut de Moncuc 55,1 *Ar quan li rozier* 17.
Taunai. Tonnay (Charente-Maritime). B de Born 80,33 *Puois Ventadorns* 26.
Taurel. A poet (P-C no. 438). G Figueira 217,8 *Un nou sirventes* 12, 61, 63.
Tebas. Thebes *(Roman de Thèbes)*. B de Paris 85,1 *Gordotz* 55. G de Cabreira 242a,1 *Cabra joglar* 198.
Tedal. Unidentified person. R de Tors 410,1 *Amics Gauselm* 33 ("E si voles annar ab alegransa, Lo viage ajas en remembransa Qe fes Tedals al ric, cui Dieus manteinha").
Tefania (var for *vostra seror*). Tefania del Baus, mentioned as a young nun; see **Baus, 6.** Blacasset 96,10a *Si·l mals d'amor* 16.
Teill, en. An unidentified nobleman. R d'Aurenga (?) 389,24 *Compainho* 2.
Temple. (Knights of) the Temple. G d'Autpol 206,4 *Seignors, aujatz* 49. Peirol 366,28 *Pus flum Jordan* 13. R Berenguier 427,4 *Pois de sai mar man cavalier del Temple* 1. Sordello 437,34 *Sol que m'afi* 12.
Templier. A Templar. G del Luc 245,1 *Ges sitot m'ai* 16.

Therensi. Terence, the Latin dramatist. B Carbonel 82,9 *Cor, digatz me* 33 ("Therensis dis, que savis fo, Que cascuna test' a son sen").

Terme. Termini (N coast of Sicily). R de Vaqueiras Epic Letter II 23.

Terragona. Tarragona, in Spain. G de Berguedan 210,21 *Un sirventes nou* 29. G del Luc 245,1 *Ges sitot m'ai* 9.

Terra Maior
  1. The Holy Land. A de Belenoi (?) 9,10 *Consiros* 20.
  2. France. B de Born 80,11 *Cortz e guerras* 15.

Terric. Perhaps Thierry l'Angevin of the *Chanson de Roland,* or Thierry d'Ardenne in *Girart de Rossilhon* (M de Riquer p 398). G de Cabreira 242a,1 *Cabra joglar* 130.

Tervagant. Represented as an idol of the Mohammedans. A d'Aorlhac 40,1 *Ai, Dieus* 21. B de Born 80,3 *Anc no·s puoc* 27.

Thesaur (Treszaur), mon. Senhal for Boniface I of Montferrat. G Faidit 167,14 *Cascus hom* 52; 167,18 *De faire chanso* 50; 167,39 *Mout a poignat* 58; 167,54 *Si tot re* 47; 167,56 *S'om pogues* 71; 167,62 *Tuit cil* 56. R de Berbezilh (?) 421,8 *Pois q'en midons* 11, 47 (is this the same person?).

Tibaut
  1. Thibaut d'Afrique *(Prise d'Orange, Foucon de Candie).* B de Born lo fils 81,1 *Quan vei* 28. R de Vaqueiras 392,18 *Guerras ni plaich* 10.
  2. Unidentified. Anon 461,220 *Seigner Savarix, Tibautz vos a fait peigner La vostra donn' ab en Raimon qe la s'enmena* 1.

Tibortz, Ticborcs. A poetess (P-C no. 440). According to her *vida,* she was from Seranon (Alpes-Maritimes, canton of Saint-Auban). G d'Espanha 244,12 *La gaia semblansa* 12. Uc de la Bacalaria and B de S Felitz 449,1 *Digatz* 51, 54.

Tideüs. Tydeus, king of Calydon, father of Diomed *(Roman de Thèbes).* A de Peguilhan 10,44 *Can qe·m fezes* 38. B de Paris 85,1 *Gordotz* 34 (var for *Danedeus*). Folc 150a,1 *Seigner Arnaut* 28. G de Cabreira 242a,1 *Cabra joglar* 202.

Tiern. *See* **Beatritz.**

Tiés. A (North) German; *see also* **Alaman.** "La distinction entre 'Allemands', les Allemands du Sud, de l'ancien duché d'Alémannie ou Souabe et 'Thiois' ou 'Tiois', ceux du Nord, est ordinaire dans les chansons de geste françaises" (*La chanson de la croisade albigeoise*. Éd. E. Martin-Chabot, I, 39, n. 2). B Zorzi 74,14 *Si·l monz fondes* 65 ("Tyes et Aleman"). G de Bornelh 242,32 *De bels dichs* 64. P Vidal 364,14 *Bon' aventura* 18. Sordello 437,24 *Planher vuelh* 12. Also in A de Peguilhan 10,15 as a var for **Latin**.

Tigre, Tigris. The Tigris river. A Daniel 29,4 *Ar vei* 28.

Tintinhac. Probably Tintignac (Corrèze, cant Tulle); home of the poet, who names his place of origin. A de Tintinhac 34,2 *Lo joi comens* 63; 34,3 *Mout dezir* 43 ("sel de Tintinhac," that is, the poet himself).

Tir. Tyre. B de Paris 85,1 *Gordotz* 57. Gauceran 167a,1 *Cozin* 22. R de Vaqueiras 392,2 *Era·m requier* 28. Anon 461,154 *Lo sen volgra* 3. See also **Sur**.

Tiriaca. Senhal? A de Peguilhan 10,50 *Si cum l'arbres* 41 (var for *reys Castellas*).

Tisbe, Tibe. Thisbe, the beloved of Pyramus. G de Cabreira 242a,1 *Cabra joglar* 168. G de Salignac 249,5 *Tot en aital* 27. Rofian and Izarn 255,40 *Vos que amatz* 40, 48. P Cardenal 335,14 *Cel que fes* 84. R de Vaqueiras 392,2 *Era·m requier* 12.

Titagrava. Titgrave, a possession of the English kings. B de Born 80,3 *Anc no·s puoc* 55.

Toarcés. The region of **Toartz** (q.v.). Uc de S Circ 457,42 *Un sirventes* 27.

Toartz. Thouars (Deux-Sèvres). A dau Luc 22,1 *En Chantarel* 8. B de Born 80,33 *Puois Ventadorns* 29.

Toesco. German (a Genoese form). R de Vaqueiras 392,7 *Domna, tant* 74.

Toleta. Toledo. B de Born 80,32 *Puois lo gens* 29; 80,33 *Puois Ventadorns* 7. B de Paris 85,1 *Gordotz* 12. G de Mur 226,2 *D'un sirventes* 41. G P de Cazals 227,8 *D'una leu chanso* 39. Marcabru 293,22 *Emperaire, per mi mezeis* 46. P Cardenal 335,30 *Las amairitz* 13.

Tolo. Toulon (Var). Falconet and Faure 149,1 *En Falconet* 44. P Vidal 364,2 *Ajostar e lassar* 80.

Tolomeus. Ptolemy (perhaps the Tolomé who was one of the twelve peers of Alexander, *Roman d'Alexandre*). Anon 461,48 *Ben es nescis* 6 ("E Tolomeus det un bel jutgamen, Qe teng per seu so c'avia donat E per perdut so c'avia laissat").

Tolosa. Toulouse (Haute-Garonne). See also **Tolzan.**
  1. The city. A de Peguilhan 10,7 *Amors, a vos* 49. B Sicart de Marvejols 67,1 *Ab greu consire* 26. B de Born 80,23 *Lo coms* 13; 80,37 *Rassa, tan* 25; 80,40 *S'ieu fos* 21. Blacasset 96,3a *De guerra* 9. Gormonda 177,1 *Greu m'es* 65. Arnaut and Guillem 201,5 *Seigner Arnaut* 14. G de Berguedan 210,2a *Arondeta* 26. G de Berguedan and A de Peguilhan 210,10 *De Berguedan* 48. G Figueira 217,2 *D'un sirventes far* 65; 217,5 *No·m laissarai* 49. Marcabru 293,3 *Al departir* 36. Monge de Montaudon 305,8 *Be m'enojan* 21; 305,10 *Fort m'enoja* 13. P Cardenal 335,12 *Be volgra* 41; 335,32 *Lo jorn* 87; 335,52 *Tals cuida be* 4. P Raimon 355,5 *Ar ai ben* 43. P Vidal 364,18 *Drogoman senher* 31; 364,30 *Neus ni gels* 68. Sordello 437,26 *Puois trobat ai* 6. Tomier e Palazi 442,2 *Si co·l flacs molins* 11.
  2. **Comte de Tolosa.** Raymond V (1148-1194). P d'Alvernhe 323,11 *Chantarai d'aquestz trobadors* 44. See also **Alvernhat, Belcaire, Castiat, Proensa, Sobeiran d'Argensa.**
  3. **Comte de Tolosa.** Raymond VII (1222-1249). B de Rovenac 66,3 *Ja no vuelh* 33. G Figueira 217,1 *Del preveire major* 56. G de Montanhagol 225,3 *Bel m'es* 33; 225,4 *Del tot vey remaner* 47. P Cardenal 335,12 *Be volgra* 31. Sordello 437,20 *Lo reproviers* 42; 437,24 *Planher vuoill* 33.
  4. **Comte de Toloza.** Alphonse de Poitiers (1249-1271). B Zorzi 74,11 *No laissarai* 51.
  5. **Reina de Tolosa.** Eleanor, wife of Raymond VI (1194-1222), called *reina* because she was the daughter of king Alfonso II of Castile. A de Peguilhan 10,21 *Destretz, cochatz* 51; 10,46 *Qui sofrir* 72 (var: *la reina Elienors*).

Tolvera. Unidentified locality. D d'Alvernhe 119,8 *Reis, pos vos* 45 ("Que Tolvera e la mayson, A guiza de larc baron, Li donetz, qu'anc non fos grieus").

Tolzan, Tolsan.
  1. Le Toulousain, the county of Toulouse. A de Belenoi 9,17 *Pos Dieus nos a* 59. B de Palazol 47,9 *S'eu anc* 40. B Arnaut de Moncuc 55,1 *Ar quan li rozier* 80. B de Born 80,32 *Pois lo gens* 25. Gavaudan 174,10 *Senhor* 24. G de Montanhagol 225,1 *A Lunel lutz* 6; 225,5 *Ges per malvastat* 24. Joios de Tolosa 270,1 *L'autrier* 79. Marcabru 293,9 *Aujatz* 28. Monge de Montaudon 305,11 *L'autre jorn* 21. P Vidal 364,49 *Tart mi*

veiran mei amic en Tolzan 1. P de la Garda 377,3 *Farai chanso* 2. Uc de S Circ 457,25 *Nuilla ren* 62; 457,42 *Un sirventes* 21, 30. Anon 461,164a *Ma volontatz* 36.

2. An inhabitant of the region of Toulouse. Gormonda 177,1 *Greu m'es* 72. P Bremon Ric Nov 330,14 *Pos partit an* 28.

3. Comte de Tolzan. Raymond V (*see above*, **Tolosa, 2**). B de Born (?) 80,42 *Un sirventes farai* 9. G de Berguedan 210,17 *Reis, s'anc nuill temps* 33.

4. Comte de Tolsan. Raymond VI (1194-1222). Montan sartre 307,1 *Coms de Tolsan, ja non er qu'ie·us o pliva* 1. P Cardenal (?) 335,4 *Anc mais tan gen* 33 (or Raymond VII?). See also **Audiart**.

5. Comte de Tolzan. Raymond VII (*see above*, **Tolosa, 3**). B d'Alamanon 76,22 *Un sirventes farai* 33. Cadenet 106,16 *Meravilh me* 55. G de Montanhagol 225,3 *Bel m'es* 10. Sordello 437,25 *Puois no·m tenc* 23, 36.

6. Comte de Tolza. Alphonse Jourdain (1103-1148). J Rudel 262,3 *No sap chantar* 36.

Tomas

1. Saint Tomas. Saint Thomas (the apostle). B de Born 80,18 *Gen part* 27. P d'Alvernhe 323,21 *Lauzatz si' Emanuel* 42.

2. En Thomas. Thomas II of Savoy (died 1259); this son of Thomas I (*see* **Savoia**) did not rule in Savoy, but in Maurienne and then in Piedmont (1244); Jeanroy (*PL* I, 238-239) doubts that he is the Provençal poet Tomas (P-C no. 441). L Cigala 282,22 *Seign'en Thomas, tan mi plai* 1, 46.

Tomazina. An unidentified lady. R de Vaqueiras 392,32 *Truan* 45.

Tonas. Unidentified locality. G de Calanso 243,7a *Fadet joglar* 84.

Topiner. Senhal, unidentified. Alfonso II of Aragon and G de Bornelh 23,1a *Be·m plairia* 50.

Tor, lo. Le Thor (Vaucluse). Duran sartor 126,2 *Vil sirventes* 20.

Tor, la. Proper name? D d'Alvernhe 119,5 *Mauret* 4 ("e sojorna a la Tor").

Torcho. Unidentified place; the reading may be garbled. B d'Alamanon 76,1 *Amicx Guigo* 11 ("*Gelozia* cridaras per Meisso, E *Cobeitat* per lo duc de Torcho").

Torena

1. Touraine, the region of Tours. B DE VENTADORN 70,21 *Ges de chantar* 53. See also **Toroinna**.

2. Turenne, one of the four viscounties of Limousin (the home of Maria de Ventadorn and her two sisters); the village of Turenne is in Corrèze. B DE BORN 80,9 *Chazutz sui* 18; 80,10 *Cel que chamja* 51; 80,33 *Puois Ventadorns* 2.

3. Vescomte de Torena. Presumably the poet (P-C no. 460), who was in all likelihood Raymond IV (Jeanroy *PL* I 435); he is called on to judge a partimen. ESQUILHA and JORI 144,1 *Jori, digatz* 51.

Tornel. Tournoel, a castle in the commune of Volvic (Puy-de-Dôme). P CARDENAL 335,57 *Tostemps azir* 54.

Tornés. Probably the region of Turenne (see **Torena, 2**), according to Lavaud, *Troubadours cantaliens* II 371. MONGE DE MONTAUDON 305,6 *Ara·m pot* 58.

Tornus. Turnus, enemy of Aeneas in Italy *(Roman d'Eneas)*. G DE CALANSO 243,7a *Fadet joglar* 113.

Toroinna. Touraine. UC DE S CIRC 457,42 *Un sirventes* 29. See also **Torena**.

Toron, lo. Le Toron, a fortress SW of Tyre. P VIDAL 364,2 *Ajostar e lassar* 84.

Torosela. Torroella, "caserío situado a unos 5 km. de Cardona" (M de Riquer p 25). C DE GIRONA 434a,17 *De Pala a Torosela* 1.

Torren. Torrent, 9 km from La Bisbal (Gerona). C DE GIRONA 434,9a *Pres d'un jardi* 15.

Torronet, lo. Le Thoronet (Var, near Lorgues), a Cistercian monastery where Folquet de Marseille was abbot. BONAFE and BLACATZ 98,2 *Seign'en Blacatz, talant ai* 16.

Tors. Tours (Indre-et-Loire). ALEGRET 17,1 *Aissi com cel* 39. B DE ROVENAC 66,3 *Ja no vuelh* 16. B DE BORN 80,2 *Al doutz nou termini* 37; 80,26 *Mon chan fenisc* 65. B DE BORN LO FILS 81,1 *Quan vei* 11. G DE BORNELH 242,20 *Be m'era* 86. P CARDENAL 335,10 *Bel m'es* 90. P VIDAL 364,11 *Be·m pac* 52; 364,16 *De chantar* 40.

Tors, las. See **Golfier**.

Tort-n'avetz. Senhal for countess Ermengarde of Narbonne (see **Narbona**). P ROGIER 356,4 *Ges no posc* 57; 356,5 *No sai don* *chant* 51; 356,6 *Per far esbaudir* 6, 63; 356,9 *Tant ai mon cor* 43.

Tortona. An Italian town in the province of Alessandria. R de Vaqueiras 392,10 *D'amor no·m lau* 37; 392,25 *No puesc saber* 21, 43.

Tortones. The region of **Tortona** (q.v.). Albert (Malaspina) and R de Vaqueiras 15,1 *Ara·m digatz* 4. L Cigala (?) 282,1d *Be·m meravill* 22.

Tortosa. Tortosa (Tarragona, on the Ebro). G de Berguedan 210,11 *Eu no cuidava* 23; 210,12 *Juglars* 13. O del Temple 312,1 *Estat aurai* 18 (an emended reading for ms *tortoir*).

Toscan. A Tuscan. G Riquier 248,81 *Tant m'es l'onratz* 5. L Gatelus 290,1 *Cora qu'eu fos* 6.

Toscana. Tuscany. A de Peguilhan 10,10 *Era par ben* 23. C Panzan 107,1 *Ar es sazos* 5. R de Vaqueiras 392,32 *Truan* 44. R de Tors 410,1 *Amics Gauselm, si annatz en Toscana* 1. Uc de S Circ 457,36 *Si madompna* 12. Anon 461,27a (listed by Frank; considered by Bartsch and Pillet-Carstens a part of 461,147) *Arnaldon, per na Iohana* 3; 461,164a *Ma volontatz* 51.

Tostemps. Senhal for a friend of Folquet de Marseille, who also joins Folquet in a partimen (155,24 or 444,1); for a discussion of possible identifications, see Stronski p 41*. F de Marseille 155,1 *Amors, merce* 40; 155,3 *A, quan gen* 41; 155,7 *Chantars mi torn'* 72; 155,10 *Greu fera* 47; 155,11 *Ja no·is cug* 47; 155,14 *Mout i fetz* 57; 155,16 *Per Dieu* 45; 155,21 *Si tot me sui* 42. Perdigo 370,9 *Los mals d'amor* 52 (in a tornada that may be apocryphal).

Tot-me-plai. Aston (p 178-179) believes that this is not the same as **Tot-me-platz** (q.v.), but that Tot-me-plai is a man, Tot-me-platz a woman; he suggests that they may well be husband and wife, quite possibly Heraclius and Marqueza de Polignac (*see* **Eralh** and **Marquesa**). Peirol 366,4 *Be·m cujava* 48.

Tot-me-platz

1. See above, **Tot-me-plai.** Peirol 366,4 *Be·m cujava* 45.

2. **Mon Tot-me-platz,** or **On-tot-me-platz.** Senhal; probably not the same as the preceding. P de la Garda 377,6 *Tant soi* 6, 49.

Traïnac. Treignac (Corrèze). B de Born 80,29 *No puosc mudar* 42.

Trans. Trans (Var). I d'Entrevennes 254,2 *Trop respont* 17 (an emendation of ms *iras*).
Tremoleta. Otherwise unknown, but named as a poet (P-C no. 445); none of his poems are preserved. Monge de Montaudon 305,16 *Pois Peire d'Alvernhe* 49.
Trems. Tremp (prov of Lérida, on the river Noguera). P de la Garda 377,3 *Farai chanso* 5.
Trencaleo. Géraud Trencaleon, count of Fezensac. E de Barjols 132,5 *Belhs-Guazanhs* 18.
Trencan-nut. Made-up name of town. P Vidal 364,38 *Pus ubert ai* 63.
Trevis. Treviso (Venetia). P Bremon Ric Nov 330,6 *En la mar major* 15. Uc de S Circ 457,41 *Una danseta* 22.
Trevisana. The region of Treviso. Anon 461,27a (so listed by Frank; considered by Bartsch and Pillet-Carstens a part of 461,147) *Arnaldon, per na Johana* 2.
Trez. Trets (Bouches-du-Rhône). Blacatz 97,8 *Peirol* 5 (the "lady in Trets" is Guilhelmeta, wife of Jaufre of Trets and Toulon; a niece of Blacatz, according to Soltau, ZRP 24, 34). F de Marseille 155,5 *Ben an mort* 55.
Trip. Unidentified locality, apparently near Toulon. Falconet and Faure 149,1 *En Falconet* 44 ("Ab los perfieitz ergulhos mescrezutz Vos reirevit de Trip e de Tolo").
Tripol. Tripoli, in the Holy Land (now in Lebanon). P Vidal 364,2 *Ajostar e lassar* 99; 364,45 *Son ben apoderatz* 49. Peirol 366,28 *Pus flum Jordan* 12.
Tristan
1. Tristan the lover of Iseut. A de Peguilhan 10,2 *Ades vol* 30; 10,10 *Era par ben* 16. B de Pradas 65,3 *Si tot m'ai pres* 21. B de Ventadorn 70,44 *Tant ai mo cor* 46. B Zorzi 74,2 *Atressi com lo camel* 52. B de Born 80,12 *Domna, puois* 38. B de Paris 85,1 *Gordotz* 35. Folc 150a,1 *Seigner Arnaut* 28. F de Marseille (?) 155,13 *Meravill me* 14. F de Romans 156,2 *Aucel no trop* 26. G Augier 205,4a *Per vos* 27. G de Cabreira 242a,1 *Cabra joglar* 185. P Cardenal 335,14 *Sel que fes* 89. Peirol and D d'Alvernhe 366,10 *Dalfin* 31. P de Capduelh 375,3 *Astrucs es cel* 15; 375,18 *Qui per nesi* 43. R d'Aurenga 389,32 *Non chant per auzel* 29, 37. R de Vaqueiras 392,16 *Engles, un novel descort* 55. R de Miraval 406,13 *Be m'agrada* 45; 406,45

PROPER NAMES IN THE LYRICS OF THE TROUBADOURS 259

Trop an chauzit 34. R BISTORTZ D'ARLES 416,1 *Aissi co·l fortz castels* 60. C DE GIRONA 434a,3 *Ar' agues eu* 35; 434a,20 *En breu sazo* 17; 434a,64 *Si tot no say Tristanz l'amanz con ques* 1. UC DE LA BACALARIA 449,3 *Per grazir* 14. ANON (P CARDENAL?) 461,14 *Alexandres fon* 3. ANON 461,58 *Si be, dona* 3; 461,92 *Donna* 10; 461,154 *Lo sen volgra* 5.

2. Senhal for a friend, patron, or patroness (Appel p xlvii). B DE VENTADORN 70,4 *Amors e que·us es vejaire* 61; 70,29 *Lo rossignols* 61; 70,42 *Quan vei la flor* 53; 70,43 *Quan vei l'alauzeta* 57.

3. Senhal for a lady. B DE BORN 80,28 *Mout m'es* 60, 65.

4. Senhal, unidentified. G DE BERGUEDAN 210,20 *Un sirventes ai* 41.

Trobat. Senhal of patron or confidant. R D'AURENGA (?) 389,9 *Anz qe l'aura bruna* 49.

Troia

1. Troy, in Asia Minor *(Roman de Troie)*. A DANIEL 29,16 *Quan cai* 48. B DE BORN 80,4 *Ara sai ieu* 47 (see **Troia, 2,** below). G DE CABREIRA 242a,1 *Cabra joglar* 123. G DE CALANSO 243,7a *Fadet joglar* 75.

2. Troyes (Aube). B DE BORN 80,4 *Ara sai ieu* 50 (with a punning reference to *Troia* = Troy three lines above).

3. An imaginary city. R DE VAQUEIRAS 392,32 *Truan* 74, 135.

Truc Malec, Turc Malec. A poet (P-C no. 447). A DANIEL 29,15 *Pois en Raimons e·n Trucs Malecs* 1. R DE DURFORT 397,1a *Ben es malastrucs* 48.

Trufarel. A joglar? A DE PEGUILHAN 10,32 *Li fol* 26.

Tudela. Tudelle (Gers); see note, Lavaud p 147. P CARDENAL 335,68 *Un sirventes trametrai* 44.

Tunisse. Tunis. R DE TORS 410,6 *Per l'avinen* 62.

Turc. A Turk. A DE BELENOI (?) 9,10 *Consiros com partitz* 54. A DE PEGUILHAN 10,11 *Ara parra* 6, 48. A D'AORLHAC 40,1 *Ai, Dieus* 15, 39. B D'ALAMANON 76,15 *Pueis chanson far* 48. C PANZAN 107,1 *Ar es sazos* 7. D D'ALVERNHE 119,8 *Reis, pos vos* 13; 119,9 *Vergoign' aura* 15. DURAN SARTOR 126,1 *En talent ai* 39. E CAIREL 133,11 *Qui saubes* 14, 18. E D'USSEL 136,3 *Manenz fora* 6. F DE MARSEILLE 155,7 *Chantars mi torn'* 34. G FAIDIT 167,22 *Fortz chauza* 39. G FIGUEIRA 217,1 *Del preveire major* 6. G DE MONTANHAGOL 225,5 *Ges per malvastat* 18. G DE

Bornelh 242,24 *Ben es drechs* 88. L Cigala 282,23 *Si mos chans fos* 27, 60. Monge de Montaudon 305,12 *L'autrier* 47. O de la Mar 311,1 *Ai cal merce* 9. O del Temple 312,1 *Estat aurai* 6, 28. P d'Alvernhe (?) 323,5 *Bela m'es* 41. P Cardenal 335,18 *De sirventes soill servir* 36; 335,54 *Tan vei* 27. P Vidal 364,11 *Be·m pac* 54. Peirol 366,9 *Quant amors* 37. P de Capduelh 375,8 *En honor* 35, 72. R d'Aurenga 389,27 *Entre gel* 41. R de Vaqueiras 392,3 *Ara pot hom* 28, 42, 61; 392,9a *Conseil don* 37, 52; 392,24 *No m'agrad' iverns* 82, 88. R Gaucelm 401,1 *Ab grans trebalhs* 6, 35, 40. R Bonomel (Templier) 439,1 *Ir' e dolors* 17, 43.

Turc Malec. See **Truc Malec.**

Turquia. Turkey. B d'Alamanon 76,9 *Ja de chantar* 32. P Cardenal 335,12 *Be volgra* 17; 335,14 *Sel que fes* 98; 335,52 *Tals cuida be* 34.

U

Ubert, comte. Uberto di Biandrate, count from 1201 to 1234 Jeanroy *PL* I 353; Bertoni *Trov. d'Ital.* 511; either he or his brother Jaufre was a Provençal poet on occasion: P-C no. 181). F de Romans and N de Turin 156,9 *Nicolet* 17.

Ueli. Huelin; in the Gormont-Isembart story, Huelin did not want to carve the peacock (Keller p 211). G de Calanso 243,7a *Fadet joglar* 167.

Uc. See **Ugo.**

Uga, na. An unknown lady. E de Barjols and J Reforsat 132,7a *En Jaufrezet* 5.

Ugo, Ugon (nom **Uc, Ucs, Ugues**)
   1. **Lo bon Alvernat Uguon.** An Hugon d'Auvergne figures in *Anseïs de Cartage* and *Gaydon* (M de Riquer p 394). G de Cabreira 242a,1 *Cabra joglar* 81.
   2. **Ugo d'Amieu.** Unknown. G de Berguedan 210,12 *Juglars* 30.
   3. **Ugo del Bautz.** Hugues des Baux (died 1240); son-in-law of Barral de Marseille, father of Barral des Baux. Aimeric and P del Puei 8,1 *Peire del Poi* 56. Perdigo 370,4 *Ben aio·l mal* 47; 370,10 *Mais no·m cug* 62. R d'Aurenga (?) 389,9 *Anz qe l'aura bruna* 21 (is this perhaps a younger Hugues?). Sordello 437,21 *Non pueis mudar* 38. See also **Baus.**
   4. **Hugo Bru.** Probably Hugues VIII, le Brun, de Lusignan, who took the cross in 1146. J Rudel 262,5 *Quan lo rius* 32.
   5. **Ugo Brunenc.** Uc Brunenc, the poet. D de Pradas 124,4 *Ben deu esser* 32 (a planh for him).
   6. **Uc Çarn-d'ase.** Nickname for an unknown individual. R de Miraval (?) 406,10a *Ar aven* 2, 5, 15.

7. Comte n'Ugo. Hugues IV of Rodez (1227-1274). B de Venzac 71,1 *Iverns ven* 52; 71,3 *Pos vei lo temps* 57. F de Lunel 154,6 *Si com* 45. See **Rodes**.

8. Comte n'Ugo. Hugues IX of Lusignan, who died at Damietta in 1219. B de Born 80,18 *Gen part* 42.

9. N'Ugo. Unidentified; probably four different persons. G de S Didier 234,12a *Lo plus iratz* 3, 15 (var for **Badoc**, q.v.). L Cigala 282,21 *Raimon robin* 24 ("En Uc lo sart," i.e. the tailor). Marcabru 293,3 *Al departir* 26. Viscount of Turenne and Uc de S Circ 460,1 *En vostr' ais* 6.

Ugoli, sier. Perhaps Ugolino dei Fantolini di Cerfugnano, praised in Dante's *Purgatorio* XIV, 121. Uc de S Circ 457,42 *Un sirventes* 4.

Ugonet. A joglar. L Cigala 282,1c *Anc mais nuls hom* 41.

Hugonet del Far. Identity uncertain; see Linskill p 339. R de Vaqueiras Epic Letter III 33, 60.

Ugues. See **Ugo**.

Huguet. A joglar. B de Ventadorn 70,33 *Pel dous chan* 43.

Hugueta. A young nun named Huguette de Fuveau (Jeanroy Pujol p 160, Audiau-Lavaud *Nouv. Anthol.* p 364). Blacasset 96,10a *Si·l mals d'amor* 16, 20, 33, 40, 42. Pujol 386,2 *Deus es amors* 9, 33.

Ulixes (var **Islaires**). Ulysses? G de Calanso 243,7a *Fadet joglar* 104.

Ulpiani. Ulpian, a Roman legal authority (170-228). M Ermengaud 297,8 *Temps es* 21.

Urgel. Urgel (Lérida).

1. The city. B de Born 80,34 *Quan la novela flors* 52; 80,28 *Mout m'es* 42. B de Born (?) 80,42 *Un sirventes farai* 29. G de Berguedan 210,15 *Mal o fe lo bisbe d'Urgel* 1; 210,21 *Un sirventes* 2. Marcabru 293,34 *Oimais* 44. R d'Aurenga 389,17 *Assatz m'es belh* 72. C de Girona 434,9a *Pres d'un jardi* 19; 434a,36 *No·m pusc* 3.

2. **Comte d'Urgel.** Probably Ermengaud VIII (1184-1208). Monge de Montaudon 305,13 *Manens* 60.

3. **Comte d'Urgel.** Pons III (de Cabrera), husband of **Marquesa** (q.v.); or perhaps their son. B de Born (?) 80,42 *Un sirventes farai* 25.

4. Comte d'Urgel. Alvaro de Cabrera (1243-1267, though his title was disputed at various times). C de Girona 434a,12 *Can aug* 17.

5. Comtessa d'Urgel. Probably the wife of Ermengaud VII (1154-1184). G de Bornelh 242, 43 *Mas, com m'ave* 51.

Urgs. Urg or Urtg, 6 km S of Puigcerdá (Barcelona). C de Girona 434,9a *Pres d'un jardi* 13.

Urtix, n'. Proper name? P Cardenal 335,20 *D'un sirventes far* 28. See **Lobat.**

Userca. Uzerches (Corrèze). Monge de Montaudon 305,16 *Pois Peire d'Alvernhe* 36.

Userna. An old name for Beaucaire (Gard). A Daniel 29,3 *Ans que·l cim* 27.

Usetge

1. Osséja (Pyrénées-Orientales, arr Prades, cant Saillagouse; M de Riquer *Stud. mediev.* 18, 282). G de Berguedan 210,7 *Chanson* 32.

2. The region of Uzès (Jeanroy, ed., p 201). Uc de S Circ 457,42 *Un sirventes* 20.

Ussel. See **Gui.**

Ussoire. Probably Issoire (Puy-de-Dôme). D d'Alvernhe 119,8 *Reis, pos vos* 38. Richard I of England 420,1 *Dalfin* 18.

Usson. Probably Usson-en-Forez (Loire). D d'Alvernhe 119,8 *Reis, pos vos* 38 ("Rend Ussoir' e lais Usson"). B Folco 83,2 *Ja no creirai* 4. G des Baux 209,2 *En Gui* 7.

V

Valbona. The monastery of Vallbona de las Monjas (Lérida, 30 km from Cervera). G DEL LUC 245,1 *Ges sitot m'ai* 33.

Val Cortes. *See* **Rainier de Val Cortes.**

Valei. *See* **Crespi.**

Valensa

1. There are several towns named Valence, the most obvious being that in the Drôme, which is pretty clearly meant in 446,2 and 457,42; it is definite in several poems (e. g. 461,96) that there is no thought of a real town, but only of the meaning of the word ("worth, merit"). A DE PEGUILHAN 10,40 *Per razo natural* 43. G DEL LUC 245,2 *Si per malvatz* 20. P CARDENAL 335,12 *Be volgra* 14; 335,25 *Falsedatz e desmezura* 42; 335,44 *Qui·s vol* 33. P VIDAL 364,47 *Tant an ben dig* 5. PISTOLETA 372,4b *La maier temensa* 41. TROBAIRE DE VILLARNAUT 446,2 *Un sirventes* 40. UC DE S CIRC 457,42 *Un sirventes* 42. ANON (P CARDENAL?) 461,96 *Domna que va ves Valensa* 1.

2. Valensa, or Valence, evidently the beloved of **Seguin** (q.v.) in some lost romance. B DE DIA 46,2 *A chantar* 11. L CIGALA 282,13 *Lantelm* 6. Also mentioned by A DE MAREUIL in a love letter (Bec III, 166).

Valentinés. The region of the Valentinois (Drôme). R D'AURENGA (?) 389,24 *Compainho* 25.

Valenzol'. Unidentified; for a discussion of various possibilities, see Jeanroy and Salverda de Grave p 207. UC DE S CIRC 457,6 *Be·m meraveill* 2.

Valflor. The lord of Valflour appears in the *Enfances Ogier* (M de Riquer p 398); but P VIDAL is thinking only of the punning value of the name. G DE CABREIRA 242a,1 *Cabra joglar* 129. P VIDAL 364,47 *Tant an ben dig* 40.

Valia. According to Stimming (p 157) La Vallée, "Landschaft in Anjou." I am not sure what locality he had in mind. B DE BORN 80,14 *Ieu chan* 33.

Vallari. See **Johan**.

Valvert. Vauvert (Gard). G D'AUTPOL 206,2 *Fortz tristors* 79.

Vassadell, en. According to Boutière (*Peire Bremon Ricas Novas* p 38, n 126), a member of an old family of the Comtat Venaissin, perhaps Vassadel de Vassadel, who appears in an act of 1274. DURAN SARTOR 126,2 *Vil sirventes* 38.

Vaudés. A Vaudois, a heretic. P CARDENAL 335,1 *Ab votz d'angel* 30.

Veilla-carcais, na. Unknown ("Lady Guard-the-Quiver"). MONTAN 306,4 *Vostr' ales* 12.

Velai, Veslai, Veillai. The region of Le Velay (Haute-Loire). A DE PORCAIRAGUES 43,1 *Ar em al freg* 21. G DE BORNELH 242,63 *Razon e loc* 80; 242,65 *S'anc jorn* 45. P CARDENAL 335,9 *Atressi com* 9, 13; 335,53 *Senh' en Ebles* 10. UC DE S CIRC 457,41 *Una danseta* 28.

Velin, comte de. Bertran III de Baux (1282-1335), according to Paul Meyer (*Dern. Troub.* p 58). B CARBONEL 82,2 *Aissi com cel qu' atrob'* 60; 82,14 *Si anc* 54.

Venasqu'. Vennasque (Vaucluse). UC DE S CIRC 457,42 *Un sirventes* 19.

Venaisin. The Comtat Venaissin (Vaucluse). G RAINOL D'AT 231,1 *Auzir cugei* 24. TOMIER E PALAZI 442,2 *Si co·l flacs molins* 42.

Vencut. A joglar? R DE VAQUEIRAS (?) 392,6 *A vos* 49.

Venecian. A Venetian. B ZORZI 74,10 *Mout fort* 14, 26, 31, 38, 43, 57; 74,12 *On hom plus* 7. B CALVO 101,7 *Ges no m'es greu* 41.

Venerca. Venerque (Haute-Garonne). GAVAUDAN 174,7 *Lo mes* 69.

Vensa. Vence (Alpes-Maritimes). P VIDAL 364,1 *Ab l'alen* 9. SORDELLO 437,21 *Non pueis mudar* 26 (an emendation for ms *argensa;* Argence is mentioned four lines above).

Ventadorn. One of the four viscounties of Limousin; the ruins of the castle of this name are near Moustier-Ventadour (Corrèze, commune of Egleton). B DE VENTADORN 70,12 *Be m'an perdut lai enves Ventadorn* 1; 70,13 *Be·m cuidei* 55. B DE

Born 80,33 *Puois Ventadorns e Comborns ab Segur* 1. G Faidit 167,4 *Al semblan* 79; 167,27 *Gen fora* 80; 167,39 *Mout a poignat* 62; 167,44 *N'Uc* 70. Monge de Montaudon 305,6 *Ara.m pot* 58. Pistoleta 372,6 *Plus gais sui* 39. See also **Bernart**.

Ventimila, Ventamilha. Ventimiglia (Liguria). B de Castellana 102,2 *Guerr' e trebalhs* 31. R de Vaqueiras 392,32 *Truan* 39; Epic Letter III 75.

Venus. Venus? The reading may be garbled. G de Calanso 243,7a *Fadet joglar* 105.

Verdon. The river Verdon, in Provence. Anon (P Cardenal?) 461,96 *Domna que va* 3.

Verdun. There is an Olivier de Verdun in *Flamenca*. G de Cabreira 242a,1 *Cabra joglar* 159 ("Ni de Verdun ni Vosprezon").

Vergil, Virgili. The Latin poet Vergil. G Augier and Guillem 205,4 *Guillem* 20. G de Calanso 243,7a *Fadet joglar* 158.

Vermeilla, na. Senhal for an unknown lady. Chardo and Uc 114,1 *N'Ugo, cauzetz* 34.

Vermillon. An unidentified person. F de Marseille 155,25 *Vermillon, clam vos fatz d'un' avol pega pencha* 1.

Vernolh. Verneuil (Eure). B de Born 80,6a *A totz* 25.

Verona. The city of Verona in Italy, but also used for a pun on the name ("sincerity"). A de Peguilhan 10,40 *Per razo natural* 49. C Panzan 107,1 *Ar es sazos* 78. F de Romans 156,6 *Far vuelh* 45 (the *coms de Verona* here may be Boniface of San Bonifazio, the *comte verones* whose death A de Peguilhan mourns in 10,30 *Ja no cugei*).

Verones. The region of Verona. Uc de S Circ 457,21 *Messonget* 31; 457,41 *Una danseta* 20.

Versilha. Versilia, a coastal district of Tuscany. R de Vaqueiras 392,32 *Truan* 31.

Vert de Coissan, na (or **n'Averz**). According to Bergert (p 91), Cossano belonged to a collateral branch of the marquises of Busca; but this specific lady has not been identified. G de la Tor 236,5a *Pos n'Aimerics* 32.

Vertfuelh. Not identifiable; used only for a pun on the name. P Vidal 364,38 *Pus ubert ai* 25.

Verzelai. Vézelay (Yonne). R d'Aurenga 389,37 *Pos trobars plans* 15.

Vezer, bel. Senhal, perhaps not representing the same person for both poets. A de Mareuil 30,18 *Lo gens temps* 20. B de Ventadorn 70,1 *Ab joi mou* 57; 70,8 *A, tantas* 49, 54; 70,12 *Be m'an perdut* 41, 43; 70,28 *Lo dous temps* 65; 70,29 *Lo rossinhols* 60; 70,41 *Quan par* 49, 51; 70,42 *Quan vei la flor* 33, 50.

Vezi, mon bon. Senhal? William IX of Aquitaine 183,1 *Ab la doussor* 26.

Vezian

1. Birch-Hirschfeld (p 64) thinks this is the Vivien of the *Aliscans*, though the names are not really the same. G de Cabreira 242a,1 *Cabra joglar* 82 ("De Vezia Non sabs cos va Ni de Guondalbon lo Frizon").

2. Vézian II, viscount of **Lomagne** (q.v.) in Gascony (Gers). B de Born 80,33 *Puois Ventadorns* 19. See **Vivia**.

Viana, Viena. Vienne (Isère). B de Ventadorn 70,22 *Ja mos chantars* 62. G de Cavaillon 192,4 *Senheiras* 23 ("Nostre mieitz princes s'es clamatz Reis de Viena coronatz"; could this be Vienna in Austria?). G de Berguedan 210,22 *Us trichaire* 57. P Cardenal 335,12 *Be volgra* 15. R de Tors 410,3 *Ar es dreitz* 2.

Vianes

1. Le Viennois, the region of Vienne (Isère). A de Sestaro (?) and Monge 16,17 *Monges, cauzetz* 4. B de Ventadorn 70,5 *Anc no gardei* 29 ("Tota gens ditz que Vianes Es la melhor terra del mon E las melhors domnas i son"). F de Romans 156,14 *Una chanso sirventes* 4. G Augier Novella 205,7 *Totz temps* 9, 38. G de Bornelh 242,4 *Aital chansoneta* 57. J d'Albuzo 265,3 *Vostra domna* 5. P Bremon Ric Nov 330,14 *Pos partit an* 10. P Cardenal 335,44 *Qui·s vol* 42; 335,53 *Senh' en Eble* 9. P Vidal 364,30 *Neus ni gels* 70. Peirol 366,1 *Ab gran joi* 46; 366,20 *M'entencion* 42, 51. Uc de S Circ 457,41 *Una danseta* 31.

2. **Comtessa de Vianes.** Beatrice de Vianes, daughter of William IV of Montferrat, married to Guido VI, dauphin of Vienne in 1220. B d'Alamanon 76,12 *Mout m'es greu* 17. See also **Beatritz**.

Vic. Vich (prov Barcelona). G de Berguedan 210,1 *Amics marques* 14; 210,7 *Chanson* 6. P Vidal 364,13 *Ben viu* 73, 78; 364,38 *Pus ubert ai* 85.

Vida, ma. Senhal for a joglar. Uc de S Circ 457,41 *Una danseta* 2.

Vidal. No specific person; *see* Pattison p 70. R d'Aurenga 389,22 *Cars, dous e fenhz* 38.

Vidallana. See **Azalais**.

Vida·l-trai. Made-up name of town. P Vidal 364,38 *Pus ubert ai* 72.

Vieills. The Old Man of the Mountain, leader of the Assassins (*see* **Assessi**). A de Peguilhan 10,42 *Puois descobrir* 29.

Viels-espics. Made-up name of town. P Vidal 364,38 *Pus ubert ai* 69.

Vierna. An unidentified lady. P Vidal 364,2 *Ajostar e lassar* 98; 364,9 *Bels Amics cars* 50; 364,18 *Drogoman senher* 43; 364,22 *Ges car estius* 79; 364,25 *La lauzet' e·l rossinhol* 8, 16, 24, 32; 364,29 *Mout m'es bon* 97; 364,31 *Nulhs hom* 64; 364,36 *Plus que·l paubres* 59; 364,40 *Quant hom honratz* 50; 364,42 *S'ieu fos en cort* 47; 364,43 *Si·m laissava* 71; 364,45 *Son ben apoderatz* 71; 364,46 *Tant ai lonjamen* 91; 364,48 *Tant me platz* 49.

Viguier, lo. Unidentified; chosen as judge in a partimen. G Riquier, M de Castillo, and Codolet 248,11 *A·n Miquel* 65, 72, 73.

Vila. Unidentified locality; possibly same as **Villan** (q.v.). R de Vaqueiras 392,14 *El so* 67.

Vilamur. Villemur-sur-Tarn (Haute-Garonne). B de Born 80,32 *Pois lo gens* 24.

Villafranca. Probably Villefranche (Alpes-Maritimes). L Cigala 282,24 *Tan franc cors* 2.

Villan. Probably Vigliano, a village near Asti (Piedmont); used for the pun on *vil* "common" and *vilan* "peasant." P Vidal 364,38 *Pus ubert ai* 68.

Virgili. See **Vergil**.

Visentines. The region of Vicenza (Venetia). Uc de S Circ 457,41 *Una danseta* 24.

Vivares. Le Vivarais, the region around Viviers (Ardèche). Monge de Montaudon 305,11 *L'autre jorn* 46. P Cardenal 335,12 *Be volgra* 6. Torcafol 443,2a *Comunal veill, flac* 25.

Vivaut. Unidentified; a poet? R de Tors 410,5 *De l'ergueilhos* 2, 9.
Viviá. Vézian II of Lomagne (1178-1221), according to Appel p 139. B de Born 80,38 *S'abrils* 40. See also **Vezian**.
Viviana. Birch-Hirschfeld (p 65) says this is (Girart de) Viane, uncle of Aimeri de Narbonne in the chansons de geste; but the form *Viviana* is strange. M de Riquer would emend to *Josiana*, who appears with Bovon in *Beuve de Hantone*. G de Cabreira 242a,1 *Cabra joglar* 138 ("Ni de Bernart Ni de Girart De Viviana ni de Bovon").
Vizalaina. See **Azalais**.
Vosprezon. Unidentified. G de Cabreira 242a,1 *Cabra joglar* 159.

Y. *See* **I.**

Z

Zemberga, na. Unidentified; M de Riquer (p 270) suggests the possibility of a reference to the parody epic *Audigier*. G DE BERGUEDAN 210,19 *Trop ai estat* 13.

www.ingramcontent.com/pod-product-compliance
Lightning Source LLC
Chambersburg PA
CBHW030616230426
43661CB00053B/2008